高情商沟通

改变人生的说话技巧

张卉妍 ☆ 编著

美绘插画版
Psychology
心理学

High EQ Talking

★ 把话说到别人心里 ★

会说话不是成功的全部，
但成功的人一定很会说话。

14个口才定律效应，
19个高效沟通原则，
108个超强说话技巧，
照着做，让你越来越受欢迎！

课堂上没教过的
人生必修课

四川人民出版社

高情商沟通

改变人生的说话技巧

张卉妍 ☆ 编著

四川人民出版社

图书在版编目（CIP）数据

高情商沟通：改变人生的说话技巧 / 张卉妍编著
. -- 成都：四川人民出版社，2020.5（2024.3 重印）
ISBN 978-7-220-11625-4

Ⅰ.①高… Ⅱ.①张… Ⅲ.①语言艺术—通俗读物
Ⅳ.① H019-49

中国版本图书馆 CIP 数据核字 (2019) 第 215274 号

GAO QINGSHANG GOUTONG : GAIBIAN RENSHENG DE SHUOHUA JIQIAO

高情商沟通：改变人生的说话技巧

张卉妍　编著

出 版 人	黄立新
策划组稿	张明辉
责任编辑	戴黎莎
营销策划	张明辉
插画绘制	金版文化
责任校对	吴　玥
责任印制	祝　健
出版发行	四川人民出版社（成都三色路238号）
网　　址	http://www.scpph.com
E-mail	scrmcbs@sina.com
新浪微博	@四川人民出版社
微信公众号	四川人民出版社
发行部业务电话	（028）86361653　86361656
防盗版举报电话	（028）86361653
印　　刷	小森印刷（北京）有限公司
成品尺寸	135mm×180mm
印　　张	14
字　　数	300千
版　　次	2020年5月第1版
印　　次	2024年3月第3次印刷
书　　号	ISBN 978-7-220-11625-4-02
定　　价	98.00元

前言
Preface

　　"一人之辩，重于九鼎之宝；三寸之舌，强于百万之师。"中国南朝梁代著名文学理论批评家刘勰在《文心雕龙》中曾这样高度评价口才的作用。著名成功学家戴尔·卡耐基曾说："当今社会，一个人的成功，仅仅有15%取决于专业知识和技术，而其余85%则取决于口才艺术。"口才是思想的外壳，是人与人沟通的桥梁。任何人际关系的处理都需要靠说话的技巧来协调，任何专业知识的发挥都需要靠说话的艺术来实现。

　　在这个竞争异常激烈的社会，自我推荐、介绍产品、主持会议、商务谈判、交流经验、鼓励员工、化解矛盾、打通人脉、探讨学问、接洽事务、交换信息、传授技艺，还有交际应酬、传递情感和娱乐消遣都离不开说话。说话能力的高低直接影响到一个人的人脉和前途。口才的力量是巨大的，它能征服世界上最复杂的东西——人的心灵。好的口才，可以让陌生人变成知己，可以自动消除隔阂；好的口才，甚至可以让人叱咤风云，一句话抵得上千军万马，完成一些看似不可能完成的任务。如果一个人的说话水平，即口才表达能力不高，就不能很好地驾驭自己的思想和感情，也不能很好地驾驭各种事情和各种情况下的人际关系。

　　当人类进入文明社会之后，检验一个人是否有能力，以及这种能力能否发挥出来，其中一个最重要的因素就是他是否具备极佳的口才。在日常生活中，要想与别人愉快相处，必须培养自己的说话能力，只有这样才能打开人与人之间沟通的大门，彼此的心灵才能碰撞产生共鸣。社会需要沟通、交流，而人与人之间交流思想、沟通感情最直接、最方便的途径就是口才。生活中，好口才给予的力量，能使我们在与人谈判、安慰亲朋、恋爱交友、应对上司、求人办事等各个方面都如鱼得水，达成我们希望的结果。

杰出的口才不是天生的，把话说出水平、说得有意思、说得有创意并不容易，而要做到口吐莲花、能言善辩、打动人心，更非一日之功。但是通过后天的努力，在知识面上培养、在说话技巧上训练、在气质性格上熏陶、在现实环境中锻炼，获得好的口才也并非难事。基于以上因素，我们编写了《高情商沟通：改变人生的说话技巧》一书，本书结合丰富翔实的案例资料介绍了与工作和生活密切相关的口才知识，从日常口才到职场口才，从演讲技巧到语言艺术等，使读者能够在短时间内掌握不同场合与不同的人说话的艺术，练就娴熟的交谈技巧，从而在激烈的社交竞争中拔得头筹，在事业的征途上"风调雨顺"。

本书在实践上指导读者如何把握好沉默的分寸，把握好说话时机、说话曲直、说话轻重与人开玩笑的分寸，把握好调解纠纷时和激励他人时的说话分寸，掌握与不同的人说话的技巧，不同场景下的说话艺术，怎么说别人才会听你的，最讨人喜欢的说话方式及如何说好难说的话等。同时还以生动具体的事例向读者展示了同陌生人、同事、老板、客户、朋友、爱人、孩子、父母、对手沟通的艺术，在求职面试、求人办事、谈判演讲、化解尴尬、宴会应酬、探望病人及应酬亲友时的说话艺术。书中将口才、社交和人生融为一体，侧重于对读者综合素质的熏陶，从心灵深处启发读者体味生活，打开社交之门，进而掌握一套善于交际、能言善辩的本领，在人际交往中取得更好的效果。

希望通过本书，读者朋友能够掌握交际与口才的基本规律，学习人生交往的技巧，进而达到利用口才的力量来成就人生的目的。

目录
CONTENTS

第一章　入门课

第二章　说话原则

第十一章　**领导口才**

入门课

🌷 第1课　白德巴定律：能管住自己的舌头是最好的美德

【核心提示】多说无益，请管住自己的嘴巴。

【理论指导】

不知道你有没有留意过这样一个奇怪的现象：在人际沟通中，很多时候谁说的话越多，谁的话就越没分量。很多人都有这样一个认识误区：总以为话说得越多，在社交圈子里就会越成功。其实不然。要知道，言不在多而贵精，那种信口开河、滔滔不绝讲话的人，无论走到哪里，无论谈话的对象是谁，都不会受到别人的欢迎。

古印度哲学家白德巴认为，能管住自己的嘴巴是最好的美德。后来人们将其称为"白德巴定律"。而松下幸之助的相关理论是根据白德巴定律提出的：能管住自己的舌头是最好的美德。

松下幸之助认为，高明的人善于欣赏别人的所作所为，懂得管好自己的舌头，而不是去挑剔、斥责别人的缺点。他说："根据多年的管理经验，有些人喜欢赞扬部属的优点，有些人喜欢挑剔缺点，往往前者的工作推行较顺利，业绩不会太差，爱挑剔毛病的上司，结果正好相反。所以唯有懂得欣赏别人的长处，才能领导更多的人。"

有的时候，适当地少说话，不但可以突出自己言语的珍贵，而且会引起对方的好奇心和信赖感。从这个角度来说，美国总统尼克松"一言九鼎"的少说话策略，无疑是一种明智的做法，说得越少，话越有分量，越能给人一种稳重、踏实、可信赖的感觉。

1960年，美国选举总统时，尼克松和肯尼迪是竞争对手。尼克松时任副总统之职，开始时占绝对的优势，但在选举的后期，肯尼迪扭转了形势，获得胜利。

1968年，尼克松再次竞选美国总统，他吸取上次失败的教训，想要彻底改变自己的形象。这次选举对尼克松来说，远比上次艰难，因为他必须首先打败洛克菲勒等强劲的对手，取得共和党的提名。所以尼克松在迈阿密的共和党大会中，尽量保持沉默稳重。他说话时，除了强调"法和秩序"以及"尽力达到完美境地"外，绝口不提其他具体的政策，希望能借"一言九鼎"的策略，给人以信赖感，彻底改变之前的形象。最后，

他成功了，他不仅以微弱的优势获得共和党提名，而且在总统大选中大败民主党对手，荣登美国总统宝座。

现实中，聪明人都会管好自己的嘴巴，不会说太多的废话。很多时候，与人沟通的最佳方式，并不在于你表达了多少，而在于你聆听了多少。真正的谈话高手，总是能够专心地听对方说话，关注别人的内心感受。

一个外交官在初涉外交领域时曾带自己的太太去应酬，可他的太太在那些场合总是感到很别扭。她是个来自小地方的人，面对满屋子口才奇佳、曾在世界各地游历过的人，感觉到自卑。为了改变这个状况，她拼命地找话题和他们聊天，不想只听别人说话。结果可想而知，人人都在疏远她，没有一个人想与她交流。

有一天，她向一个讲话不多但深受欢迎的资深外交家吐露了自己的困扰。这位外交家说："你必须学会约束自己的嘴巴，没什么可讲时，就不要勉强。多听听别人说，不是挺好的吗？相信我，善于聆听的人同样受欢迎。"后来，这个外交官的太太因自己沉默寡言的性格而让人觉得威严而庄重。

的确，正如莎士比亚所说的："简洁是智慧的灵魂，冗长是肤浅的藻饰。"掌握"话以稀为贵"的真理是成为明智的管理者的必要条件。白德巴定律最开始是应用在企业管理方面，是指作为团队领导者，管好自己的嘴和手，少插话，少插手，适时控制自己发表演说和多管"闲事"的欲望，让下属有更多参与的机会和发挥的空间。而白德巴定律在人际交往中则指的是管住自己的舌头，这是一种很好的美德，因为懂得并善于约束自己嘴巴的人，会在行动上得到最大的自由。

哈佛礼仪课教授克莱尔说过："我们都曾在社交场合中遇到过某些人，他们在你耳边唠叨不停，不肯闭嘴。他会谈他的孩子、他的狗，甚至他的外科手术，以及任何其他事情。或许这个时候，作为听众的你，都已经两眼空洞无神，丝毫不知道他的重点在哪里，可他却丝毫没有要停下来的意思。"

的确，没有重点的话说再多遍也只是废话，不仅不能明确表达自己的态度，还会招人厌烦。在与人交流的时候，有很多人的形象之所以受损，就在于他们没完没了地说，却根本没说到重点，或者说他们的重点已经被其他喋喋不休的话语淹没了，使得对方完全不知道他们要表达的主要意思。

可见，简洁的谈话有多么重要。言简意赅地表达我们的观点和立场，会给人留下办事利索、思维清晰、言谈精练、尊重他人的良好印象，这是人格魅力的最佳展示。

那么，在人际交往中，怎样才能做到"话以稀为贵"，真正达到"管住自己舌头"的美德和境界呢？

1.训练思维

反复地对事物进行综合整理、逻辑分析，这样可以让自己尽快抓住事物的本质，然后试着把这些事物的本质归纳出来，注意语言精练。

2.斟字酌句

平时要养成斟字酌句的习惯，对字句进行反复推敲，审慎使用。

3.学会用"重点标题"的模式思考谈话内容

所谓"重点标题"模式，就是把要说的话分成几个部分，每一个部分提炼出一个标题，熟记于心，这样讲起话来就会井井有条，不会出现离题万里的情况。

总之，如果你想成为一个交谈的高手，那就得先学会少说多听，该说时说，不该说时就闭上自己的嘴巴，这样你才会受到他人的欢迎。

🌱 第2课　比林定律：该说"不"时，不要犹豫

【核心提示】人在一生中所遇到的麻烦，有一半是由于太快说"是"、太慢说"不"造成的。太快说"是"与太慢说"不"，都贻害无穷，给人带来无尽的麻烦。

【理论指导】

生活中，常常听人说：平生最怕的事情就是拒绝别人。这可能是大多数人的普遍心理。的确，包括一些处世高手在内的很多人，在如何拒绝他人这件事上，都束手无策。往往是出于爱面子和怕得罪人的心理，在别人提出一些要求或者请求帮助的时候，即使自己很忙或者力有不逮，也往往要勉为其力，那个"不"字就是说不出口。

美国作家比林认为："人在一生中所遇到的麻烦，有一半是由于太快说'是'、太慢说'不'造成的。"这就是著名的比林定律。正因如此，人们常常使自己陷入"不得不"或者"被逼无奈"的窘境当中。长此以往，正常的人际交往与互动都会沦为一种负累，又有何快乐可言呢？

因此在与人交往中，要懂得发言的艺术，考虑问题不能急躁，也不能怠慢。觉得自己无法做到的事情，就要明确而快速地告诉对方，以免给自己造成不必要的麻烦。比林定律告诉我们：学会在恰当的时机，选择恰当的方式表达拒绝，我们的人生会轻松很多。

陈涛夫妻俩下岗后，自谋职业，利用政府的优惠贷款开了一家日用品商店，两人起早摸黑把这个商店经营得红红火火，收入颇丰，生活自然有了起色。陈涛的舅舅是个游手好闲的赌棍，经常把钱扔在麻将桌上。这段时间，他手气不好又输了，他不服气，还想扳回本钱，又苦于没钱，就把眼睛瞄准了外甥的店铺。

一日，舅舅来到店里对陈涛说："我最近想买辆摩托车，手头尚缺五千块钱，想在你这借点周转，过段时间就还。"陈涛了解舅舅的嗜好，借给他钱，无疑是"肉包子打狗"，何况店里钱也紧，就敷衍着说："好！再过一段时间，等我把银行到期的贷款支付了，银行的钱可是拖不起的。"舅舅听外甥这么说，没有办法，知趣地走了。

陈涛不说不借，也不说马上就借，而是说过一段时间，等支付银行贷款后再借。这话含多层意思：一是目前没有，现在不能借；二是我也不富有；三是过一段时间不是确指，到时借不借再说。舅舅听后已经很明白了，但他并不心生怨恨，因为陈涛并没有说不借给他，只是过一段时间再说而已，给了他希望。

因此，处理事情时，巧妙地一带而过比正面拒绝有效，且不伤和气。一般人都不太好意思拒绝别人，但在很多情况下，我们为了避免多余的困扰，对一些不合理或不合自己心意的事有必要拒绝，但怎样既不伤害对方自尊心又能达到拒绝的目的呢？当对方提出请求后，不必当场拒绝，你可以说："让我再考虑一下，明天答复你。"这样，既使你赢得了考虑如何答复的时间，也会使对方认为你是很认真对待这个请求的。

某单位一名职工找到上级要求调换工种。领导心里明白调不了，但他没有马上回答说"不可能"，而是说："这个问题涉及好几个人，我个人决定不了。我把你的要求报上去，让厂部讨论一下，过几天答复你，好吗？"

这样回答可让对方明白：调工种不是件简单的事，存在着几种可能，使对方有思想准备。这比当场回绝效果要好得多，

不仅给人留了面子，也使自己摆脱了尴尬的境地，可以说是一举两得。

某位作家接到老朋友打来的电话，邀请他到某大学演讲。作家如此答复："我非常高兴你能想到我，我将查看一下我的日程安排，之后回电话给你。"

这样，即使作家表示不能到场，他也有了充裕时间去化解不能赴约的内疚感，并使对方轻松、自在地接受。

仔细回想一下，生活和工作中遭遇的种种挫折与不如意，有多少是因为碍于情面、过于草率地答应了他人的要求，事后却发现自己力不能逮呢？那么，怎样才能让自己轻松地说出那个重要的"不"字呢？

1.每个人都有说"不"的权利

说"不"是一种艺术，更是一种权利。我们要多给自己一些积极的暗示，比如"我有权利拒绝他人"。在人际交往中，每个人都可以用社会能接受的方式表达个人的权利和情感，维护自己的合理要求，这与斤斤计较是不能画等号的。

2.拒绝要婉转

在拒绝别人时要讲究技巧，委婉表达自己的意愿，向对方阐明自己的难处或能力所限；或者根据对方的情况给出一个合适的建议，即使没有直接帮忙，也一样为他着想。

拒绝的艺术，如同生活中的调味品，有意修炼，你就能酿造出五彩斑斓的生活。

喜剧大师卓别林曾经说过这样一句话："学会说'不'吧！那样，你的生活将会美好得多。"

🌱 第3课　古德定律：准确把握对方的观点，才能驾驭全局

【核心提示】成功的沟通，靠的是准确地把握别人的观点。

【理论指导】

莎士比亚说，"一千个观众眼中有一千个哈姆雷特"，看他的《王子复仇记》，人们对主人公哈姆雷特的感觉迥然不同，一千个观众将可能幻化出一千个各自不同的王子形象。同样的道理，同样一段话，不同的听者对观点的理解也会有所偏差。这是因为人与之间存在各种沟通位差，对同一件事也会有不尽相同的理解。

但是这种对言语理解上的差异常常被忽略，人们总以为自己说出的话，听者没有异议就等于听懂，这其实是主观感觉。

实际上，"对牛弹琴""曲高和寡"，或"言者无心，听者有意"等现象，在沟通中普遍存在。于是，因为不能准确地把握别人的观点，沟通的失败也就在所难免。

因此，如果我们能准确地把握对方的观点，得知对方的想法，那么沟通将会取得最大程度上的成功。这就需要提到沟通中的"古德定律"。

古德定律是美国心理学家P.F.古德提出的。他认为，人际关系交往的成功，靠的是准确地把握他人的观点，即有的放矢方能无往不胜。如果我们不知道别人想什么，那么无论你做什么、说什么，也不过是徒劳。

古德定律强调了人际交往中要"换位思考"，也就是会

"善解人意"。比如，在一个家庭中，如果有一个善解人意的妻子能体谅、体贴丈夫，那么，这个家庭一定会和睦美满，夫妻间也容易沟通。这种妻子不光有教养，关键是懂得换位思考，凡事能够站在丈夫的立场、角度来感受、考虑与权衡，从而做出与丈夫相近的判断与决定，与丈夫有"所见略同"的智慧和"不谋而合"的默契。

当然，善解人意不单是女子的传统美德，也是所有人的美德。一个员工或者领导者，只要学会了换位思考，他就容易善解人意，能够较为准确地把握别人的观点，使沟通步入佳境，获得顺畅与成功。

曹操很喜爱曹植的才华，因此想废了曹丕而立曹植为太子。当曹操就这件事征求贾诩的意见时，贾诩却一声不吭。曹操就很奇怪地问："你为什么不说话？"

贾诩说："我正在想一件事呢！"

曹操问："你在想什么事呢？"

贾诩答道："我正在想袁绍、刘表等人废长立幼而招致灾祸的事。"

曹操听后哈哈大笑，立刻明白了贾诩的言外之意，于是不再提废曹丕的事情了。

曹操提的问题对于身为下属的贾诩来说非常棘手，稍有不慎就会引起龙颜大怒。而贾诩并没有正面回答问题，这一点相当聪明，既避免了冒犯领导权威，也没有给人阿谀奉承的感觉。这正是建立在准确理解领导背后意图的基础之上。

通常，在公司员工与员工、员工与领导者之间的沟通活动中，不论是员工还是领导说话，其实都很难被听者百分之百理解和接受，尽管听者没有表示异议，甚至连连点头称是，也难保听者都听懂了，更难保听者是否准确把握了言者的观点。也难怪，许多沟通虽多次交谈，却不能奏效，可能缘于言者的观点未能被听者准确把握，甚至听者根本没诚意听，沟通归于失败就是自然的事情。

李平准备借钱助好友刘兵做生意，在他将一笔巨款交给刘兵后，刘兵不幸身亡。李平立刻陷入了两难境地：若开口追款，太刺激刘兵的家人；若不提此事，自己的局面又难以支撑。

帮忙料理完后事，李平对刘妻说："真没想到刘哥走得这么早，我们的合作才开始呢。这样吧，嫂子，刘哥的那些朋友你也认识，你就出面把这笔生意继续做下去吧！需要我跑腿的时候你就尽管说，吃苦花力气的事我不怕。"

他丝毫没有追款的意思，还很豪气，其实他明知刘妻没有能力也没有心思干下去，话中又蕴含着巧妙的提醒：我只能跑腿花力气，却不熟那些生意，困难不小又时不我待。

结果呢？倒是刘妻反过来安慰他说："这次出事让你生意上受损失了，我也没法干下去了，你还是把钱拿回去再想别的方法吧。"

如果我们能站在对方的立场上看问题，用真情打动他，引起他情感的共鸣，一般情况下对方都是会理解的。

上述案例中，李平只字未提追款一事，相反还让对方先开了口。试想，如果他直接说出来会有多尴尬。他的巧妙之处在于说了一席站在对方立场考虑的话，将心比心，对方自然也能站在他的立场思考问题，不知不觉中就说出了李平想说的话。

因此，在沟通中，我们要尽量准确地把握别人的观点，这就需要我们站在别人的角度去考虑问题，说话时要学会"换位思考"，用"善解人意"准确把握对方的观点，否则就会影响到沟通的效率和成败，严重时会导致人际关系陷入僵局。

🌱 第4课　波特定律：批评宜曲不宜直

【核心提示】 有的时候，过于关注别人的错误，尤其是一些非根本性的错误，会大大挫伤他人的自尊和积极性，甚至产生对抗情绪，这样就会产生非常恶劣的效果。所以，我们应设身处地地替他人着想，批评时顾全对方的自尊和面子，委婉表达。

【理论指导】

在日常生活中，我们常常会用到批评这种手段。尤其是当下属犯了错误时，有些领导者会严厉批评一番，有时甚至将员工骂得狗血淋头。在他们看来，似乎这样才能起到杀一儆百的作用，才能体现规章制度的严肃性，才能显示出领导管理者的威严。

其实，这种批评方式不但无法达到让他人改正错误的目的，而且有碍于人际关系，严重时甚至会毁掉一个人。而运用波特定律却可以使一个人在批评时，懂得如何顾全他人的面子，有效避免伤害其自尊和自信。

波特定律原是经济管理方面的术语，由美国心理学家莱曼·波特提出。本意是指当遭受许多批评时，下级往往只记住开头的一些，其余就不听了，因为他们忙于思索论据来反驳开头的批评。

正是这个原因，在交际中，需要指出对方错误或在批评他人时照顾到被批评者的心理感受，注意批评的方式，以较为缓和的语气来表达自己的意见。因此，批评他人宜曲缓，而不是直接"放大炮"。

宋朝的益州知州张咏，听说寇准当上了宰相，就对其部下说："寇公奇才，惜学术不足尔。"这句话一语中的。张咏与寇准是多年的至交，他很想找个机会劝老朋友多读些书。

巧的是时隔不久，寇准因事来到陕西，刚刚卸任的张咏正好也从成都来到这里。老友相会，格外高兴。临分手时，寇准问张咏："老兄，有什么可以指教的？"张咏对此早有所考虑，想趁机劝寇准多读书，可是又一琢磨，寇准已是堂堂宰相，居一人之下万人之上，怎么好直截了当地说他没学问呢？

于是，张咏略微沉吟了一下，慢条斯理地说了一句："《霍光传》不可不读。"回到相府，寇准赶紧找出《汉书·霍光金日磾传》，从头仔细阅读，当他读到"光不学无术，暗于大理"时，恍然大悟，自言自语地说："此张公谓我矣！"当年霍光任过大司马、大将军要职，地位相当于宋朝的宰相，他辅佐汉朝立有大功，但是居功自傲，不好学习，不明事理，这与寇准有些相似的经历。寇准读了《霍光传》，很快明白了张咏的用意。

张咏与寇准过去是至交，但如今寇准位居宰相，直接批评不一定好，而且传出去还会影响寇公的形象；批评太轻了，又不易引起其思想上的重视。在这种情况下，张咏的一句赠言"《霍光传》不可不读"，可以说是绝妙的。别看这仅仅是一句话，其实它能胜过千言万语。"不学无术"，这是常人都难以接受的批评，更何况是当朝宰相，而张咏通过劝读《霍光传》这个委婉的方式，使寇准愉快地接受了他的建议，正所谓："借他书上言，传我心中事。"

　　在生活和工作中，我们不可能没有批评，但要学会巧妙地批评，让他人既意识到自己的错误，也理解你善意批评的意图，使他内心对你心存感激。批评的最好方式就是暗示。

　　有一次，几个属鼠的男同学在期中考试中考了满分，挺得意，有点飘飘然。他们的班主任发现了，就对他们说："怎么，得意了？你们知道得意意味着什么吗？请注意今天下午的班会。"那几个男学生猜想：糟了！在下午的班会上，等待他们的准是狂风暴雨！

　　可奇怪的是，在班会上，班主任的批评却妙趣横生，他说："树林子要是大了，就什么鸟儿都有，自然，天下大了，就什么老鼠都有。我就听说过这么一个故事：有只小老鼠外出旅游，恰好两个孩子在下兽棋，小老鼠就悄悄地看。它发现了一个秘密，那就是，尽管兽棋中的老鼠可以被猫吃掉、被狼吃掉、被虎吃掉，却可以战胜大象。于是立刻认定、我才是真正的百兽之王呢！这么一想，小老鼠就得意起来了，从此瞧不起猫，看不起狗，甚至拿狼开心。"讲到这里，班主任看那几个男同学的表情已经由得意扬扬转变为好奇。于是，班主任接着讲下去。

"这天，小老鼠竟然大摇大摆地爬到老虎的背上，恰好老虎正在打瞌睡，懒得动，就抖了抖身子。于是小老鼠更加得意，它还趁着黑夜钻进了大象的鼻子。大象觉得鼻子痒痒，就打了个喷嚏，小老鼠立刻像出膛炮弹似的飞了出去。就这么飞呀飞呀，好半天才'扑通'一声掉在臭水坑里！"

故事讲到这里，本来已经结束了，但班主任趁机又说："好，现在就请大家注意一下，'臭'字的写法，是怎么写的呢？'自''大'再加一点就是'臭'。有趣的是，今年正好是鼠年，咱们班有不少属鼠的同学，那么，这些'小老鼠'们会不会也掉到臭水坑里呢？我想不会，但必须有一个条件，就是永不骄傲！"

说到这儿，这位班主任还特意看了看那几个男同学，那几个男同学当然明白，老师的批评全包含在那个有趣的故事中了！他们很感激，并且很快改正了自己的缺点。社交中，如果我们能够巧妙而间接地指出别人的错误，要比直接说出口来得温和，且不会引起别人的强烈反感。那些对直接批评会非常愤怒的人，如果能间接地让他们去面对自己的错误，会有意想不到的效果。

🌷 第5课 首因效应：巧妙利用第一印象俘获人心

【核心提示】第一印象作用强，持续时间长，相比以后得到的信息，第一印象对于事物整个印象产生的作用会更加明显。

【理论指导】

在人与人的交往中，初次见面时，彼此便留给别人深刻的印象，无论是你说了什么话、做了什么事，在别人的心目中都会留下烙印。这个烙印就是你的符号，也是你给他人的第一印象。

在与陌生人交往的过程中，所得到的有关对方的最初印象称为第一印象。第一印象并非总是正确，但却总是最鲜明、最牢固的，能在对方的头脑中形成并占据着主导地位，这种效应即为首因效应。

我们常说的"给人留下一个好印象"，一般指的就是第一印象，这里存在着首因效应的作用。

首因效应是由美国心理学家洛钦斯首先提出的。首因效应作用最强，持续的时间也长，比以后得到的信息对于事物整个印象产生的作用更强。因此，在交友、招聘、求职等社交活动中，我们可以利用这种效应的积极作用，展示给人一种极好的形象，为以后的交流打下良好的基础。

美国总统林肯曾经接见了一个朋友推荐的人，但是林肯最后拒绝了这个才智过人的人才，理由是相貌不过关。在朋友愤怒地指责林肯不应该以貌取人的时候，说了这样的话："任何人都无法为自己天生的面孔负责。"林肯却回应道："一个人过了40岁，就应该为自己的面孔负责。"

据说哈佛教授经常给新生们讲述这个林肯以貌取人的故事，他们说："我们暂且不管林肯以貌取人是否有其可圈可点之处，重要的是我们不能忽视第一印象的巨大影响和作用，尤其在这个人才济济的时代，外表似乎越来越成为一个人能否给他人留下深刻印象的重要衡量标准。"

哈佛心理学教授解释说，在与一个人初次会面时，我们会在45秒钟内产生第一印象。这一最初的印象对我们的知觉产生较强的影响，并且在我们的头脑中占据着主导地位。

当不同的信息被排列在一起的时候，人们总是倾向于重视排在前面的信息。退一步说，即便人们对后面的信息保持同样的重视度，也会认为后面的信息是非本质的、偶然的。通常，人们的习惯是按照前面的信息解释后面的信息，当后面的信息与前面的不一致时，就会否定后面的信息而服从前面的信息，使整体印象保持一致。

一个新闻系的毕业生正急于寻找工作。一天，他到某报社对总编说："你们需要一个编辑吗？"总编说："不需要！"他说："那么记者呢？"总编说："不需要！"他说："那么排字工人、校对呢？"总编说："不，我们现在什么空缺也没有了。""那么，你们一定需要这个东西。"说着他从公文包中拿出一块精致的小牌子，上面写着"额满，暂不雇用"。总编看了看牌子，微笑着点了点头，说："如果你愿意，可以到我们广告部工作。"

这个大学生通过自己制作的牌子表达了自己的机智和乐观，给总编留下了美好的第一印象，引起其极大的兴趣，从而为自己赢得了一份工作。由此我们可以看到第一印象相当重要。有时候，首因效应所带来的影响可以决定一个人的前程，甚至命运。因为它主要体现在先入为主上，这种先入为主给人带来的第一印象是鲜明的、强烈的、过目难忘的，对方也最容易将首因效应存进他的大脑档案，留下难以磨灭的印象。

虽然我们也知道仅凭一次见面就给对方下结论为时过早，首因效应并不完全可靠，甚至还有可能会出现很大的差错，但是，绝大多数的人还是会下意识地跟着首因效应的感觉走。

在生活节奏较快的现代社会，很少有人会愿意花较多的时间去了解一个给他留下不好第一印象的人。因此，我们若想在人际交往中获得别人的好感和认可，就应当给别人留下良好的第一印象。

在日常交往中，我们要提醒自己，尤其是与别人初次交谈时，一定要注意给别人留下美好的印象，包括姿态、谈吐、表情、衣着打扮等。具体要注意以下两点：

1.要注重仪表风度

一般情况下，人们都愿意同衣着干净整齐、举止落落大方的人接触和交往。与人见面交谈时，要注意面带微笑，这样可以给人留下热情、善良、友好、诚挚的印象。注重仪表，至少让人看起来干净整洁。这样容易给人留下严谨、自爱、有修养的第一印象，尽管这种印象并不总是准确。我们不能忽视第一印象的巨大作用，无论外在和内在，我们都应该格外注重。

2.要注意言谈举止

想要给人留下难以忘怀的好印象，还要做到言辞幽默、侃侃而谈、不卑不亢、举止优雅。言谈要恰到好处，使自己显得有内涵，同时还要尽量发挥自己的聪明才智，以在对方的心中留下深刻的第一印象。

当然，在社交活动中，利用首因效应给人留下很好的印象，只是一种暂时的行为，要想与对方有更深层次的交往还需要我们完善自己的修养和品格。

第6课　布朗定律：潜入对方大脑，言语真诚得人心

【核心提示】一定要找到对方心灵的那把锁，找到心锁就是沟通的良好开端。知道别人最在意什么，别人的意愿就会在你的把握之中。

【理论指导】

　　一个虔诚的修女为了拯救受难的人们只身来到印度，当她看到当地的人们因为贫困而衣衫褴褛甚至没有鞋子穿的时候，她决定自己也不穿鞋子，因为这样才能够更加贴近他们，从而更好地帮助他们。以致后来戴安娜王妃听说了她的丰功伟绩之后来印度拜访她的时候，王妃因为自己穿了一双洁白的高跟鞋而感到无比羞愧……

　　后来，中东发生了战争，这位修女孤身一人来到战场上，当作战的双方发现这位修女来到的时候，竟然不约而同地停止了攻击，等她把战区里面的妇女和儿童都救了出来……在这位德高望重的修女去世的时候，印度举国上下的人民都为她而悲痛，在她的灵柩经过的地方，没有人站在楼上，因为人们不愿意自己站得比她还高。而她遗体的双脚仍然是裸露的，向世人宣告她是与那些贫苦的人们平起平坐。这位高尚的修女就是特蕾莎。

　　特蕾莎修女的真实故事告诉我们，找到心锁就是沟通的良好开端。知道别人在意什么，你就会知道别人的意愿。这就是沟通学中著名的布朗定律，是由美国职业培训专家史蒂文·布朗提出的。

　　布朗定律可以解决沟通中遇到的暂时性障碍。当一个人受到外界强大的不良刺激时，比如遭遇爱情、亲情、友情的失落，比如在工作、事业上碰到挫折，等等，此时你会觉得他判若两人，表现反常，甚至有点奇怪。即便这个人曾经与你沟通得十分融洽，但是现在不同了，变得难说话、难沟通了。

　　当我们试图与对方沟通时，却因对方处于"绝缘"状态而导致失败。对方的思想显得乖僻，情绪非常不好，拒绝与外界交流。他甚至呆若木鸡、视而不见、充耳不闻，任何人都无法访问他的心灵世界，不知他在想些什么。这时，如果能巧妙地运用布朗定律，很多疙瘩都会迅速迎刃而解。

一个30多岁的女人，在失业一年多后，终于找到一份在某高级珠宝店当售货员的工作，没想到刚上班就遇到了一件麻烦事。圣诞节的前一天，店里来了一个土里土气的年轻男子，他衣衫破旧，一脸的悲哀、狐疑，还不时用贪婪的目光盯着那些高级首饰。

这时电话响了，女人只好先去接听电话，可她却一不小心把装戒指的碟子碰翻，6枚精美绝伦的金戒指落到地上，她慌忙捡起其中的5枚，但第6枚怎么也找不到。

这时，她看到那男子正向门口走去，顿时醒悟了，戒指可能在他那儿。

当男子即将走出店门时，女人柔声叫道："对不起，先生！"

"什么事？"他问，脸上的表情有些不自然。

"我先生和我都失业一年多了，我也是上个星期才找到这份工作。现在找份工作真不容易，是不是？"女人神色黯然地说。

男子长久地注视着她，终了，一丝腼腆的微笑浮现在他的脸上："是的，正是这样。但我觉得你在这里工作会做得很好。"

说完，他向前一步，把手伸给她："让我握握你的手，表示我真诚的祝福好吗？"

然后，他转过身，慢慢走向门口。女人目送着他的身影消失在门外，转身走向柜台，把手中握着的第6枚戒指放回了原处。

故事中的女人不批评、不苛责，更没有咆哮，就成功地收回了男人偷拾的第6枚戒指。其奥妙就在于女人真诚的话语产生了撼人心魄的作用，真诚在此处胜过了任何技巧。从某种意义上来说，用情感来凝铸语言，是一种最高境界的智慧。

在与人交往中，打开别人心锁的钥匙就是真诚。一个说话者如果感情不真切，是逃不过成百上千听众的眼睛的，同时也难以打动听众。很多著名政治家的交际之所以出色，主要在于他们特别注意培养自己说话、演讲的真切情感。

第二次世界大战期间，年近70岁的英国首相丘吉尔在对秘书口授反击法西斯战争动员的讲稿时，讲到激动之处热泪盈眶。他的这一次演讲直指人心，极大鼓舞了英国人民的反法西斯斗志。

一次哈佛大学的毕业典礼上，在谈到"真诚"的时候，一个毕业生的话得到了大家的认可。他说："一个说话者如果讲话华而不实，只追求华丽的辞藻，开出的只能是无果之花；缺乏真挚而热烈的情感，只是'人工仿制'的感情，虽然能欺骗听众的耳朵，却永远骗不到听众的心。而说话者一旦讲话袒露情怀，敞开心扉，就会达到语调亲切、激情迸发、内容充实的效果，也就会字字吐深情、句句动心魄。"

如今，我们的社会充满了太多的虚假和浮躁，人们普遍存在着不信任的心理。造成这种心理的原因之一很可能是生活中"口是心非"的人太多了。有些人尽管表面上说得天花乱坠，而内心并非如此；表面上百依百顺，实际上则是我行我素；嘴里说着赞誉之词，而内心则是诅咒。

因此，要找到打开某人心锁的钥匙，是一个需要细心洞察、耐心寻找的过程，需要"由表及里"，根据一些现象逐步深入分析，最后找到根源。当然，表里如一、言行一致是交往中最基本的准则。

所以，做人就要做个真诚的、言行一致的人。对待别人要诚实，不要两面三刀，在算计别人中度过一生是很累、很痛苦的事。坦诚地做人，用一颗真诚的心去对待别人，得到的不只是对方的信赖，还有机遇。

❦ 第7课　自己人效应：将对方拉进自己战壕

【核心提示】与人沟通时，如果能熟练应用"自己人效应"，通过情感、地位、目的、经历等方面的相似之处，引起对方的共鸣，找到我们与对方心灵沟通的连接点，那么我们的谈话将是成功的。

【理论指导】

生活中两个人初次见面，经常会询问籍贯、学业、工作之类的问题，有时候会惊喜地发现对方是自己的老乡或校友。这样可以拉近彼此的心理距离，接下来如果有什么事想要对方帮忙，也会比较容易了。

在这样的人际交往中，其实人们已经不知不觉地利用了"自己人效应"，就是让对方把你当作他的"自己人"，使关系迅速拉近。

自己人效应，又叫作"亲和效应"，指的是在人际沟通过程中，人们常常会因相互之间存在某种共同或者近似之处，而感到彼此更易接近，而这种彼此接近，一般又会让交往对象萌生亲切感，并更加体谅对方。

在人际交往与认知中，人们常常存在一种倾向，就是会更乐意接近对自己比较亲近的对象。如果双方关系良好，一方就更容易接受另一方的某些观点、立场，甚至对对方提出的为难的要求，也不太容易拒绝。

在人际沟通中，人与人之间会相互影响。这种影响有时是有意的，有时却是无意的，我们可以利用这种"有意"的影响，与人建立良好的关系。

苏联最受广大青年学子欢迎的演讲家加里宁被邀请在一个

中学发表演讲。加里宁的演讲是这样开头的：

"亲爱的同学们，我也经历过像你们这样的学生时代，我深知作为一名在校学生的追求和梦想。我的想法跟你们现在的想法一样，就是能好好学习，取得优异的成绩。这不但是你、我的希望，也是家长的愿望，更是政府、社会以及老一辈人对你们的共同期望！"

加里宁在演讲一开始就从自己的经历入手，坦言自己也经历过这样的学生时代，而且表示自己理解作为学生的心理感受，从而吸引了同学们的注意力，缩短彼此的心理距离，让台下的学生感到亲切，激发认同感，从而产生共鸣。把听众拉进自己的战壕里，这样一来，听众便会对这个"自己人"所说的话更加信赖，也更容易接受。

用"自己人效应"激发共鸣，要找到与听众心灵沟通的连接点。寻找出与听众心心相印的共鸣区，其实并不难。情感、地位、目的、经历等都能在听众中产生"自己人效应"，引起听众的共鸣。

英国首相丘吉尔在第二次世界大战期间在美国做圣诞演说时曾这样讲道："我今天虽然远离家庭和祖国，在这里过节，但我一点也没有异乡的感觉。我不知道，这是由于本人母亲的血统和你们相同，抑或是由于本人多年来在此所获得的友谊……在美国的中心和最高权力的所在地，我根本不觉得自己是个外来者，我们的人民讲着共同的语言，有着同样的宗教信仰，还在很大程度上追求着同样的理想。我所能感觉到的是一种和谐的兄弟间亲密无间的气氛……"

不可否认，首相的"自己人策略"的确奏效了，他将听众拉进了自己的战壕，使他们与自己站在同一条战线，并轻松地"俘虏"了听众的心。丘吉尔从友谊、情感等角度导出了"我们""本人的母亲血统和你们相同""一种和谐的兄弟间亲密无间的气氛"等观念，这样的讲话产生了异乎寻常的"自己人效应"，激发了听众强烈的共鸣，最终，获得了极大的成功。

利用"自己人效应"强化我们在对方心中的印象，就是要让对方确认我们是他的"自己人"。林肯引用过一句古老的格言说："一滴蜜比一加仑胆汁能够捕到更多的苍蝇。人心也是如此，假如你要别人同意你的原则，就要先使他相信：你是他的忠实朋友，即'自己人'。用一滴蜜去赢得他的心，你就能使他走在理智的大道上。"

在与人交谈的时候，想要促使对方产生"自己人"的认同感，应注意以下几点：

1.保持相互平等

要想得到他人的信任，首先要和对方缩短距离，与之平等相处。在保持相互平等时，最容易被忽视的就是交往中的用语问题。举个简单的例子，在某次公开谈话中，如果我们说"希望在座各位献计献策"，这就像以居高临下的态度在命令大家，容易被人理解为对人不尊重；如果改说"我们一起商量"，就承认了大家具有平等的地位。

2.要对别人感兴趣

美国著名的人际关系学大师卡耐基曾说："你要是真心地对别人感兴趣，两个月内你就能比一个光要别人对他感兴趣的人两年内所交的朋友还要多。"

纽约一家电话公司曾做过一项有趣的调查，结果发现在电话交谈中出现得最多的词竟是第一人称的"我"。这说明人们总有一种"想要让别人对我感兴趣"的心理趋向。因此，我们应该活学活用"自己人效应"，调整这一心理趋向在交谈中产生的影响，使之尽量对我们产生有利的影响。在交谈中，先要对别人感兴趣，然后才是让别人对我们感兴趣。

3.给人以可信感

在与人交谈时，必须让人感觉到我们的话说得中肯，这样才能增强信息传递的效力。这就要求我们在与人交谈时要说真话，保持自己在他人眼中的可信度。这一点看似简单，却是最难坚持的，无论是在日常生活中，还是在工作中，要坚持让自己言行一致，该说的话诚恳地说，不该说的话不要信口开河。

❀ 第8课　尼伦伯格定律：最成功的谈判是双赢或多赢

【核心提示】一场圆满的、成功的谈判，每一方都是胜利者。如果你总想自己得势，必然造成与他人"势不两立"的局面。

【理论指导】

现代社会，不管是商业活动，还是日常生活，谈判可谓无处不在。谈判不应该是零和博弈，而是双方不断寻求共同点，直至取得满意结果的过程。美国著名谈判学家尼伦伯格提出，成功的谈判，双方都应该是胜利者，其结果是双赢或多赢。这就是尼伦伯格定律。

双赢强调的是双方的利益兼顾，即所谓的"赢者不全赢，输者不全输"。双赢谈判是把谈判当作一个合作的过程，谈判的双方通常在利益与需求上存在一定的矛盾，需要通过谈判来化解矛盾，并尝试和对手像伙伴一样，共同去找到满足双方需要的方案，使双方的利益最大化，冲突更少、风险更小。当然，双赢或多赢的局面需要双方进行充分沟通。

有两个孩子去找邻居家的小朋友玩，小朋友的妈妈给了来家里玩的两个孩子一个橙子。这两个孩子开始讨论如何分这个橙子。两个人吵来吵去，最终达成了一致意见：由一个孩子负责切橙子，而另一个孩子选橙子。

结果，两个孩子按照商定的办法各自拿了一半橙子，高高兴兴地回家去了。第一个孩子把半个橙子拿到家，把皮剥掉扔进了垃圾桶，把果肉放到果汁机上打果汁喝；另一个孩子回到家把果肉挖掉扔进了垃圾桶，把橙子皮留下来磨碎了，混在面粉里烤蛋糕吃。

尽管两个孩子各自拿到了看似公平的一半橙子，然而，他们各自得到的东西却没有物尽其用。这就在于他们事先并未做好沟通，也就是两个孩子并没有申明各自利益所在，没有事先申明价值导致了双方盲目追求形式和立场上的公平，结果，双方各自的利益并未在谈判中达到最大化。

试想，如果两个孩子充分交流各自所需，或许会有多个方案和情况出现。比较理想的情况是：两个孩子想办法将皮和果肉分开，一个拿到果肉去榨汁，另一个拿皮去做烤蛋糕。也许经过沟通后会出现另外一种情况：有一个孩子既想要皮做蛋糕，又想喝橙子汁，想要整个橙子的孩子提议可以将其他的问题拿出来一块谈。他说："如果把这个橙子全给我，你上次欠我的棒棒糖就不用还了。"其实，他的牙齿被蛀得一塌糊涂，父母上星期就不让他吃糖了。另一个孩子想想也许就答应了，他刚刚从父母那儿要了5块钱，准备买糖"还债"，这次他可以用这5块钱去打游戏，才不在乎这酸溜溜的橙子汁呢。

事实上，两个孩子的谈判思考过程就是不断沟通、创造价值的过程。双方都在寻求对自己最大利益的方案的同时，也满

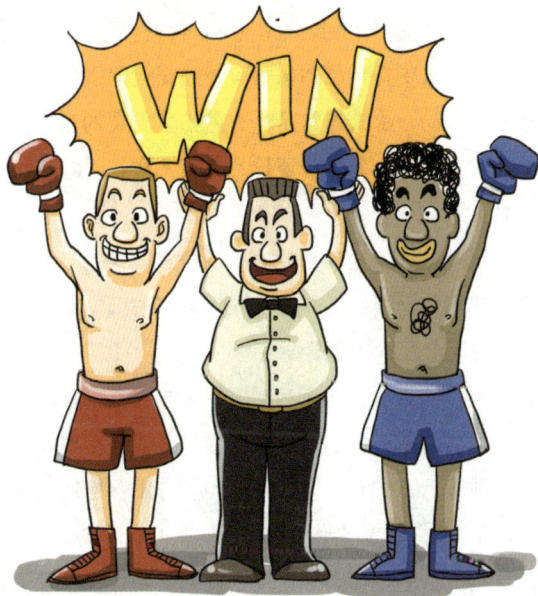

足对方的最大利益的需要。其实，商务谈判的过程也是一样。好的谈判者并不是一味固守立场，追求寸步不让，而是要与对方充分交流，从双方的最大利益出发，创造各种解决方案，用相对较小的让步来换得最大的利益，而对方也是遵循相同的原则来取得交换条件。在满足双方最大利益的基础上，如果还存在达成协议的障碍，那么就不妨站在对方的立场上，替对方着想，帮助其扫清达成协议的一切障碍。这样，最终的协议是不难达成的。

在谈判桌上，谈判双方通常都会竭尽全力维护自己的立场。例如，一个精明的卖主会把自己的产品功能讲得天花乱坠，以抬高产品的价格；而聪明的买主会鸡蛋里挑骨头，从不同的角度指出产品的不足之处，从而将价格压低。双方都会讲出无数条理由来支持自己的报价，导致谈判陷入僵局。如果谈判没有陷入僵局，那么通常是一方做出了一定的让步，或双方经过漫长的多个回合的讨价还价，各自都进行了让步，从而达成一个中间价。

这种谈判方式，是典型的"立场争辩式谈判"。立场争辩式谈判的特点是，谈判每一方都在为自己的既定立场争辩，通过一系列的让步，最终达成协议。

必须正视的是，在商业活动中，如果大家都采取这样的谈判方式，往往会使谈判陷入一种误区。人们从实践中得到的教训是，这种谈判方式有时会导致谈判各方不欢而散，甚至还会破坏双方今后进一步的合作。

在现实生活中，如果想让谈判达到双赢效果，那就要遵循以下原则：

1.清楚自己最想要的是什么

要知道人们在谈判中，不是为同样的东西而来的。不要认为对方想得到的东西，会令你有所损失，你们要的不一定是同样的东西。糟糕的谈判对手试图强迫对方改变立场，而高明的谈判对手知道即使立场差别很大，双方的利益也可以是共同的，所以他们通过行动让对方改变立场，关注双方的共同利益。

2.从全局出发

谈判时考虑问题要全面，不要把谈判局限在一个问题上。

3.忌贪婪

不要太过贪心，不要企图拿走谈判桌上的最后一分钱。

4.不要过于斤斤计较

谈判时要较真，但不要太过分，不妨把一些东西放回到谈判桌上，比如给一些额外的优惠。

❀ 第9课 牢骚效应：牢骚宜疏不宜堵

【核心提示】慈悲地关照牢骚，不是采取压抑或逃避的态度，而是学会面对，并及时进行疏导和发泄，这会对工作和生活起到积极作用。

【理论指导】

哈佛大学心理学系的梅约教授组织过一个"谈话试验"，具体做法就是专家们找工人个别谈话，而且规定在谈话过程中，专家要耐心倾听工人们对厂方的各种意见和不满，并做详细记录。与此同时，专家对工人的不满意见不准反驳和训斥。这一实验研究的周期是两年。在这两年多的时间里，研究人员前前后后与工人谈话的总数达到了两万余次。

结果发现，这两年以来，工厂的产量大幅度提高了。经过研究，他们给出了原因：在这家工厂，长期以来工人们对它的各个方面有诸多不满，但无处发泄。"谈话试验"使他们的这些不满都发泄出来了，从而感到心情舒畅，所以工作干劲高涨。这就是牢骚效应。

牢骚效应告诉我们：人有各种各样的愿望，但真正能达成的却为数不多。对那些未能实现的意愿和未能满足的情绪，千万不要压制，而是要进行疏导，使之发泄出来，这对人的身心发展和工作效率的提高都非常有利。

牢骚效应实际上讲的是一个"堵"与"疏"的问题。这就像一个水池一样，当流通不畅，慢慢地就会堵住。当流通顺畅时，杂质就随水流走了，水池就不会堵了。不让职工发牢骚，职工的不满情绪无法发泄出来，就会导致：一是公司死气沉沉，如死水一潭，没有活力，形成无声的抗争；二是一旦爆发，就会矛盾激化，无缓冲期，搞不好造成劳资双方两败俱伤。为此，建立公司的上下沟通机制，给员工发牢骚的机会，让员工的不满都发泄出来，才会心情舒畅地投身到工作之中。其实，在日本，很多企业都非常注重为员工提供发泄自己情绪的渠道，松下公司就是如此。

在松下，所有分厂里都设有吸烟室，里面摆放着一个极像松下幸之助本人的人体模型，工人可以在这里用竹竿随意抽打"他"，以发泄自己心中的不满。等工人打够了、停手了，喇叭里会自动响起松下幸之助的声音，这是他本人给工人写的话："这不是幻觉，我们生在一个国家，心心相通，手挽着手，我们可以一起去求得和平，让日本繁荣幸福。干事情可以有分歧，但记住，日本人只有一个目标：民族强盛、和睦。从今天起，这绝不再是幻觉！"当然，这还不够，松下说："厂主自己还得努力工作，要使每个职工感觉到我们的厂主工作真辛苦，我们理应帮助他！"

正是通过这种方式，使松下的员工自始至终都能保持高度的工作热情。日本公司的这种做法被世界许多国家的企业借鉴。在美国的有些企业，有一种叫HopDay（发泄日）的制度设定，就是在每个月专门划出一天给员工发泄不满。在这天，员工可以对公司同事和上级直抒胸臆，开玩笑、顶撞都是被允许的，领导不许就此迁怒于人。这种形式使下属平时积郁的不满情绪都能得到宣泄，从而大大缓解了他们的工作压力，提高了工作效率。

美国企业提供了一个让所有员工更好地沟通机会，起到了调节气氛的作用。所以，牢骚效应本质上是一种沟通效应，只是这种沟通更多是在员工有挫折感时发生而已。能将一种消极的发泄变为积极的提供建议，显示了这些美国企业高人一筹的管理思维。当然，无论是发泄还是提建议，其本质都是沟通。只要渠道通畅，就都能取得好的效果。

在沟通过程中，想要更好地应用牢骚效应还要注意以下事项：

1.建立好沟通的渠道，能让员工的牢骚很好地发泄出来，有时可以让管理人员听听员工的牢骚，但不可让管理人员的牢骚被员工知道。如果那样，会影响员工的士气。可以像松下公司那样，建立员工发泄室。

2.要建立适合的制度，分清哪些牢骚是允许的，哪些是不被允许的。

3.员工的牢骚宜疏不宜堵。公司里大多存在着正式和非正式的组织，而牢骚在非正式组织内传得比较快。一句真话经过多个人传后就可能变成假话，而牢骚经过多人的传播，就可能形成谣言。

4.管理人员，特别是高层管理人员，要认真地分析牢骚的背景、产生原因，从而推动工作改进，建立和谐的工作环境。

🌷 第10课　鸟笼效应：要想不被别人反复提及，就得先行道破

【核心提示】在沟通中，如果有些事情不想被别人反复提及，我们自己就得先行打破令人反感的话题。

【理论指导】

鸟笼效应是一个著名的心理现象，发现者是近代杰出的心理学家詹姆斯，其内容是：如果你挂一个漂亮的鸟笼在房间里最显眼的地方，过不了几天，你一定会做出下面两个选择之一：把鸟笼扔掉，或者买一只鸟回来放在鸟笼里。其含义是：要想不被别人反复提及，就得先行道破。

鸟笼效应来源于一个有趣的故事：

1907年，著名心理学家詹姆斯于哈佛大学退休了，闲来无事，他去好朋友物理学家卡尔森家走访。这天，两人开玩笑似的打了一个赌。

詹姆斯说："老伙计，我一定会让你不久就养上一只鸟的。"卡尔森笑着摇头："我不信！因为我从来就没有想过养一只鸟。"

没过几天，恰逢卡尔森生日，詹姆斯送上了他的礼物——一只精致的鸟笼。卡尔森笑纳了："我只当它是一件精美的工艺品。"

然而从此以后，每逢有客人到访，看到卡尔森书桌上那个精致的、空荡荡的鸟笼，便会问："教授，您养的鸟什么时候死了？"

卡尔森只好一次次耐心解释："我从来就没有养过鸟。"态度虽然诚恳，客人的目光却分明是不相信的。

最后，出于无奈，卡尔森只好买了一只鸟。这就是詹姆斯著名的鸟笼效应。正如一个男孩送了女朋友一束花，女孩很高兴，特意让妈妈从家里带来一只水晶花瓶，结果为了不让这个花瓶空着，她的男朋友必须隔几天就送花给她。当然这是鸟笼效应的一种甜蜜的体现。

鸟笼效应为什么会奏效呢？心理学家解释说，这是因为买一只鸟比解释为什么有一只空鸟笼要简便得多。即使没有人来问，或者不需要加以解释，鸟笼效应也会造成人的一种心理上的压力，使其主动去买来一只鸟与笼子相配套。

其实，在我们身边，在我们的生活、工作当中，人们总是不自觉地在自己的心里先挂上一只"鸟笼"，再不由自主地往笼子里放"小鸟"，事实上只能给自己创造一次又一次麻烦。

以卡尔森为例，其实就算是没有客人来问，卡尔森长时间面对着空鸟笼，在心理上也会产生一种压力，精致漂亮的鸟笼弃之可惜，只有买鸟来养才能与之匹配，环境才能协调、才能和谐，才不致招来猜疑的询问和怪异的眼光。

应用在沟通过程中，鸟笼效应告诉人们：如果我们不想被别人反复提及讨厌的话语，我们自己就得先行打破令人反感的话题，否则你就只能被别人牵着鼻子走。

🌷 第11课　南风法则：没有人能够拒绝温暖的力量

【核心提示】在与人打交道或者办事情的时候，用好的态度、温和的方式比用高傲相持的生硬方式更容易提高办事的效率。在与人相处时，用友善体贴的方式会比强悍冷漠的方法更易俘获他人的心。

【理论指导】

　　南风法则源于法国作家拉封丹写过的一则寓言：在风的家族中，北风和南风一直较劲，它们都觉得自己比对方厉害。有一天，北风和南风偶然相遇了，它们谁也不服谁，决定比试一下谁的威力更大。比赛的内容就是看谁能把行人身上的大衣脱掉，谁就算赢了。

　　于是，它们一起来到道路上，找到一个行色匆匆的行人。北风先刮起一股凛冽的寒风，对着那个路人猛吹，想通过更大的风把人的衣服吹掉。寒风凛冽刺骨，冻得行人直跺脚，大骂这该死的北风。结果行人为了抵御北风的侵袭，把大衣裹得比以前更紧了。北风只得精疲力竭地败下阵来。这时，只见南风徐徐吹动，顿时阳光和煦，行人似乎感觉到了温暖，不一会儿就开始解开纽扣，继而脱掉大衣。最终南风获得了胜利。

　　这就是南风法则的由来。南风法则启示人们：温暖胜于严寒，引导胜于压迫，最有威力的武器往往是爱与关怀。生活中，我们在处理人与人之间的关系时，要特别注意讲究方法。北风和南风都想使行人脱掉大衣，但方法不一样，结果也大相径庭。

　　现实中，有些领导者忽略了爱的力量，常常用冷漠的眼神和冰冷的言语紧紧地把自己包裹起来。实际上，比严厉更有力的"武器"是爱、关心和尊重，也就是让他人感到温暖。

　　因此，我们在与人打交道或者办事情的时候，用好的态度、温和的方式比用高傲相持的生硬方式更容易提高办事的效率。在与人相处时，用友善体贴的方式会比强悍冷漠的方法更易俘获他人的心。

　　被人誉为"黑珍珠"的球王贝利，是足球史上享有盛名的天才。他在很小的时候就表现出了足球天赋，并且取得了惊人的成绩。

　　有一次，小贝利参加了一场激烈的足球赛。赛后，伙伴们都累得腰酸腿痛，有几位小球员点上了香烟，说是能够解除疲劳。小贝利见状，也要了一支。他忘我地抽着烟，看着淡淡的烟雾从嘴里吐出来，觉得自己很潇洒、很时尚。不巧的是，这一幕被前来看望他的父亲看到了。

晚上，小贝利的父亲坐在椅子上询问他："你今天抽烟了？"

"抽了。"小贝利红着脸，低下了头，准备接受父亲的训斥。

但是，父亲并没有这么做。他从椅子上站了起来，在屋子里来回走了好半天，这才开口说话："孩子，你踢球有几分天赋，如果你好好坚持下去，将来或许会有点儿出息。但是，你应该明白做一名足球运动员的前提是有良好的身体素质，可今天你抽烟了。也许你会说，我只是第一次，我只抽了一根，以后不再抽了。但你应该明白，有了第一次便会有第二次、第三次……每次你都会想，仅仅一根，不会有什么大碍的。但天长日久，你会渐渐上瘾，你的身体就会变差，而你最喜欢的足球可能会因此渐渐地离你远去。"

说到这里，父亲问小贝利："你是愿意在烟雾中损坏身体，还是愿意做个有出息的足球运动员呢？你已经懂事了，自己做选择吧。"说着，父亲从口袋里掏出了一沓钞票，递给小贝利，说道："如果不愿意做个有出息的运动员，执意要抽的话，这些钱就给你买烟用吧！"说完，父亲走了出去。

小贝利望着父亲远去的背影，仔细回味着父亲那动情入理的话语，不由得伤心地哭了起来。过了一会儿，他止住哭，拿起钞票，来到了父亲的面前。

"爸爸，我再也不抽烟了，我一定要做个有出息的运动员。"从此，贝利训练更加刻苦，最终成为一代球王。

041

从贝利的这则故事中，我们看到了，人与人之间入情入理的沟通要比大发雷霆的训斥管用得多，情感是进入别人内心、拉近双方距离的最有力武器。因此，凡是有沟通的地方就有情感发挥的余地。只要懂得这个道理，情感就会在你人际沟通中助你一臂之力，让你轻易地征服对方。

用情感动对方，用心温暖对方，这无疑是人们获得他人认可的最佳方式。通过南风法则，人们进一步地体会到"好言一句三冬暖，恶语伤人六月寒"的真正意义，也告诉人们在与他人接触的过程中，应该多用关心、爱护、尊重、赞美等积极情绪感动对方，让对方感到你是从内心深处关心他，这样能将彼此的感情拉得更近、更亲，也更易得到他人同样的关心和爱护。

🌱 第12课　乒乓球定律：积极与对方形成互动

【核心提示】一个好的交流者必定是一个好的提问者，就像打乒乓球一样，球打出去的同时还能让对方打回来，这样一来一往，才能够真正算得上是成功的交流。

【理论指导】

成功的沟通是一个双方互动的过程，如果只有一个人说话，永远都称不上是交流，更谈不上是有意义的沟通。有效的互动，你一言我一语才是交谈成功的前提。

可以这样说，一个好的交流者必定是一个好的提问者，就像打乒乓球一样，你在把球打出去的同时还能让对方打回来，这样一来一往，才能够真正算得上是成功的交流。这就是乒乓球定律。

在人际交往过程中，要想有效地与对方互动，就要做一个会问问题、能打开别人话匣子的交流者。如果你既想让别人开口，又想让自己掌握和控制谈话，那么就要学会提问。有效的提问可以促进交谈，使双方的表达更加顺畅。一个得体恰当的问题往往能引起对方积极的回应和愉悦的情绪。

但是，在现实生活中，很多人并不懂得如何提问。我们不妨来看看下面案例：

小露生了孩子后就做了全职太太，一心一意在家里照顾孩子，孩子几乎占据了她的全部精力。直到丈夫向她提出抗议，说她不关心他，小露才意识到自己忽视了丈夫的感受。

于是，为了表示对丈夫的关心，每天丈夫下班回来，她都会关切地问一句："今天怎么样啊？"

丈夫也只是冷淡地回应一句："还行。"

接下来，两个人似乎都失去了表达的欲望。

在这个案例中，小露的问题太宽泛了，丈夫似乎只能简单回答，两个

人没有形成有效的互动。而且，"今天怎么样"这样的问题听上去就像是随口问问，不是真的想了解什么情况，所以回答也往往是套话、敷衍。让丈夫每天都要回答这样的问题，他一定会感到厌烦。

如果小露能读读报纸、看看新闻，然后在丈夫休息的时候就他比较熟悉的话题提出一些具体和开放式的问题，采取这个方案之后，小露就不会向丈夫提出诸如"怎么样"之类的问题，而是和丈夫聊他喜欢的话题。这样，两个人你一言我一语便能形成很好的互动，心情自然非常开朗，夫妻感情也将更加融洽。

交流要掌握分寸和技巧，不合时宜的提问会引起对方的厌烦，不合适的问题也会招致别人的反感，一个好的交流者必定是一个好的提问者。根据上面的例子，我们可以总结出关于提问的几个注意点：

1.提问要具体

面对具体的提问，对方才有话可说。太抽象的提问让人无从回答，不知从哪说起，甚至会产生反感的情绪，正如"今天怎么样"之类的问题。所以，提问要具体，不要宽泛，尽量让对方能用更多的语言来回答。

2.不要带有引导性

如果是一个引导性的提问，会让别人觉得除了顺从别无选择。例如"每天晚上看两个小时电视就够了，你说呢？""已经很晚了，你就不要出去了，怎么样？"，这样的问题对对方似乎是一种命令，只能同意，而不是征求对方的意见，对方自然不想发表观点。

3.不要加入个人意见

提问时事先不要加个人意见，尤其是否定意见。当别人还没有表达自己的时候，你首先就已经表示了不赞同。这样一来，就阻断了对方原本可能想和你进行的讨论——既然你不同意，那就没有再讨论的必要了。对方会感到不愉快，没有了表达的机会。

如果你能在生活中注意这几点，就不会因为不恰当的提问而引起别人的反感了。提问是我们交流中的一大部分，在提问中游刃有余，才能有更自如的交往！

🌱 第13课　韦奇定律：不要让闲话动摇了你的信念

【核心提示】不要让闲话动摇了你的信念。一旦确立了自己的目标，就要一直走下去，如果自己觉得那就是自己想要的，就不要在乎别人的看法，努力达成自己的人生目标。

【理论指导】

你或许很有主见，可如果有十个朋友的看法和你相反，恐怕你就很难做到不动摇，这就是韦奇定律。提出这个定律的是美国经济学家伊沃·韦奇。现实中，每个人一开始都有自己的看法和想法，但是这种看法和想法很可能会因为别人的怂恿而发生改变。

听取别人的意见有助于更全面地掌握信息、更深入地分析问题，以最小的偏差做出正确的决定；然而过多地听取别人的观点，往往导致自己思维混乱、莫衷一是，难以坚持自己的选择。这看起来是一个可笑的悖论，但确实是我们经常走进的怪圈。

魏国太子与大夫庞恭一同作为人质，准备启程前往赵国首都邯郸。可庞恭知道魏王身边有许多小人，担心自己不在时，这些小人会在魏王面前挑拨是非。因此，临行之前，庞恭向魏王提出了一个问题。

他说：“要是有一个人对您说，他看到闹市熙熙攘攘的人群里有一只老虎，君王信吗？”

魏王说：“我当然不信。”

庞恭又问：“要是有两个人这样对您说呢？”

魏王说：“那我也不相信。”

庞恭随后又追问一句：“要是有三个人都说亲眼看到了闹市里的老虎，您是否还不信？”

魏王回答：“既然有这么多人都说看到了老虎，那就肯定确有其事，因此我不能不信。”

听了这话之后，庞恭深有感触地说：“果然如我所料，问题就在这里！其实，人人皆知，一只老虎是绝对不敢闯入闹市中的。现在君王不顾及情理、不深入调查，只听三人说虎就肯定有虎，那等我到了比闹市还远的邯郸，您如果听到三个或者更多讨厌我的人说我的坏话，岂非要断言我是坏人吗？临行前，我向您说出这一点疑虑，希望您千万别轻信人言。”

魏王知道庞恭的忠诚，当时认为他是多事，自己如此信任他，怎会相信他人的胡言乱语呢？但是，事实并非如魏王所想的那样，庞恭走了以后，一些平日憎恨他的人就开始在魏王面前说他的坏话。久而久之，魏王就开始怀疑自己的判断力，于是就听信了那些谗言。

后来，当庞恭从邯郸回到魏国之后，魏王就再也不愿召见他了。

由此可见，妖言惑众、流言蜚语多了，的确足以毁掉一个人。随声附和的人一多，白的也会被说成黑的，真是"众口铄金，积毁销骨"。所以我们对待任何事情都要有自己的分析，不要人云亦云，被假象所蒙蔽。

不管是别人恶意的中伤还是好意的劝诫，对我们的生活来说可能都是一种阻碍，一不小心就把我们的生活导向了别的方向。当我们决定做一件事情的时候，不管是谁，也不管有多少人觉得不妥要劝你的时候，你一定要坚定信心对他说谢谢，并且做好实际的调查，坚定自己正确的信念和希望。

韦奇定律告诉我们，即使我们已经有了主见，但如果受到大多数人的质疑，就可能会动摇乃至放弃。但许多伟人之所以成功，就是因为比别人看得更高、想得更远，更坚定地忠于自己所做出的选择。

❦ 第14课　权威效应：利用权威赋予你的权力

【核心提示】"人微言轻、人贵言重"，利用权威是说服他人最有效的方法之一。

【理论指导】

美国心理学家们曾经做过一个实验：

在给某大学心理学系的学生们讲课时，向学生介绍一个从外校请来的德语教师，说这位德语教师是从德国来的著名化学家。试验中，这位化学家煞有介事地拿出了一个装有蒸馏水的瓶子，说这是他新发现的一种化学物质，有些气味，请在座的学生闻到气味时就举手，结果多数学生都举起了手。本来没有气味的蒸馏水，在这位权威的化学家的语言暗示下，多数学生都认为它有气味。

心理学家认为，人们都有一种"安全心理"，即人们总认为权威人物的思想、行为和语言往往是正确的，服从他们会使自己有一种安全感，增加不会出错的"保险系数"。与此同时，人们还有一种"认可心理"，即人们总认为权威人物的要求往往和社会要求相一致，按照权威人物的要求去做，会得到各方面的认可。因此，这两种心理就诞生了权威效应。

权威效应，又称为权威暗示效应，是指一个人如果地位高、有威信、受人敬重，那么他所说的话及所做的事就容易引起别人重视，并让他们相信其正确性，使吹毛求疵或别有所求之人打消原有的念头。

在现实生活中，利用"权威效应"的例子很多，如做广告时请权威人物赞誉某种产品，在辩论说理时引用权威人物的话作为论据，等等。

在人际交往中，利用"权威效应"，还能够达到引导或改变对方态度和行为的目的。

南朝的刘勰写出《文心雕龙》无人重视，他请当时的大文学家沈约审阅，沈约不予理睬。后来他装扮成卖书人，将作品送给沈约。沈约阅后评价极高，于是《文心雕龙》成为中国文学评论的经典名著。可见，平凡人物，一旦被权威人士认可，也变得身价百倍，这就是权威效应产生的结果。

在说服别人的时候，也可以抬出权威来加强自己说话的力度，这就是权威说服法。有些推销人员在卖保险的时候，喜欢提到权威人士。他们说："你们工厂的经理也买我们的人寿保险。"大家会想："噢，我们公司的经理那么精明能干，他都买你们的保险，看来你们的保险是不错，买吧。"工厂员工没有经过很深的判断和分析就买了保险，这就是由于权威效应。

举世闻名的航海家麦哲伦正是因为得到了西班牙国王卡洛尔罗斯的大力支持，才完成了环球一周的壮举，从而证明了地球是圆的，改变了人们长期以来天圆地方的观念。麦哲伦是怎样说服国王支持并赞助他的航海事业的呢？原来，麦哲伦请了著名地理学家路易·帕雷伊洛和他一块去劝说国王。

那个时候，因为哥伦布航海成功的影响，很多骗子都觉得有机可乘，于是就都想打着航海的招牌，来骗取皇室的信任，从而骗取金钱，因此国王对一般的所谓航海家都持怀疑态度。但和麦哲伦同行的帕雷伊洛却久负盛名，是人们公认的地理学界的权威，国王不但尊重他，而且非常信任他。

帕雷伊洛给国王历数了麦哲伦环球航海的必要性与各种好处，让国王心悦诚服地支持麦哲伦的航海计划。正是因为相信权威的地理学家，国王才相信了麦哲伦；正是因为权威的作用，才促成了这一举世闻名的成就。

事实上，在麦哲伦的环球航海结束之后，人们发现，那时帕雷伊洛对世界地理的某些认识是不全面甚至是错的，得出的某些计算结果也与事实有偏差。不过，这一切都无关紧要，国王正是因为权威暗示效应才认为专家的观点不会错，从而阴差阳错地成就了麦哲伦环绕地球航行的伟大成功。

看来，在劝说他人支持你的行动与观点时，恰当地利用权威效应，不仅可以节省很多精力，还会收到非常好的效果。但是权威效应有好有坏。消极的权威效应是以权威人士的名望来吓人、压人，是"拉大旗，做虎皮"，这是我们要坚决抵制的。

因此，生活中面对他人的言语和行为，我们应该有自己的判断和主张，只要不过度迷信权威，也就不至于把蒸馏水"闻"出味儿来。

第二章

说话原则

🌱 第15课　多留意生活，多积累谈资

【核心提示】多吸取知识，多关注生活，多关注时事。深厚的内涵为你能够滔滔不绝地和别人交谈奠定了良好的基础。

【理论指导】

我们经常听到有人抱怨："我在和人说话的时候总是觉得无话可谈。"谈话总是以生活为主要内容的，如果你的生活如果非常丰富，那么谈资就不难找到。

俗话说"巧妇难为无米之炊"，如果一个人在讲话时缺乏吸引人的谈资，那么他的话就会变得枯燥乏味、令人厌倦。一个胸无点墨的人，是不能做到在谈话中应对自如、侃侃而谈的。

"工欲善其事，必先利其器"，这是一句非常实用的老话。想和任何人都能愉快、顺畅地交谈，就必须具备广博的知识。如果一个人才疏学浅、孤陋寡闻，那么在与人交谈时难免会出丑，闹出笑话。

明万历五年，内阁首辅张居正为了儿子张嗣修能状元及第，派其弟张居直约见极有可能获第一的临川考生汤显祖，要他把第一名让出来。张居直说："汤才子仙乡乃产笔名地，故王勃在《滕王阁序》里写有'光照临川之笔'的佳句。汤才子如带了几支来京，可否让老夫一饱眼福？"汤显祖笑道："据我所知，王勃所指乃谢灵运之诗文，因他曾为临川内史。"出了这么大的笑话，张居直一下子闹了个大红脸。

所以，想在他人面前展示自己的口才和能力，首先就要不断充实自己。一个知识渊博、学富五车的人，必定能有丰富的

谈资。书本是增长知识的重要工具，即使是最伟大的口才家，也要借助阅读来丰富谈话内容。

美国总统林肯是世界著名的演说家，他的优秀口才也得益于阅读，他能把勃朗特、拜伦的诗集整本背诵下来，在白宫时还经常翻看莎士比亚的名著。他说服千百万听众的重要武器，就是用演说中的旁征博引体现出来的卓越学识。他曾以尼亚加拉大瀑布为题材进行的一次演说，精彩绝伦，令人拍手称赞。其中有一段内容为：

"……远在很久以前，当哥伦布最初发现这一块大陆，当耶稣基督被钉在十字架上，当摩西率领以色列人渡过红海，啊，甚至亚当从救世主的手里出来，一直到现在，瀑布都一直在这里怒吼。古代人和我们现代人一样，他们曾见过尼亚加拉瀑布，比人类第一个始祖还老的尼亚加拉瀑布和现在同样新鲜有力。前世纪庞大的巨象和爬虫也曾见过尼亚加拉瀑布……"

著名演说家福克斯每天都高声朗诵莎士比亚的著作，以使他的演讲风格更加完善；古希腊著名演说家狄摩西尼斯亲笔抄写修昔底德的历史著作达八次之多；英国桂冠诗人丁尼生每天研究《圣经》；大文豪托尔斯泰把《新约福音》读了一遍又一遍，最后可以长篇背诵。

有的人之所以说话水平很高，根本原因就是有丰厚的知识积累。胸有成竹，欲发则出；积之愈深，言之愈佳。也许你抱怨自己的谈资不够丰富，那么就让我们来看看怎样积累谈资吧。

1.关注生活，加强生活积累

要想有好口才，多加强生活积累显然很重要。用心去观察生活中的人和事，感受生活的脉搏，去体味生活的酸甜苦辣，用眼睛欣赏生活的五颜六色，用耳朵聆听生活的声音。留意身边发生的事，也就是说对自己的国家、工作的行业、同事、朋友，还有亲属等都要时常关注。你所见到和听到的，都要用心去思考、分析，而不是冷漠麻木地对待周围的一切。

2.读书破万卷，开口如有神

每天都多读书、多看报，就能了解世界的动向、国内的情形、科学界的新发现、艺术新作、娱乐信息、影视作品，等等。如此一来，你就能应付各种人物。

在你读书、看报或上网的时候，记得准备一支笔，把你当天最感兴趣的新闻和好文章做个记号。当然，如果能收集起来做成剪报就更好了。每天只要读几遍这些新闻或文章，用不了10天，你就能记住不少有趣的事情了。

按照这种方法，坚持下去，你谈话的题材和资料就能变得很丰富，谈话时也会越来越自信。用心关注生活，你就可以很快地积累很多值得讨论的话题，但这并不意味着你的谈资积累工作到此就圆满完成了。谈资并不只是用来引入讨论、打破沉默的，更多的时候，谈资是用来支持自己的观点、提高说服力的。

3.读万卷书不如行万里路

生活中，我们还应该有规划地过日子，时常做一些计划和安排。在条件允许的情况下，定期或不定期地安排出行。行走不在远近，关键在于增长见识，积累人生阅历。旅行的过程中，你可能会与不同的人交流，从实践中得到真知。

处处留心皆学问，我们要学会在生活中学习。在生活中，要做个有心人，多加留意。也许你很难坚持下来，这时你一定要提醒自己："现在的积累是为了将来的收获。"而且长时间的坚持，可以养成一个观察的好习惯，这时你得到的将不仅仅是好口才，你的思想水平也会有所提升。所以，从现在开始，注意观察生活吧！

🌱 第16课　用语言来提升自己的影响力

【核心提示】要想充分发挥语言的影响力，就要正确认识自己的角色，使用符合自己身份的语言来实现对谈话对象的影响，只有这样才能让自己说的话有分量。

【理论指导】

　　每个人都渴望拥有自己的影响力，因为影响力体现出一个人出色的个人能力和综合素质，是一个人在群体中价值的集中表现。尤其对于管理阶层的人来说，用语言来提升自己在组织和社会中的个人影响力，可以成为影响他们有效发挥领导力和塑造公众形象的主要因素。

所谓语言的影响力，就是在和他人打交道的过程中，能够有效影响和改变交谈对象的心理和行为，使其接受你的观点。要想充分发挥语言的影响力，就要正确认识自己的角色，使用符合自己身份的语言来实现对谈话对象的影响。

20世纪80年代，美国一家工业企业考察团去日本考察。考察结束后，美国人用剩下的几天时间观光购物。这个考察团在一家商场购物后乘坐公交车回宾馆，在公交车上，他们和一群年轻人激烈地争吵起来。

两拨人虽然语言不通，但都情绪激动。就在他们吵得不可开交时，一个日本老人走到那群年轻人面前，用很严厉的语气训斥了几句。没想到那几句简单的训斥相当有效，那些年轻人立刻就安静了。考察团十分感谢这个老人，让他们不解的是：一个普通的老人怎么三言两语就能将一群情绪激动的年轻人训斥得服服帖帖，难道他的话中藏有玄机？

这时，翻译人员为大家揭了秘。其实，那位老者只是说了这样一番话："人家是客人，我们作为主人怎么可以如此无理？你们赶紧给我老老实实地坐好，别再造次！"听了翻译人员的话，考察团更迷惑了：这三句话中有什么不寻常的吗？

确实没有什么不寻常，只是老人教训年轻人的语气十分严厉且底气十足。日本人十分尊重老人，也更愿意遵循老人的教导，所以老人靠着年龄赋予自己的社会地位，再加上和身份、环境相符的语言，才能声色俱厉地训斥一群素不相识的年轻人，使他们安静下来。试想一下，如果当时老者和颜悦色地说教，恐怕效果就会差很多。

这种强迫式语言的影响力，能起到立竿见影的效果，但还不足以让听话人完全接受你。如果我们能通过提高语言表达来加强自身的影响力，让说话更具魅力，让听者心悦诚服地认可并接受你，将给人际关系带来意想不到的效果。

一个人说话是否具有魅力，直接影响到他是否具有吸引力、是否具有良好的人际关系，还影响到他在与别人说话时能否表现出自信，能否具有自如说话的勇气。所以，我们在训练自己说话的自信心时，要注意增强直接说话的魅力。

一个人的影响力从何而来？当然是通过其言行举止以及相伴随的神情态度表现出来的。下面根据人们待人接物的习惯，谈谈几个须引起注意的细节：

1.善于运用身体语言

在与人交往中，我们必须将自己的整个身体都看作一个信息的载体，必须意识到，你的一举一动都在说话。假如善于运用你的身体语言，他人将乐于接纳你，并与你合作。外表、情绪、言辞语调、眼神、姿态以及抓住他人兴趣的能力，这些都是在与人交往时你能运用的东西，其他人正由此形成对你的印象。

2.做到表里如一

应该始终如一地显示你最好的一面。最有影响力的人个因场合变化而改变他们的个性，不论是亲切的私人交谈，还是向公众发表演说、参加求职的面试，他们都是一以贯之，毫无矫揉造作之态，处处显露他们真实的面目。他们用自己的全部身心与人交谈，他们的音调与姿态也总能与口中的表达和谐一致，使一切都显得那么亲热自然。

然而，某些面向公众演说的人，却向听众发出令人迷惑的信息。比如，当一个人说"女士们、先生们，我很高兴有机会……"时，眼睛却总盯着听众的鞋子，其实这表明他一点兴趣都没有，这样的演讲怎么会有感染力和鼓动力呢？

3.善用眼神

无论对象是一个人还是一百个人，必须记住，和他们说话时一定要看着他们。有些人起初说话还看着听众，可没说几句就转移视线，眼瞧窗外，令人觉得别扭。

当你迈进一个有人的房间，你的目光应该随意自在，直接瞧着房子里的人，并向所有的人示以微笑，这表示你轻松自若，易于接近、交往。

微笑是重要的，但那种假笑却令人不快。最佳的笑应该是自然轻松的，使人有如沐春风之感。

4.集中精力

集中精力和充满热情会给人留下深刻的印象，集中精力与人交往能够表明你的真诚。当你全神贯注地对人们讲话时，表明你相信自己所说的话，一个运用自己全部力量来与人交往的人宛如一个巨大的磁场，会将他人牢牢吸引住。人们可以不同意你的观点，却无法怀疑你的信念和真诚。

5.先听后说

当出席一次会议、一场晚会或与人谈话时，你不要迫不及待地亮出自己的观点，等一分钟，感受一下现场的氛围，了解人们当时的情绪是激昂、愉快、观望，还是消沉？他们渴望了解你吗？对你的到来是否不悦？倘若你能感受到这一切，你便能更好地去接受他们，不会做出不合时宜的举动。

6.言辞肯定

我们常常看到一些人开始时慷慨激昂，随后就音调渐低、含糊其辞。要知道，没有人愿意相信一个飘忽不定的人。你的声音可以是柔和的、谨慎的，但言辞不能是模棱两可的。

另外，一个人说话的内容，说话时选词造句与构思的材料、手段，说话的语气、语调，还包括说话时的身姿、手势、表情，等等，都可以折射出他是否有说话的魅力。因此，我们应该特别注意。

第17课　要想拥有好口才，就必须敢于当众说话

【核心提示】 如果你想拥有好口才，勇于当众说话是最有效的训练方式之一。

【理论指导】

在现实生活中，也许很多人都有这样的感受：在你当众讲话的时候总会感觉到自己心跳加剧、颤抖、流汗，或者是口干舌燥。这些感觉使你产生强烈的不自在感，往往让你苦不堪言。之所以会有这样的表现，就是因为内心缺乏勇气和自信。

其实，害怕当众说话并不是个别现象。很多职业演讲者都坦白地承认，他们从来都没有彻底消除过登台说话的恐惧。几乎在每一次演讲之前，他们都会感到某种恐惧，而且这种恐惧感会一直持续到刚开始说前几句话的时候。

心理学家认为害怕当众讲话，和害怕蛇、害怕空旷一样常见。55%的人害怕这种场合，将近三分之一的人放弃过当众表达想法的机会。其实，我们感到恐惧是害怕丢脸，对自我的要求过高。

因此，要想克服当众讲话的恐惧，就要敢于出丑、勇于面对自己的不足，这是在锻炼你的勇气和信心，这是使口才走向成功的必经之路。优秀的演说家几乎都曾有当众出丑的经历。

窦文涛曾是香港凤凰卫视的节目主持人，有"名嘴""铁嘴"之称。不过，他的好口才也不是天生的。小时候，在一次演讲比赛中，他曾出了大丑。

他上初中的时候，有一次，老师跟他说："学校组织演讲比赛，我看你挺爱说的，你去参加吧。""啊，演讲怎么讲？""就像写作文一样，你写篇稿子，上台背出来就行了。""那好吧。"窦文涛犹犹豫豫地答应了，回去开始写演讲稿，写完了自己觉得挺不错，就开始背。他自己发明了一个背诵窍门：记住每段的第一个字，以此作为提示。就这样，窦文涛把演讲稿背得烂熟。

演讲比赛那天，窦文涛一上台，看到台下黑压压的一片，当时就有些慌了，赶紧开始背吧。第一段、第二段都顺利背下来了，到第三段时麻烦了，这第一个字是什么呢？他想不出来了，一紧张，整个脑袋一片空白。窦文涛站在台上足足半分钟，一句话也没有说，他越来越害怕，最后突然感觉裤子湿了："坏了，尿裤子了。"结果全校师生看着窦文涛尿湿了裤子跑下台。

第二天，窦文涛来上学，觉得非常难为情，好像全校的人都在看他。老师来找他："窦文涛，你昨天虽然没演讲完，但是前面两段演讲得还是不错的，我们决定让你到区里参加演讲比赛。"一听到还要比赛，窦文涛竟然痛快地答应了。他想：

我昨天当众尿了裤子，丢人已经丢到家了，还能有比这个更丢脸的事情吗？于是，窦文涛抱着无所谓的态度去参加了区里的比赛，结果还拿了个名次回来。

窦文涛说："要珍惜每一次当众说话的机会，让自己积累受挫折和出丑的经验，这样才能放下自我。这次出丑了，你们笑话我吧，我就不要脸了一分；下次又出丑了，我就不要脸了二分；等我全不要脸了，我就进入自由王国，进入无我的状态。你今天在10个人面前出了一个很小的丑，明天这丑就能帮你在10万人面前挣回一个大面子，一个很大的面子。人要珍惜每一个当众出丑的机会。"

丢面子本来就是一件正常的事，是走向成功必须付出的代价，是挣面子的开始。所以，当众讲话前，就要做好心理准备，要发自内心地接受自己也会有没面子的时候。

当然，由于内心的恐惧，出现冷场也是当众讲话时常出现的尴尬场面。当众讲话一旦出现冷场，很多人往往不知所措，匆匆结束发言。其实之所以出现令人尴尬的冷场，主要就是因为说话者的发言没有吸引力。听者仅仅是出于纪律的约束或处世的礼貌而扮演一个"接受"的角色，他们把自己置身事外，对你的讲话没有参与的兴趣。

为了训练良好的口才，减轻当众讲话的恐惧心理，避免冷场带来的尴尬，我们要从以下几点做起：

1.发言简短

讲话以简明扼要、通俗易懂为中心，尽可能地让你的听众充分领会并记住你所讲的内容。在双向交流中，任何一方都不要滔滔不绝地包场，而是要积极互动，给对方充分的发言时间和机会。尤其是在单向交流中，应景式的讲话越短越好，切忌发言过长。

2.直视你的听众

不要用眼睛来回扫视所有听众，不要只看自己的鞋尖或者自己的演讲稿。要保持和每个听众的目光接触。心理学家强调，怯场往往是在开场前，而在讲话的时候就会渐渐消失。在开会的时候，你可以坐在一个你觉得合得来的人旁边，然后大胆表达。不要让自己神不守舍，集中精力去想你希望表达的思想和信息。

3.不断变换话题，穿插趣闻逸事

当众讲话时遭遇冷场，可通过暂时变换话题的办法吸引听众的注意力。可以穿插一些人们在生活中津津乐道的闲谈资料，以此来活跃现场气氛，让自己成为听众的焦点。恰当而又适时地讲述一些趣闻逸事，会使呆板的现场马上活跃起来。此时，讲话者再将话题转移到原来的内容上，效

果就要理想得多了。根据现场的情况和听众回应，话题的变换是不定的、随机的。

4.调动听众的热情

在讲话的时候，向听众提出富有针对性和启发性的问题，可以调动他们的参与热情，使他们意识到，自己也是整个讲话内容的一个重要组成部分。当听众发现讲话的内容与自己的关系不大时，自然不会给予太多的关注，往往便会采取一种"事不关己，高高挂起"的态度，不会对讲话者有太多的回应。这时，讲话者可以赞美听众，以此赢得他们的共鸣。

5.承认自己的情绪

如果你已经做了充分的准备，但到了关键时候还是有些惊慌，那不要担心什么，把自己的感受直接告诉你的听众。不妨准备些这样的措辞："我想我可能需要喘口气。""对不起，我有点太兴奋了。"这些小小的插话能缓解你的紧张情绪，消除你的羞涩，听众也会满怀善意地谅解你。

🌱 第18课　沟通是一切成功的基石

【核心提示】能够与周围人进行充分交流并使他们理解你的意思。往往事情越糟糕时，人们越需要加强与他人之间的交流和沟通。

【理论指导】

生活在都市里的人们，每个人都有一种疏离感，因为我们在心理上筑了一堵墙，互相隔离，自我保护。因此，我们常常苦于人际关系的紧张与无奈，还会产生一种莫名的烦恼，比如一些不必要的猜测、想象常常破坏我们的情绪。

事实上，在都市中，我们的生活就是少了沟通与交流。人与人是不同的，当然每个人的想法也不会一样，如果你不与对方沟通与交流，你怎么能知道对方想的是什么？

我们常常会按照自己的想法和思维去做某些事，或是去改变某些事，如果你的想法正好符合对方的心意，那么对方会感激你、欣赏你……如果你的意思违背了对方的心意，那么矛盾就会产生。如果再不进行一次很好的沟通与交流，各自抱着自己的观点和想法去想象对方、揣测对方，气愤的情绪自然会产生，矛盾的导火线也就会在不经意间被点燃。

当我们和领导有意见分歧时，当我们和同事有矛盾时，当我们和下级配合不默契时，当我们与客户不能达成共识时，请问：到底哪里出了问题？一切都是因为沟通出了问题！

职场是实现人生理想的重要平台和人生舞台。谁都想在职场中顺风顺水、左右逢源，走向成功，超越自己并完成人生使命，而这一切都离不开沟通。

钱勇大学毕业后进了一所机关单位。机关的办公条件很好，从处长到普通的科员，每个人都有自己的单间办公室。也许正是这个原因，平时大家都习惯关起门来工作，相互之间的交流很少。

刚刚步出校门的钱勇原本在大学里是有名的活跃分子，平时总是喜欢和朋友们闹在一起，让他一个人关起门来工作，真是一件痛苦的事情！他希望能和同事们有更多的交流。

于是，每天一到单位，钱勇遇到同事都主动微笑着打招呼，进了办公室就把门开得大大的，不像别的同事关起门来工作。钱勇利用午休的时候，主动找大家聊天。双休日的时候，他还邀请同事去泡茶吧、打桌球。

有一天，一个女同事跑进钱勇的办公室，说有批新到的书需要搬上楼来，想请他帮忙。钱勇二话没说，立即跟她下楼，很快将几大捆书一一搬上楼来。

慢慢地，钱勇发现走进他办公室的同事们逐渐多起来了。当然，他们并不是来串门聊天，而是有工作需要配合，这对他来说正是求之不得的。作为刚进单位的新人，钱勇最怕的是无所事事，只要能和大家多交流，关系会更加融洽，多出力，钱勇也心甘情愿。不久，钱勇和同事们都混熟了，大家有什么事情需要帮忙总会来找他。钱勇感觉自己在单位里已经不是可有可无的人了。

一天，处长手里拿着一沓稿纸，急急忙忙地从钱勇的办公室门前走过，看到门开着，他突然又退了回来，对他说："那个，你……"

处长显然对他还不太熟悉。钱勇赶紧站起身来，说："处长，我叫钱勇，是刚刚进单位的。您有什么吩咐？"

"哦，小钱。"处长看了钱勇一眼，问："你打字快吗？我这里有一份材料，下午开会就要用的，得马上打印出来。"

"没问题，处长，我一会儿就能打好。"钱勇胸有成竹地说。

一个小时后，钱勇把那份十几页的材料打印好并装订整齐，送到了处长办公室。处长接过材料，满意地点了点头。

从此以后，除了同事们经常找钱勇帮忙，处长经常也会直接指派他工作。渐渐地，钱勇成了单位的忙人，大事小事，不用谁指派，都会自然而然地落到他的头上。

后来，那年年底处里决定提拔一名科长，民主推荐时，工作才一年的钱勇被大家一致提名。

其实人都是需要沟通的，钱勇真诚地和同事们交往，也得到了他们的回应。是的，沟通是一切成功的基础。只要敞开自己的心门，成功就会悄悄地来到你身边。

沟通是社交成功的第一工具，它直接决定了我们的个人魅力和个人发展。能够与周围人进行充分交流并使他们理解你的意思，这就是具有沟通能力的表现。往往事情越糟糕时，人们越需要加强与他人之间的交流和沟通。

但是，沟通要因人而异，不可千篇一律。在沟通时要善于掌握主动权，做到有的放矢。因此，沟通的过程中还要做一个积极的听众。

事实上只有少数人掌握了听的艺术。集中精力听讲话的人在说什么，不要有任何的分心。开放地去接受别人的意见，如果你不同意他的观点也不要直接明显地表态，你可以这样说："我不知道是否已经完全弄懂了你的意思，你是说……"

也许我们经常会对别人的话习惯性地加以反驳。其实温和的反驳要比情绪化的反驳更有利于沟通。与大多数人沟通时，可以先与对方通过聊天建立友情，了解对方的思想与思维模式，尽量与对方产生共鸣。当发现沟通对象一些观点有误时，不要直接指出，而要运用合适的语言，让对方认为这是他自己的观点，引导他最终能接受你的建议。

沟通能力是一切成功的基石，个人如此，团队也是如此。有效的沟通是关系到你个人生活和职业生活中每件事情成功与否的关键因素。你需要以既能令其他人明白你的观点，又不会冒犯他人的方式表达出你的意思。无论你是在进行一对一的会面来提供反馈意见，还是进行一个集体讨论会议，你要传达的信息都需要清楚、简明，并具有说服力。

🌱 第19课　有才华还需有口才

【核心提示】哪怕你有满腹才华，如果表达不出来，你的才华也无法得以全部展示。

【理论指导】

口才是人际交往的工具，是智慧的综合反映，良好的口才是卓越人才开拓前进的有力武器。由于一个人每天的喜怒哀乐往往是由其语言来体现的，所以我们在和人接触时所说的话是至关重要的。

中国著名演讲家、新中国演讲事业开拓者、中国第一个演讲学教授邵守义有一句名言："是人才未必有口才，有口才必定是人才。"

现代社会需要机敏灵活、能言善辩的人。羞怯拘谨、笨嘴拙舌的人在这个社会不会成为出类拔萃的人才。

有一个很有才华的人由于自身性格问题，在口头表达上总是有些欠缺。在一次单位的总结发言上，虽然他准备得极其充分，但一上台由于过度紧张，话说得磕磕巴巴，前言不搭后语，因而丧失了一次升迁的大好机会。为此，他后悔不迭。

口才是现代人必须具备的重要能力，更是创造型、开拓型人才的必备素质，因为一个人将其见解用明晰的语言、缜密的逻辑，并辅以传情达意的动作表达出来，就增加了他的综合渲染力和个人魅力。

梁启超是近代的启蒙思想家和大学者，年轻的时候聪颖过人，康有为推荐他到两江总督张之洞那里去任职。

张之洞为了试一试梁启超的才学，便拟一上联来求对："四水江第一，四时夏第二，老夫居江夏，谁是第一？谁是第二？"梁启超深知此联的妙处：江、河、淮、汉乃中华四大名川，长江位居第一；春、夏、秋、冬四季，夏季位居第二；武昌旧称江夏，张之洞镇守武昌，以"南帅"自居，欲与"北帅"袁世凯比高低。他口出大言，把"江夏"二字嵌在了上联中，因此下联极为难对。

梁启超仔细看了两遍上联，略微沉吟一下，应对如下："三教儒在前，三才人在后，小子本儒人，岂敢在前？岂敢在后？"张之洞暗暗称奇，深深敬佩梁启超的过人才华。因中华自古把儒、释、道教并称为"三教"，儒教居"三教"之首；把天才、地才、人才并称为"三才"，"人才"又居"三才"之尾，"儒人"一般指书生，刚好嵌在此联中。梁启超的下联真可谓滴水不漏，巧妙至极！

试想，即使梁启超先生拥有满腹才华，如果他无法很好地表达出来，就无法让张之洞了解到他过人的才华。由此可见，口才好能博得对方的好感，一个人的说话能力可以代表他的力量，口才好的人很容易受人尊敬和钦佩，而口才差的人却很容易被人冷落和遗忘。

当然，有才干无口才，虽也可能达到成功的目的，但若兼有口才，成功概率会大大地提高。因为你的才干，可以通过你的言谈举止来加以充分地展示出来，使对方更深一层地了解你并且信任你，这样对方才敢付托重任于你。

毫不夸张地说，在当今社会敢表达并且善于表达的人才是真正的赢家。如果一个人有着良好的口才，并善于说服人，就会比别人多一些成功的机会。口才如此重要，那么，如何才能拥有口才呢？口才并不是与生俱来的，一个人的口才有赖于平日的训练。

1.速读法

顾名思义，"速读"就是快速的朗读。这种训练方法的目的，是锻炼人的口才，使人口齿伶俐、语音准确、吐字清晰。

2.背诵法

我们提倡的背诵，主要的目的在于锻炼我们的口才。这里的背诵，不仅要"背"，还要求"诵"，而不是你把某篇演讲词背下来就算完成了任务。这种训练的目的有两个：一是培养记忆能力，二是培养口头表达能力。

记忆是练口才必不可少的一种素质。没有好的记忆力，要想培养出口才是不可能的。只有大脑中充分地积累了知识，你才可能出口成章，滔滔不绝。如果大脑中一片空白，那么你再伶牙俐齿也无济于事。记忆与口才一样，它并不是一种天赋，后天的锻炼对它同样起着至关重要的作用，"背"正是对这种能力的培养。

3.复述法

简单地说，复述法就是把别人的话重复地叙述一遍。这种练习绝不单单在于背诵，而在于锻炼语言的连贯性。如果能面对众人复述就更好了，它还可以锻炼你的胆量，帮你克服紧张心理。

4.模仿法

我们练口才也可以利用模仿法，向这方面有专长的人模仿。这样天长日久，我们的口语表达能力就能得到提高。

可以在生活中找一个口语表达能力强的人，请他讲几段精彩的话，录下来，供你进行模仿。你也可以把你喜欢又适合你模仿的播音员、演员的声音录下来，然后进行模仿。

另外，我们经常听广播、看电视、电影，那么你就可以随时跟着播音员、演播员、演员进行模仿，注意他的声音、语调，以及他的神态、动作，边听边模仿，边看边模仿，天长日久，你的口语能力就能得到提高。

这里要求要尽量模仿得像，要从模仿对象的语气、语速、表情、动作等多方面进行模仿，并在模仿中有创造，力争在模仿中超过对方。

5.讲故事法

讲故事看起来很容易，要真讲起来就不那么容易了。常言说"看花容易绣花难"，听别人讲故事绘声绘色、很吸引人，有些朋友听起故事来甚至都可以忘了吃饭、睡觉，可是自己一讲起来，仿佛就不是那么回事了，干巴巴，也没有趣味，毫无吸引力。因此，讲故事也是一种才能，并不是人人都可以把故事讲好。学习讲故事是练口才的一种好方法。

🌷 第20课　说话要因人而异

【核心提示】独特的个性、爱好、知识结构可能决定了一个人只能是"这样"而不能是"那样"。但当与不同的人交谈时，就要采取不同的谈话方式。简而言之，讲对方想听的，而并非自己想讲的。

【理论指导】

有句话说得好："话不投机半句多。"要想和人谈得投机，不是随便聊聊就可以的。对待不同的人，应该有不同的交谈方式，谈对方感兴趣的事情，在谈话一开始就有共同语言，才能打开话匣子。但是面对不同的人，就要用不同的交谈方式，即所谓的"因人而异"。

　　两千多年前，孔子就针对学生的不同性格来回答他们的问题。有一次，孔子的学生仲由问："听到了，就可以去做吗？"孔子回答说："不能。"另一个学生冉求也问同样的问题："听到了，就可以去做吗？"孔子的回答是："那当然，去做吧！"公西华听了，对于孔子的回答感到有些疑惑，就问孔子说："这两个人问题相同，而您的回答却相反。我有点儿糊涂，想来请教。"孔子答："求也退，故进之；由也兼人，故退之。"孔子的意思是说，冉求平时做事好退缩，所以我就给他壮胆；仲由好胜，胆大勇为，所以我要劝阻他，做事要三思而行。

可见，孔子诲人不是千篇一律，而是因人而异、因材施教，特别注意学生的性格特征，因此能够使学生得到更好地发展。

我们要根据说话对象的不同，采取不同的表达方式，否则就容易制造对立，带来麻烦。有些人往往把这种灵活的交谈方式看成是见风使舵或曲意奉承，其实这是一种错误的观念。因为你只有与不同的人说不同的话，迎合对方的心理，从而博得对方的好感，这样，才有可能达到自己的目的。

有句俗话叫作"人上一百，形形色色"，人各有其情、各有其性。言辞表达的内容和方式要因人而异，符合接受对象的脾气性格，才有可能产生"同声相应，同气相求"的效果。我们在与别人交流时，也要注意因人而异，讲究"求神看佛，说话看人"。

1.看人的个性说话

跟别人说话，要先弄清楚对方的个性。如果对方喜欢委婉地交谈，你就应该说得含蓄些；如果对方喜欢率直的，你就应该说得爽快些；对方崇尚学问，你就应该说得富有哲理些；对方喜谈琐事，你就应该说得通俗些。总之，说话方式与对方个性相符，双方就能一拍即合。

一般来说，性格外向的人易于"喜形于色"，性格内向的人多半"沉默寡言"。同性格外向的人谈话，你可以侃侃而谈；同性格内向的人谈话，则应注意循循善诱，最重要的是表现真诚，挖掘一些对方比较在意、隐藏在内心深处的话题，让对方感觉你是在真心地关心他。

2.看人的身份说话

如果你对识字不多的人摆出一副知识分子的架子，满口之乎者也，肯定会让对方满头雾水，难以接受；如果你对文化修养较高的人，开口就是一副江湖气，也容易引起对方反感，难以获得对方的信任和好感。

一个教授来农村考察，向一个80多岁的老爷爷问道："老人家，您今年贵庚几何？"老人想了半天，不知教授所言何事，然后反问："什么贵庚？"教授解释："就是你多大岁数了。"老爷爷这才明白。

这位教授说话不看对象，难怪会闹笑话。所以，要想收到理想的表达效果，就应当看对方的身份说话。

3.看人的年龄说话

与年长人谈话时应保持谦虚，多用尊重和肯定对方的词语。长辈接受的新知识可能比你少，可是无论怎样，其经验要丰富得多。因此，在与他们谈话时，你要保持谦虚的态度。年龄大的人喜欢回忆往事，可以和他们聊聊本地市政的沿革、民情的变迁、风俗的演化等，也可以和他们聊一聊他的子孙后代，这些都是他们感兴趣的话题。

与年轻人谈话应沉着、稳重。这是因为后辈的思想虽然超前，但就某些方面的知识来说他们还远不及你，因此你无须降低身份。另外，与后辈谈一些他们感兴趣的事物，让他们相信你是从他们的立场来看待事物的，让他们明白你也有与他们一样的观念，这样谈话就能很顺利地进行下去了。

与同龄人谈话应保持自己的个性。谦虚而不傲慢，以幽默随和为最佳。一般来说，同龄人之间更容易找到共同话题。比如与同龄的男人可以谈工作、社会热点及业余爱好；而与同龄的女人可以聊美容、服装、化妆品以及她们的孩子等。只有这样，才能和不同的人聊得深入，获得他们的好感和认可，从而达到沟通的良好效果。

🌱 第21课　不同的场合，要说不同的话

【核心提示】衡量一个人说话分寸的试金石就是场合。如果不注意把握场合的分寸，图自己的一时之快，结果就会出丑。

【理论指导】

如果一个人说话不看身份、不看场合，怎么想就怎么说，虽然确实是符合真实了，但留给人的印象是什么呢？——脑子有问题。因此，不同的场合，要说不同的话。

言如心声，文如其人，语言是心灵的一面镜子。一个人说出的话怎样，可以直接反映出他的修养如何、气度如何。有些人在生活中很邋遢，但工作起来却很干练；有些在家中很和蔼的人在单位却非常严肃；有些对家人脾气暴躁的人对同事却表现出很强的亲和力；有些在家中很懒惰的人对工作却十分努力认真。

于是，当看到一些人在不同场合有不同表现，有人就偏执地认为是"骗子"，然而，事实并非都是如此。

这种情况与一个人处理事情的方式和说话方式都密切相关。俗话说"入乡随俗""到什么山上唱什么歌",就是说人要能适应不同环境,根据环境调整自己。任何言语都是在具体的场合中进行的,并且受场合的影响和制约。假如说话不适宜场合气氛情境的话,往往会与初衷适得其反。

有一法院开庭审理一起盗窃案,被告人对作案时间交代不清。为了核实,审判长决定传被告的妻子到庭做证。由于在当时过分着急,审判长脱口而出说出了一句话:"把他老婆带上来!"

法庭顿时全场哗然,严肃的气氛被冲淡了。当时,审判长应该运用法庭用语,宣布"传证人某某到庭"。以日常用语取代了法庭用语,这也是审判长没注意到自己所在场合的正式性,因而造成了说话的不得体。

因此,说话一定要注意场合。不看场合,随心所欲,信口开河,想到什么说什么,这是"不会说话"的一种拙劣表现。日常生活中,也许我们会遇到这样的状况:两个熟识的人,不管在什么场合碰上,都少不了一番热情的问候,而用得最多的总是一句"吃了吗"。

一次,有两个熟人在洗手间门外碰上了,一人从里面出来,另一人正准备进去。忽见熟人,两人也就热情地招呼了起来:"吃了吗?""刚吃过了,你呢?""还没呢,正准备去吃。"对话很快结束了,"吃了的"一脸轻松地往外走,"正准备吃的"一脸紧张地继续向里跑。

人总是在一定的时间、一定的地点、一定的条件下生活的，在不同的场合，面对着不同的人、不同的事，从不同的目的出发，就应说不同的话，用不同的方式说话，这样才能收到最理想的言谈效果。

1.庄重的场合

如果你们单位所有人员聚在一起开会，领导讲话，你随便插话；发言时，不该你说的话你抢着说，或者还没轮到你发言你急于抢话……这些都会招致他人的不满，要记住"枪打出头鸟"。

2.公众的场合

如果在图书馆，别人都在静静地看书，你偏要和同桌窃窃私语，或者大声地说话，这很明显影响了别人的学习。

3.正式与非正式的场合

如果你是单位的一个领导，你的下属工作上出现小问题，这种事应该在私下场合解决会更好。如果你不分青红皂白，当着众人的面把下属狠狠地批评了一通，下属当时不敢跟你辩解，但他心里肯定会记恨很长一段时间，造成很大的误会。

4.私下与公开的场合

人人都有自己的一个小圈子，称之为"自己人"。如你把自己小圈子里的事情、把你朋友的隐私到处说，你这朋友肯定没法交下去了。

5.喜庆与悲痛的场合

当别人正在欢庆操办婚礼时，你同他说一些不吉利的话，这是别人很忌讳的；相反，如果你在悲伤的场合说一些高兴的话，也必将引起他人的不悦。

总而言之，说话是一门实践性很强的艺术，我们要在日常生活中有意识地摸索体会，努力做一个说话得体的人。

🌷 第22课　要让对方清楚地领会你的意思

【核心提示】沟通的目的是要让对方明白你的想法，从而达成共识，走进对方心里才是真正的沟通。如果我们不能让对方清楚地领会我们所表达的意思，沟通将是无效的。

【理论指导】

我们在日常生活、工作中，最大的烦恼是被别人误解。如果说人际关系是一条水流畅通的小溪，那么误解则是致其不再欢畅的"暗礁"。

被人误解确实是痛苦的，但是从某种意义上说，又是人生中难以完全避免的。真正不被人误解或不误解别人的情况恐怕是没有的。即使双方都很努力让对方明白自己的真正意图，也还是容易在不经意间产生误解。而有些误解是由表达不准确造成成的。

1977年3月27日，在西班牙加纳利群岛的特那夫岛上的一条机场跑道上，两架波音747客机相撞，导致583名旅客和机组人员死亡，造成当时民航史上最大的空难。执行这次飞行任务的机长是当时荷兰航空公司公认的最出色的驾驶员，他驾驶技术娴熟，曾经训练培养过不少飞行员，在25年的职业生涯中，他驾驶的飞机连一点小故障也没有发生过。

在后来的事故原因调查中，调查组最后得出的结论是：因为无线电联络上发生了故障，使荷兰航空公司飞机的机长对管制中心发出的命令只听懂了前半句，错误地理解了后半句。当机长发出"我已准备好，请准予起飞"的请示时，塔台回答："好的，请稍候，一会儿我再呼你。"而由于无线电联络出了差错，机长只听到了"好的"，对"好的"一词后面的话没有予以正确的理解。于是，机长在没有得到起飞许可的情况下，就在跑道上滑行起飞了。

沟通的目的是理解，没有理解就"擅自"行动，会产生矛盾冲突。绝大多数的矛盾冲突都是沟通不到位导致的，解决的办法就是双方充分领会对方的意图，在理解的前提下做出下一步行动，避免发生误解或悲剧。

此外，沟通中的误解还有许多种原因，比如身体语言的误读、文化背景的差异、不为对方着想的意见分歧、知识水平的不对称、对语境缺乏了解、缺少足够的反馈等。下面就生活中经常遇到的误解情况，分析了其中的原因，阐述了避免这种误解需要注意的问题。总的来说，包括以下三个方面：

1.清晰明确地表达

许多时候，词不达意、不擅长表达是误解产生的原因，因此锻炼自己的口才和表达能力是避免误解的基础。在许多情况下，如果说话准确些、考虑周到些、行事大方些，就可能会避免许多误解，也避免由于误解产生的委屈、伤心、焦躁……

2.要求对方重复

如果在沟通的过程中，你没能及时明白对方所表达的意思，可以要求对方重复表达或者用自己的话表达出来，以确定对方的意图。只有准确领会并把握双方的意思，才能为良好的沟通奠定基础。

上述事故的发生就在一念之间，这位享有25年美誉的机长就因为一时的不慎造成了不可挽回的灾难。对于模糊的后半句，如果机长能够加以留意，要求塔台重播一次，或许历史可以被改写。

3.充分的准备

双方沟通之前在心理上要做好准备，参与沟通的双方应该事先树立某些正确的沟通态度，才不容易使对方产生误解。另外，还需要了解一些人情世故。在许多情况下，只有了解一定的人情世故，才能跟对方达到默契和共鸣。

总之，沟通就是要使人听得更加清楚，让自己说得更加明白，消除你与他人之间的隔阂，实现真正的心的交流。

🌱 第23课　了解对方背景，掌控沟通进程

【核心提示】要想说服对方，就应该尽可能多地了解对方情况。就好像一场战役开始前，要侦察对手的战场布置和战斗实力一样，获得的情报越多，就越容易找到对方防线的漏洞和缺陷。

【理论指导】

在交谈时，如果我们想要达到良好的沟通目的，就一定要了解对方的背景，只有这样才能把话题接下去，才能更好地掌控沟通进程。如果你不了解对方的背景，跟人沟通的时候就会遇到各种问题。

《孙子兵法》中说："知彼知己，百战不殆；不知彼而知己，一胜一负；不知彼，不知己，每战必殆。"意思是说，在军事行动中，既了解敌人，又了解自己，百战都不会失败；不了解敌人而只了解自己，胜败的可能性各半；既不了解敌人，又不了解自己，那只会每战必败。对于沟通亦是如此，了解自己要进行沟通的客体，同时还要了解沟通的主体，才可能进行有效的沟通。

要想说服对方，就应该尽可能多地了解对方情况。就好像一场战役开始前，要侦察对手的战场布置和战斗实力一样，获得的情报越多，越容易找到对方防线的漏洞和缺陷。

第二次世界大战期间，丘吉尔和罗斯福在大西洋上会晤，商讨两国在共同对付纳粹的战争中各自应担负的责任，以及欧洲和大西洋各岛屿的利益瓜分问题。会谈非常顺利，但是在涉及各自利益的敏感问题时却出现了分歧。丘吉尔希望美国能更

多援助英国，而罗斯福认为丘吉尔在某些问题上不够坦诚，有所保留。双方相持不下，会谈进展缓慢，两人都试图说服对方让步。双方对彼此的性格都非常了解：丘吉尔性格倔强，但是很有气魄，不拘小节；罗斯福非常严谨，但是也有美国牛仔轻松幽默的一面。

有一天晚上，丘吉尔正在房中准备洗澡，罗斯福忽然进来，看到丘吉尔一丝不挂，场面非常尴尬。睿智的丘吉尔乘势说："总统阁下，你看见了，英国对美国没有任何保留。"丘吉尔的幽默使罗斯福会心一笑。在接下来的会谈中，罗斯福终于做了让步，同意丘吉尔提出的一系列要求。可以说，根据对罗斯福的了解，丘吉尔恰到好处地表达了自己的意志，迎合罗斯福美国式的自由性格和幽默感，因此获得说服的成功。

因此，我们在与人沟通之前，最好把这个人的基本情况了解清楚。尤其与对方是第一次见面时，充分了解对方背景就更为重要。只有这样，才能更好地把握沟通进程，并在交谈中发现对方的需求，及时调整沟通方向，达到自己的目的。

盛宣怀是晚清的一个大臣，他在拜见陌生的上级时，非常注意了解对方的有关情况。一次，醇亲王特地在宣武门内太平湖的府邸接见盛宣怀，向他垂询有关电报的事宜。盛宣怀以前没有见过醇亲王，但与醇亲王的门客张师爷过从甚密，从他那里了解到两个方面的情况：一、醇亲王和恭亲王不同，恭亲王认为中国要跟西洋学，醇亲王则不认为中国人比洋人差；二、醇亲王虽然好武，但自认为书读得不少，颇具文采。盛宣怀了解情况后，就到身为帝师的工部尚书翁同龢那里抄了些醇亲王的诗稿，念熟了好几首，以备"不时之需"。盛宣怀还从醇亲王的诗中悟出了他的心思，毕竟"文如其人"。

胸有成竹之后，盛宣怀前来谒见醇亲王。当他们谈到电报这一名词的时候，醇亲王问："那电报到底是怎么回事？"盛宣怀回答道："回王爷的话，电报本身并没有什么了不起，全靠活用，所谓'运用之妙，存乎一心'，如此而已。"醇亲王听他能引用岳飞的话，不免另眼相看，便问道："你也读过兵书？""在王爷面前，怎敢说读过兵书。不过英法内犯，文宗显皇帝西狩，忧国忧民，竟至于驾崩。那时如果不是王爷神武，力擒三凶，大局真不堪设想了。"

盛宣怀略停了一下又说："那时有血气的人，谁不想洗雪国耻？宣怀也就是在那时候，自不量力，看过一两部兵书。"盛宣怀真是三句话不离醇亲王的"本行"，他接着又把电报的作用描绘得神乎其神。醇亲王也感觉飘飘然，后来干脆把督办电报业的事托付给盛宣怀。

不同的背景造就了形形色色的人群，与不同的人对话，说话的方式也必然有所区别。在说服别人的时候，是要迎合对方，还是要和对方正面交锋？在迎合和交锋当中，又应该从哪个地方下手？这种判断只能来自知己知彼的基本了解。那么在沟通之前，我们一般需要了解对方以下几个方面的情况：

1.基本情况

沟通之前，对方的一些基本信息是必须清楚的，主要包括性别、年龄、身份、职业、背景。好比战役开始前，了解对方的实力、部署、防线，以及对方所处的地形，等等。这些基本

的内容可以通过对方的履历、一些公开的资料以及一些公共场合中获得。只要稍微留心,认真调查,得到这方面的素材并非难事。

2.了解对方的性格、喜好及其家庭成员

在沟通之前,你要能够适应对方,尽可能了解对方的性格特点及其兴趣爱好,进而投其所好。另外也可以通过其家庭成员来展开话题,引起对方的兴趣。但是切记在态度上要友好而又真诚。

3.了解对方的需求

了解对方需求并设法满足,将会带来意想不到的沟通效

果。我们可以在沟通之前通过间接的方式了解到对方的心理需要，在沟通时予以满足即可；也可以在沟通过程中，多听客户讲话，从客户的谈话中挖掘出客户的隐性需求。

♣ 第24课　话多不如话少，话少不如话好

【核心提示】言语在精不在多。最不会说话的人可能就是喋喋不休的人。要想把话说得"高效"，你就应该言简意赅，让对方很快明白你所要表达的意思。

【理论指导】

在任何场合说话，我们都应该明白一个道理，那就是"话多不如话少，话少不如话好"。一个语言精练、懂得适时缄默的人，走到哪里都会受人欢迎；而一个不分场合、总是喋喋不休的人，有可能"话多错多"，招人反感。

俗话说"祸从口出"，有时候仅是因为说了一句不该说的话而遭到祸害。我们应谨言慎行，不能因一时兴起，说一些无根据的话，这只会让自己名誉受损。

子曰："辞达而已矣。"孔子的意思是说："言辞只要能表达意思就行了。"

《道德经》中有"多言数穷，不如守中"的说法。老子说："话说得太多，往往会使自己陷入困境，还不如保持沉默，把话留在心里。"

《弟子规》中的"话说多，不如少，惟其是，勿佞巧"告诉我们"话多不如话少，话少不如话好"。说话要恰到好处，

该说的说，不该说的绝对不说，立身处世应该谨言慎行，谈话内容要实事求是。

据史书记载，子禽问墨子："老师，一个人话说多了有没有好处？"墨子回答："话说多了有什么好处呢？比如池塘里的青蛙天天叫，弄得口干舌燥，却从来没有人注意它；但是雄鸡只在天亮时叫两三声，大家听到鸡啼就知道天要亮了，于是都注意它。"墨子的回答虽然简单，但阐述了说话既要切中要害又要恰合时宜的道理。青蛙与雄鸡的对比，形象地诠释了"话多不如话少，话少不如话好"的真正内涵。

古往今来，会说话的例子不胜枚举。孔子崇尚周礼，曾专程到东周都城洛阳考察礼仪制度。当他在参观周王祭先祖的太庙时，看到台阶右侧立着一个金属铸造的人，嘴上被扎了三道封条，在这个金属人的背面还刻有铭文："这是古代一个说话极其慎重的人，小心啊！小心啊！不要多说话，话说得多，坏的事也多！"

《菜根谭》中说："十语九中，未必称奇，一语不中，则愆尤骈集。"意思是说，十句话说对九句，未必有人说你好；但如果说错一句话，则各种指责、抱怨就会集中到你身上。

由此可见，多说话不如少说话，说话要恰当无误，千万不要花言巧语。那些话痨往往说个不停，即使口干喉痛也喋喋不休，不仅得不到任何益处，而且若发生了"口是祸门"的事情，只会给自己的处境和人际关系带来障碍。

诸葛瑾是三国时期孙权手下的大臣，平时话不多，但常常在紧要关头，几句话就能解决问题。有一次，校尉殷模被孙权误解，要被杀头，众人都向孙权求情，只有诸葛瑾一言不发。孙权问："为什么子瑜（诸葛瑾字子瑜）不说话？"诸葛瑾说："我与殷模的家乡遭遇战乱，所以才来投奔陛下。现在殷模不思进取，辜负了您，还求什么宽恕呢？"短短几句话，孙权就感到殷模不远千里来投奔他，即使有过错也应该原谅，于是就赦免了殷模。

与人交谈时，有些人聊到尽兴，就一股脑地把什么话都说出来，好像自己多么真诚、坦白；也有些人由于一时气急就什么都不顾，什么都说，越尖酸刻薄、越狠毒的话越说，一时的解气之后只怕是后悔都来不及了！所以，我们一定要管住自己的嘴，一句话没说好可能让你身处逆境，一句话没说好也可能让奸佞的小人抓住把柄置你于死地！

某博物馆派某馆员招揽橱窗广告业务，这名馆员专程赶到当地一家制鞋厂，稍加浏览，就大包大揽地与厂长谈生意。他自以为是，手指着厂房里展列出的各类鞋产品，夸奖一通："这种鞋子，款式新颖，美观大方，如果与我们馆合作，广为宣传，一定会提高知名度！然后就会畅销全国，贵厂生产也会蒸蒸日上啊！"

听起来声情并茂，又具说服力，可惜说话人并非制鞋内行，原来他夸耀的是对方厂中积压的一批过时的产品。结果厂长不动声色地答道："谢谢你的话。可惜你指出的这批鞋子全部是落后于市场供求形势的第七代产品，现在我们的第九代产品正在走俏、热销。"

仅此两句话，就令这名馆员无话可说了。我们要学会少说话，说也要说得巧妙，千言万语也不及一个事实给人们留下的印象深刻。如果想要使你所说的话令人重视，有一个技巧就是少说话。少说话的人有更多的时间静静思考，因此说出来的话更为精彩。尤其是当更有经验或者更了解情况的人在场时，如果说多了，就等于自曝其短，同时也失去了一个获得知识和经验的机会。

在我们的生活中，不但要学会适时地沉默，还要学会优美而文雅的谈吐。少说话固然是美德，但是人处于社会各种场合，在不该开口的时候，要做到少说话并适当地缄默；而在该说的时候，就要注意所说的内容、意义、措辞、声音和姿势，要注意到什么场合说什么话。

无论是探讨学问、接洽生意还是交际应酬、娱乐消遣，我们要尽量使自己说出来的话重点突出、具体而生动。

🌸 第25课　失言被人指责，不如先检讨

【核心提示】当一个人感觉自己因犯错可能会被人指责时，不妨首先检讨自己一番。当对方发觉你已承认错误时，便不好意思再多加责怪了。

【理论指导】

在现实生活中，也许我们都有过这样的经历：因为不小心做错了事情，或者说了一些不合时宜的话，而遭到上司、同事或是家人的指责，被人责怪的心理可能是委屈、怨恨……其实，当我们明知会被人责怪时，不如先检讨自己。

　　一个人有勇气承认自己的错误，也可以获得某种程度的满足感。这不仅可以消除罪恶感和自我卫护的气氛，而且有助于解决这项错误所制造的问题。同时，失言时先做检讨是一个态度上的补救，当对方发现你已经意识到犯错或心有悔意，通常会放你一马，即使想指责也不好意思了。

　　美国心理学专家卡耐基在其《美好的人生》一书中，讲了他的一段经历。

　　卡耐基常常带着一只叫雷斯的小猎狗到一个公园散步。因为这个公园平时人很少，而且雷斯这条小狗友善而不伤人，所以卡耐基常常不给雷斯系狗链或戴口罩。

　　有一天，他们在公园遇见一个巡逻的警察。警察严厉地说："你为什么让你的狗跑来跑去而不给它系上链子或戴上口罩？你难道不知道这是违法的吗？"

"是的，我知道。"卡耐基低声地说，"不过，我认为它不至于在这儿咬人。"

"你认为！你认为！法律是不管你怎么认为的。它可能在这里咬死松鼠，或咬伤小孩，这次我不追究，假如下次再被我碰上，你就必须上法庭跟法官解释了。"

被警察警告之后，卡耐基的确照办了。可是，他的雷斯不喜欢戴口罩，也不喜欢被链子约束，卡耐基只得作罢。又是一个下午，他和雷斯正在一座小山坡上赛跑，突然，他看见那位警察就在前面不远处。

卡耐基想，这下栽了！他决定不等警察开口就先发制人。他说道："先生，这下你当场逮到我了。我有错。你上星期警告过我，若是再带小狗出来而不给它戴口罩，你就要罚我。可是我……"

"好说，好说，"警察回答的声调很柔和，"我知道没有人的时候，谁都忍不住要带这样一条小狗出来溜达。"

"的确忍不住。"卡耐基说道，"但这是违法的。"

"哦，你大概把事情想得太严重了，"警察说，"我们这样吧，你只要让它跑进小山，到我看不到的地方，事情就算了。"

卡耐基处理这种事的方法是不和对方发生正面交锋，承认对方绝对没错，自己绝对错了，并爽快地、坦白地、真诚地承认这点。因为站在对方那边说话，对方反而会为你说话，整个事情就在和谐的气氛下解决了。

试想一下，如果卡耐基不断为自己辩护的话，只能继续点燃巡逻警察心中那股还没有完全熄灭的火，最后卡耐基可能会被处以更重的处罚。所以，如果我们明知道免不了会遭受责备，何不抢先一步，自己先认错呢？听自己谴责自己总是比挨人家的批评好受得多吧。

费丁南·华伦是一个商业艺术家，他使用这个技巧，赢得了一个暴躁易怒的艺术品顾主的好印象。

一次，一个雇主交给他一项任务，由于时间紧迫，匆忙之中，费丁南·华伦只好把未完全完成的画稿交给他。他见雇主在客厅里怒发冲冠的样子，心想这次定要被"兴师问罪一番"。

费丁南·华伦见雇主正要张口，连忙主动说："先生，我的错误不可原谅，我为你工作这么多年，确实应该知道怎样画才对。我觉得很惭愧。"

没想到雇主竟为他辩护起来，他说："其实并不是什么大不了的错误，只不过……"

华伦打断他的话继续说："今后我一定更加小心，这一次我一定重新再来。"

"不！不！"雇主连连摇手，"我不想麻烦你，我只要稍加修改就行了……"就这样，华伦获得了雇主的好感，并为他的商业道路铺下了稳定的基础。

有时候就是这样，当你在为你的错误拼命辩驳时，恰恰会导致你将要为所犯的错误付出更大的代价。假如你能够在别人指出错误之前先承认自己的错误，十有八九会得到别人的谅解或宽恕，对方甚至还会忽略掉你的错误。

我们不难想到，只有缺乏智慧的人才会为自己的错误寻找借口，强词夺理，这样只会使自己处于更不利的地位，而一个勇敢、豁达、能承认自己错误的人往往会赢得别人的谅解和敬重。

🌷 第26课　做一个善解人意的倾听者

【核心提示】学会倾听就是对别人极大的尊重，也是真心实意关心别人的表现。真正充满智慧的人正是那些懂得倾听的人。

【理论指导】

我们在工作中往往习惯于单纯地向别人灌输自己的思想，要记住沟通是双向的，要放弃身份的观念，以平等的、恭敬的、尊重的心去听别人倾诉。别人找你倾诉其实是一件很幸运的事情，这说明对方把你当作可以敞开心扉的人，通过倾诉，你们可以加深了解，关系会变得更融洽亲密。

一般人在交谈中，倾向于以自己的意见、观点、感情来影响别人，因而往往谈个不停，似乎非如此就无法达到交谈的目的。实际上，与人交谈，光做一个好的演说者不一定成功，还必须做一个好的听众。

外国曾有谚语说："用十秒钟的时间讲，用十分钟的时间听。"在人们面对面的交谈中，讲与听是对立统一的，认真地去听，可以收到良好的谈话效果。只有善于聆听的人，才懂得"三人行，必有我师"的道理，才能够利用一切机会博采众长，丰富自己，而且能够给别人留下讲礼貌的良好印象。

认真聆听对方的谈话，是对讲话者的一种尊重，在一定程度上可以满足对方的需要，同时可以使人们的交往、交谈更有效，彼此之间的关系更融洽。反之，对方还没有把将要说的话说完，你就听不下去了，这最容易使对方自尊心受挫，从而导致交谈不顺畅。世界著名的推销天才乔吉拉德就曾因没有倾听顾客说话而错失了一次成功交易的机会。

一天，乔吉拉德向一个客户销售汽车，交易过程十分顺利。当客户正要掏钱付款时，另一个销售人员跟乔吉拉德谈起昨天的篮球赛，乔吉拉德一边跟同伴津津有味地说笑，一边伸手去接车款，不料客户却突然掉头而走，连车也不买了。乔吉拉德苦思冥想了一天，不明白客户为什么突然放弃了已经挑选好的汽车。

夜里11点，乔吉拉德忍不住给客户打了一个电话，询问客户突然改变主意的理由。客户不高兴地在电话中告诉他："今天下午付款时，我同您谈到了我的小儿子，他刚考上密歇根大学，是我们家的骄傲，可是您一点也没有听见，只顾跟您的同伴谈篮球赛。"乔吉拉德明白了，这次生意失败的根本原因是因为自己没有认真倾听客户谈论他最得意的儿子。

懂得如何倾听的人最有可能做对事情、赢得友谊，并且把握别人错过的机会。因为倾听不仅是耳朵听到相应的声音的过程，而且是一种情感活动，需要通过面部表情、肢体语言和话语的回应，向对方传递一种信息——我很想听你说话，我尊重和关心你。倾听不仅可以满足对方的需要，与此同时，还可以了解对方是否真正理解你刚才所说的话的含义。因此，一个善解人意的倾听者会从以下方面做起：

1.用心倾听

倾听要用心、专注，也就是全神贯注。聆听的时候不要插嘴，尽量把你的语言减到最少，因为说话和聆听是不能同时进行的。轻松自如地和对方保持良好的目光接触，目光接触的另一个含义是"我正在听你讲话"。

2.及时回应

在对方讲话的过程中，你要辅助以适当的表情、动作或简短的回应语句，这样才能激起对方继续谈话的兴趣。遇到听不清或没听懂的地方，可以用你自己的话重新复述对方刚刚说过的话，可以这样说："你的意思是……"这表明你在心无旁骛地倾听他说话，同时也能确认自己是否已经正确理解了对方表达的意思。

3.不要轻易打断客户的谈话

倾听实际上是留给客户的谈话时间，认真倾听的态度会给客户留下良好的印象，所以在对方的谈话未完成之前，不要随意打断客户的谈话或插嘴、接话，而且更不能不顾客户的喜好，擅自谈论别的话题。

4.不要做出分心的举动和手势

尽量避免做出让人感觉你的思想在游走的举动，这样说话者就知道你确实是在认真地倾听。在倾听时，不要一直看表、心不在焉地乱翻档案、随手拿笔乱写乱画，这些举动会让说话者感到你很厌烦，对话题不感兴趣，更重要的是，这表明你并没有集中注意力，因此很可能会漏掉说话者传达的一些有效的信息。

🌷 第27课 与领导说话，要掌握好分寸

【核心提示】与领导沟通，要把握尺度，不能无原则地扯关系、套近乎。对领导交办的事情要慎重，看问题要有自己的立场和观点，不能一味地附和。如果你确信自己在某件事上没有过错，就应该采取不卑不亢的态度。

【理论指导】

有口才并不一定马到成功，如果不看对象，往往会造成"秀才遇见兵，有理说不清"的尴尬局面。在我们和他人交谈的过程中，要注意对象的身份和精神状态，不要自顾自地高谈阔论：特别是与领导谈话，更应该做到适当适时，以免造成不必要的麻烦，甚至会伤害到领导的权威，后果是不言而喻的。

西奥多·罗斯福说："成功的第一要素是懂得如何搞好人际关系。"每一个伟大的成功者背后都有别的成功者帮助他，一个人的成长和进步更是离不开领导的栽培和提携。换句话说，领导决定着我们的将来。

人们耳熟能详的《三国演义》中的"杨修之死"，就是这方面的一个反面典型。杨修作为曹操身边一个直接参与机密要务、总领营帐诸事的行军主簿，可以说与"曹领导"的关系不一般。但在战事失利的紧急情况下，他口无遮拦，自作聪明地从"鸡肋"口令中肆意妄猜，并在军中肆无忌惮散布消极言论，最终落得个被曹操以"乱我军心"罪处死的下场。

今天，再度品味这个历史故事时，我们虽然也佩服杨修的

知人论世，但更为他空有真才实学、说话不注意分寸、乱说瞎说招来"杀身之祸"而惋惜。因此，与领导沟通成功与否，不仅影响领导对你的印象，而且影响你的工作和前途。

在职场中，最忌与上司斗气。尽管作为下属的你百分之百正确，上司明摆着是偏袒其他人，但如果认真地斗起来，你只能像一只斗败的公鸡，铩羽而归。所以，做下属的必须设法与上司处好关系，这处好关系的关键便是说话要有分寸，即拣上司爱听的说，即使犯颜上谏，也要"曲线救国"，切不可信口开河、贸然出言，否则一语失言，悔之晚矣！

一次，小张坐电梯上行，在电梯里碰到了某领导，这个领导刚刚提拔不久，就因为犯错误，被发配到了一个虚职岗位。小张很诚恳地向领导颔首致意。小张很快办好了事，又坐电梯下行，门开了，恰好又碰到那个领导。小张冲领导谦恭地笑笑，问道："领导，您怎么刚上去，就又下来了啊？"小张话一出口，就后悔了，这不是哪壶不开提哪壶吗？领导脸色铁青，小张也悔青了肠子。

上述案例中的小张，在与领导说话时，没能很好地把握好分寸，因而陷入尴尬的局面。与领导说话时，要注意选择适当的时间、适当的方式和适当的场合。只有当对方用一种愉悦的心情认真听你把话说完，并接受你正确的意见，才能既把事情办好，又获得别人的好感。

与上级的关系处理好，于公于私都有很大好处。在公事上，由于双方的宾主关系中掺杂了一定程度的友谊，在合作上较为默契，减少了许多不必要的误会，提高了工作效率；在私事上，上司对下属的了解程度愈高，便愈能获得安全感，一切在他掌握之中，调动自如。因此，我们应该在以下几个方面特别注意：

1.态度坦诚、主动

与领导沟通中，主动的态度是很重要的。不与领导主动沟通，会使你丧失展示才华、获得成功的机会。任何人都难免会犯错误，但有的下属一旦在工作中出现纰漏或错误，就会感到内疚、自卑，甚至后悔不已。

如果在上司面前说错了话，一旦觉察到了，就应该就此打住，马上道歉，不要因害怕而回避，应面对事实。尽量避免伤害对方的人格和面子，不必要的辩解只会越辩越糟。

2.尊重但不必过分客气

领导者的权威不容任何人挑战，不论领导是否值得你敬佩，下属都必须尊重他。但顾虑过多也不足取，容易遭人误解。应该善于察言观色，以落落大方的态度去应付，习惯成自然，对这类情况就可以应付自如了。要克服胆小怕事的心态，越是谨慎小心，反而越容易出错，会被上司误认为你没有魄力、谨小慎微，不值得重用。

3.心怀仰慕，把握尺度

只有对领导怀有仰慕的心情，才能实现有效沟通。与领导沟通，要把握尺度，不能无原则地拉关系、套近乎；对领导交办的事情要慎重，看问题要有自己的立场和观点，不能一味地附和。

在必要的时候，只要你从工作出发，摆事实、讲道理，也不必害怕表达出自己的不同观点。对于领导者个人的事情，作为下属不能妄加评论。对领导提出的问题发表评论时，应当掌握恰当的分寸，有时候你点个头、摇个头，都会被人看作是你对领导意图的态度。轻易地表态或过于绝对地评价都容易导致工作的失误，是要负责任的。

❦ 第28课　设法了解听者的心理

【核心提示】只有当听者对说者所讲的话题表示出兴趣，并带着理解和尊重进行倾听，才能达到高效的沟通。因此，只有了解听者的心理，讲话者才能有针对性地说话。

【理论指导】

有这样一个游戏：两人一组，一个人连续说3分钟，另外一个人只许听，不许发声，更不许插话，但可以有身体语言，之后两人互换。结束以后每人轮流先谈一谈听到对方说了些什么，然后由对方谈一谈听者描述的所听到的信息是不是自己想表达的。

最后显示的结果是，有90％的人存在一般沟通信息的丢失现象，有75％的人存在重要沟通信息的丢失现象，35％的听者和说者之间对沟通的信息有严重分歧。由此可见，有效倾听对把握沟通信息是多么重要。因此，只有设法了解倾听者的心理变化，讲话的一方才能"投其所好"，并更好地把握沟通进程，使谈话融洽而愉快。

在沟通过程中，听者对信息的接收是一个内隐的过程，即我们不能直观看到聆听如何接收及接收到的信息内容。当对方不再专注倾听时，就可能无法接收到任何信息。而一旦信息被接收了，它就会以某种方式被加工。加工信息的过程也是内隐的，在听者的头脑中进行，这就需要我们从听者的某些非言语行为中找到线索。

为了更好地了解听者的心理，我们应该注意以下几个方面：

1.身体倾听

身体倾听是指在沟通过程中，听者的姿势传递出他对讲话者的关切，反映其是否愿意聆听与陪伴。一般来说，听者身体的专注与倾听包括如下几个方面：

（1）如果听者的身体姿势呈开放状，代表心理上无条件的包容与接纳，无焦虑、不安情绪；相反，如果听者的身体呈萎缩封闭状，则表示慌乱、焦躁不安。

（2）如果听者的身体稍微倾向讲话者，这种姿势传递出对说话者所说话题的关心，听者感动之余也愿意开放自己；如果听者的身体后仰，紧贴椅背，会散发出对说话者的冷漠与傲气，使说者因气馁心生畏惧而无力再谈。

（3）如果听者与说者有眼神接触，传达出他对说者或所说话题的重视。说者感受到听者散发的温暖与支持，就可以趁机勇敢地说出一些不易表达的问题。如果听者的眼光闪烁不定，表示对方心思涣散，对此话题不感兴趣，说者要适可而止。

（4）如果听者的神情表现得很紧张，紧握拳头，双眉紧锁，说者要以轻松的语气传达出其心境平静，以减轻听者的紧张心理，使其放松。

2.语言回应

语言行为是人们可以觉察的习惯模式，可以觉察的习惯模式是一种任由听者操控的适应性反应，让人舒服但带有虚假成分。沟通是双向的，一般来说，听者会在聆听的过程中对讲话的内容给予语言上的回应，讲话者这时需要根据对方的语言回应做出进一步的回应。

如果听者在沟通的过程中给予"嗯""是"等语言或行为上的回应，表示对方正在倾听，并表示接受对方所述内容，这时说者可继续说下去。

如果听者把讲话者所说的话重复叙说一遍，听者这里要注意重点复述关键内容，并给予肯定，必要的时候可以进一步说明解释。

3.心理倾听

心理倾听是指听者在倾听讲话者的语言内容，给予回应时所表现出来的语调的抑扬顿挫、声音的高低强弱，以及伴随而来的非语言行为。非语言行为蕴藏的信息，往往比语言行为来得丰富、真实。

非语言行为是来访者没有觉察的习惯模式。没有觉察的习惯模式无法由来访者操控，毫无修饰，是来访者内在的真实声音和真实告白。

有些听者心口不一，在谈到对某事的感受时反复强调自己一点儿也不生气，却满脸通红、拳头紧握，一副要打架的姿势，讲话者这时就不要再继续刚才的话题，最好换个话题，必要的时候要表达歉意。

当听者表现出迷茫、疑惑的表情时，讲话者这时要回想自己是不是说了一些模棱两可、含糊不清、不够完整的语言，并及时澄清或一一陈述清楚。

有些听者回应时语言高昂有力，身体却后退萎缩。讲话者在沟通中注意听者的叙述，要仔细观察听者的身体动作，才能真正看透听者的内心世界，要设身处地，感同身受，让听者感动于讲话者的理解与陪伴，自愿地卸下心理防备，呈现轻松、愉悦的氛围，达到高效沟通的目的。

通过以上这些注意事项，说者在讲话的过程中不要只顾自己痛快，必须随时关注听者的身体、语言及表情上的变化，从而把握对方的心理，及时调整讲话的语气、节奏及话题转换，从而使双方愉快交谈，无阻碍沟通。

🌷 第29课 适时保持沉默威力更大

【核心提示】在适当的时候保持沉默，其实是一种很高明的"糊涂术"。沉默不是无奈，更不是软弱。有时候，不说比说更有威力。

【理论指导】

法国有句谚语：雄辩如银，沉默是金。在我们的生活中，有些时候确实是沉默胜于雄辩。与得体的语言一样，恰到好处的沉默也是一种语言艺术，运用好了，常会收到"此时无声胜有声"的效果。

古时候，有个农民牵着一匹马到外地去，中午走到一家客栈用餐，他把马拴在了旁边的一棵树上。这时一个商人骑着一匹马过来，将马也拴在了这棵树上。

农民看见了，忙对商人说："请不要把你的马拴在这棵树上，我的马还没有被驯服，它会踢死你的马。"但那商人不听，拴上马后便进了客栈。

一会儿，他们听到马的嘶叫声，两人急忙跑出来看，商人的马果真被踢死了。商人拽住农民就去见县官，要农民赔马。县官问了农民许多问题，农民却装作没听见似的，一字不答。

县官转而对商人说："他是个哑巴，叫我怎么判？"商人惊讶地说："我刚才见到他的时候，他还说话呢。"

县官奇怪地问商人："他刚才说了什么？"商人把刚才拴马时农民对他说的话重复了一遍，县官听后说："这样看来，是你无理了，因为他事先曾警告过你。因此，他不应该赔偿你的马。"

　　这时农民开了口，他说："县官大人，我之所以不回答问话，是想让商人自己把事情的全部经过讲清楚，这样，不是更容易弄清楚谁是谁非吗？"

　　有时候，沉默是最有力的武器。在日常交际中，遇到难以说清是非的问题时，你不妨也像这位农民一样，以无言应对，这会产生比硬碰硬更大的震慑力量。尤其是当时机未到时，保持沉默更是一种"大智若愚"的表现。

　　正像休止符一样，沉默只有运用得恰到好处，才能收到以无声胜有声之效。如果不分场合，不讲分寸，故作高深而滥用沉默，其结果往往事与愿违，只能给人以矫揉造作或难以捉摸的感觉。

　　我们在运用沉默时，不应该把它和语言截然分开。恰恰相反，沉默与语言和谐一致、相辅相成，才是沉默的功效。

下列几种情况要求我们必须把握好沉默的分寸：

1.对方心不在焉时保持沉默

在与他人交谈时，一旦发现对方对所说的内容心不在焉时，要立刻打住，哪怕所说的话非常重要，也要马上保持沉默，盯着对方看，一定要让对方先说话。这时他对你的陈述一定是有异议，即使你接着说下去，对方也不会听进去。

2.不了解情况的时候要保持沉默

有时候，不了解对方的情况盲目地乱说，往往会给对方造成可乘之机，使自己遭受莫大的损失。所以，在不知道对方底细的情况下，不要轻易开口，保持沉默，这样不但能揣摩对方意图，往往能变被动为主动。如果冒失开口，可能会造成难以挽回的损失。

3.别人谈论自己时需保持沉默

受到别人的无理攻击或指责时，你的情绪正在气头上，如果你当场据理力争，也只会让自己陷入更深一轮的语言轰炸中，非但不能洗刷冤屈，还会让他人更加"团结"起来打击你。不如等你们都冷静下来之后，能够心平气和地讨论问题的时候再安排时间交谈，只有在那个时候你们才能进行有实质意义的讨论，而不是相互指责。

因此，这个时候最好保持沉默，闭口不谈。在不指责对方的错误，也不伤害他的自尊心的情况下进行说服时，有一个不可忽视的技巧就是在应该批评对方的时候采取沉默态度。

4.自己做不了主的时候要保持沉默

有时候，自己往往不能够做主，这时也不能说。如果自己不慎把不该答应的事情答应下来了，到时候所有的问题只有自己来承担，所以此时也要保持沉默。

5.时机未到时保持沉默

说话莫忘看时机，因为心理学告诉我们，在不同的场合中，人们对他人的话语有不同的感受、理解，并表现出不同的心理承受力。正因为受特殊场合心理的制约，有些话在某些特定环境中说比较好，但有些话说出来就未必得当。同样的一句话，在此说与在彼说的效果就不一样。如果环境不相宜，时机未到，最好的办法是保持沉默。

❀ 第30课　人人都喜欢和说话谦虚的人打交道

【核心提示】说话谦虚的人懂得倾听别人的意见，让周围的人轻松地接受和认同他，不让别人感到冷漠和失落，所以人人都喜欢和说话谦虚的人交往。

【理论指导】

谦虚是一个人持续成功的保障！谦虚是一种美德，是事业成功的法宝。世上有太多张狂的人，这当中自然不乏口才特别优秀的人。清晰的口齿、滔滔雄辩的口才，的确让人佩服，但往往给人卖弄、炫耀之感，因而人际关系并不如意。

也许你有值得骄傲的资本，你有出色的才能、傲人的外表、显赫的家世，等等，但是这些都不能成为你傲慢和目中无人的理由。金无足赤，人无完人，请不要将那些所谓的你认为无比优越的条件变成你骄傲的资本。

古圣先贤教导人们要"谦虚为怀"，意思是说一个人的行为举止要谦卑、低调，要虚心听取不同的意见，听取他人的忠告，要在充分尊重对方的前提下提出自己的见解供其参考，不要遇事好为人师，弄得他人无所适从。

谦虚是中华民族的传统美德，也是做人的一种品德。但是有些人总是觉得自己很了不起，认为别人都不如他。然而任何人都不喜欢骄傲自大的人，这种人在与他人合作中也不会被大家认可。比如有的人在公共场所公开贬低他人、表扬自己，试问一个连自己的嘴巴都管不住，在公共场所大放厥词的人，他的个人素养有多高？也不过是在展示自己的肤浅和无知罢了。

古人说"满招损，谦受益"，"谦"即谦虚、谦和。具有谦虚美德的人，易于被人接受和喜爱。说话谦虚的人大多低调，这本身就是智者的生活态度。说话谦虚更能折射出一个人的涵养。谦虚可以使你把自己置于学习的位置，提升自我，成就未来。

即使你认为自己才华出众，但也要看到"闻道有先后，术业有专攻"；就算你觉得自己富甲一方，也要知道即使你有半个地球的财富也与他人无关；或者你在用外表作资本，要知道时间对所有人都是公平的，总有一天，"美人迟暮"也会发生在你身上……

谦虚有利于身心的修养。在现实生活中，我们经常会遇到一些喜欢背后议论、批评别人的人，他们就不具备谦虚、宽容的美德。言语谦和的人从不对别人的对错得失妄加评论，也不会在别人面前显露自己的成绩，他们总是善于以客观、谦虚的姿态学习别人的长处，听取别人的意见，来弥补自己的欠缺，从而使自己不断得到提高。

谦虚是一种美德。在社交场合，不同的时间、不同的环境、不同的氛围，如何用不同的方式表达自己的谦虚，给人留下一个良好的印象呢？

1.巧妙转移

如果有人在公众场合表扬或赞美你，这时你难免会不自然，甚至感到窘迫。这时，你可以把表扬或赞美的对象"转移"到别人的身上，从而转移人们的注意力，使自己巧妙地"脱身"。很多人为了表达谦虚，总是试图强调自己受之有愧，但如果直言谦虚，弄不好会给人一种虚假的感觉。特别是两个人之间，如果仅仅说"你比我强多了"这类话，更容易令人感到有嘲讽之嫌。遇到这种情形，你不妨用转移赞美的方式，巧妙地表达自己的谦虚。

2.谦虚有度

谦虚是一种美德，然而，过分谦虚也是过分自我的表现，所产生的影响和自大一样。在有些情况下，过分谦虚反而会让人感到不真诚。因此，有的时候，说话要保证自己有足够的底气。面对别人的称赞时，如果把自己说得一无是处，不但起不到谦虚的作用，反倒给人一种傲慢的感觉。所以，谦虚要掌握一定的分寸。

3.淡化成绩，征求批评

任何称赞和夸奖都不可能毫无缘由，或是因为某件事，或是因为某方面的成绩。这时不妨轻描淡写地回应几句话，以淡化自己的成绩，从而在淡泊之中表露出谦虚之意。如果人们给予的是真诚的赞美，等对方说完后，你可以趁机适时地征求大家的批评，这也是表现谦虚精神的一种方式。但切记态度要诚恳，把握好度，不然虚心也就变成了虚伪。

♣ 第31课　说话需自律，对失意的人不说得意的话

【核心提示】说话需自律，对失意的人不说自己得意的话，不张狂高举自己的地位、子女、家里的财产，见老年人不说丧气话，多说鼓励人的话，不轻易严厉批评人，与人绝交也不必说狠话、做狠事。

【理论指导】

不管是家庭还是事业，每个人都会遇到一些得意之事，也许你就是那个春风得意马蹄疾的人，此时你自然难掩心中的喜悦，恨不得告诉全世界的人：你升官了，发财了，找到一个相爱的人了……大多数人都会向你道贺，分享你的喜悦。

但是，你注意到有一些人并不高兴吗？相对你来说，这些人就是失意的人，在他们面前，无论你多么"人逢喜事精神爽"，你都要"压抑"一下自己心中的"得意"。

生活中，不少人喜欢把自己的成绩挂在嘴边，逢人便夸耀自己如何能干、如何富有，完全不顾及别人的感受，甚至没有顾及当时的听者是不是正处于人生低谷。他们总以为夸夸其谈

后能得到别人的敬佩与欣赏，而事实上，很少有人愿意听你的得意之事，自我炫耀的效果往往是适得其反。

陈琳最近心情很不好，因为公司最近裁员，使她成了一名无依无靠的失业者，眼看着生活陷入困境，她内心焦虑不安。这时又赶上同学聚会，陈琳实在不想参加，但好友加同事的王莉非要拉她一起去。

王莉的工作、生活顺风顺水，并且节节攀升，最近又晋升了。在同学聚会上，王莉高调地宣布自己的职务又得到了晋升，同时还宣告自己找到了真爱，欣喜兴奋之际，她主动承担了所有的聚会费用，整个聚会成了王莉的庆功宴。

在大家的欢欣鼓舞中，陈琳悄悄退了出去，她感觉自己受到了很大羞辱。从此，陈琳再也不愿意和王莉交往了。

同学聚会本来是件好事情，王莉的职务晋升也是件值得高兴的事情，但是，王莉只顾自己的得意而没有顾及好朋友失意、难过的心理，从此失去了一个很好的朋友。得意的人很难掩饰自己的欣喜之情，但是如果因为自己的"过度"兴奋而伤害朋友就得不偿失了。

当我们在得意的时候，别人说不定正处于失意的状态，特别是在朋友面前，千万不要炫耀自己的得意。如果你只顾炫耀自己的得意事，对方就会疏远你，于是你不知不觉中就失去了一个朋友。

所以，每逢开口说话，不管是什么内容，都要力避让别人产生自己被比下去的感觉。

聪明的人知道，在失意的人面前不能说得意的话。失意的人本身心情就不好，情绪也不稳定，他希望的是一些安慰鼓励和祝福，而不是你想要索取的"优越感"。所以，为什么不放下你的"得意"，去安慰一下他们，给他们提供你力所能及的帮助呢？当然，这种帮助要从心底出发，不然你在他们眼里就会成为"猫哭耗子假慈悲"的人。

对于正在打拼的我们来说，最欠缺的是朋友，是贵人，你的炫耀只会让你失去更多的朋友。相反，如果我们能对失意的

人多一点关心，说不定就会为自己赢得一份机遇。刘墉在《股市名嘴换人做》一文中记下这样一个故事：

王经理、小张、小王、小邱等人一起炒股。刚开始的时候王经理每猜必中，所以大家都把王经理奉若神明，众人开始跟风，王经理买什么，大家必跟定他。而王经理也因此故弄玄虚起来，说自己炒股获得一次又一次的成功完全得益于自己得天独厚的"第六感"。

说来也怪，自从王经理在夸耀自己的"第六感"之后，每炒必亏，直接导致他的"第六感"失灵。这自然引起了众人的质疑。后来，大家不得不想办法自救，小张主动成立了炒股"自救会"，集众人智慧炒股。

小张等人的"自救会"在一次炒股中尝得甜头之后，便在王经理面前沾沾自喜，要求王经理加入"自救会"翻身。落寞的王经理转身离开，这时小邱并没有像小张他们那样，对失意的王经理态度依然如故。当炒股"自救会"收盘高呼时，小邱独与王经理黯然神伤；当炒股"自救会"举行庆功宴时，小邱陪王经理躲在一旁吃便当。

其实小邱并不是为了曲意逢迎上级，因为他不想看到王经理被"孤立"。也正是他陪伴王经理度过了心情低谷，所以他得到了王经理的信任与赏识，在王经理翻身升职之后，让小邱接替了他的职务。

小邱的成功正是因为他用了人性的善，懂得怎样安慰一个失意的人。而小张、小王等人只会在失意人前说自己得意之事——推广炒股"自救会"的成功之道，让王经理跟他们一起干。殊不知，这样的做法只会让王经理更难过，因为这无异于将自己的得意忘形炫耀给失意的人看。

所谓"人生失意无南北"，人不可能一直都是一帆风顺的，自然也不可能一直都是倒霉连天的。所以，无论在任何时候，在失意者面前，应尽量保持一颗平常心，对失意者多点同情和理解，适当地给人帮助，这会让你的人生走得更加顺畅。

也许当初你给予他人的帮助只是一点点，比如一句鼓励的话、一些微不足道的资助，但是在失意者的心里，意义就重要得多。自然，当你处于失意的时候，这些点滴的帮助，就成为你摆脱困境的源泉。

❀ 第32课　如果我是你——学会站在别人的角度去说话

【核心提示】在与对方沟通时，站在对方立场上，才能让别人听着顺耳，觉得舒服。站在对方立场上，设身处地地想，设身处地地说。如此，不仅能使他人快乐，也能使自己快乐。

【理论指导】

在人际交往中，很多人往往习惯将自己的想法、意见强加给别人，总觉得自己的做法、意见才是最好的。虽然出发点都是好心的，是为了帮助别人解决某些问题，但是却始终没有站在对方的立场上想过这样是否合适。

所以，当我们和别人交谈时，应该站在对方的角度仔细想想，关心询问对方对这件事情的看法和应该如何解决这个问题，而不是直接讲一番自我的大道理来"逼迫"对方接受。

孔子说："己所不欲，勿施于人。"耶稣说："你要别人怎样对待你，你就要怎样对待别人。"这两句名人名言是换位说话的准确注解。说话有不同的方式，有不同的技巧。世界上没有说不好的话，关键看你会不会转变一下思想，站在对方的立场，先想想别人。

虽然我们无法成为他人，但我们可以站在他们的位置，进入他们的世界，体会他们的感受，从而成为一个拥有广阔胸怀以及受欢迎的人。站在他人角度思考问题、说话做事，不仅能化解矛盾，甚至还能成就一个人的未来。

在非洲的巴贝姆巴族中，至今依然保持着一种古老的生活仪式。当族里的某个人因为各种原因而犯了错误，族长就会让犯了错误的人站在村子的最高处，公开亮相，以示惩戒。

每当这时，整个部落的人都会放下手中的活计，赶过来将这个犯错的人团团围住，来赞美他。

旁观的人们会自动按照老幼开始发言，先是从最年长的人开始，告诉这个犯错的人，他曾经为整个部落做过哪些好事。就这样，每个族人都会将自己眼中那个犯错人的优点叙述一遍。叙述时不能夸大事实，不允许出言不逊，必须用真诚的语言，而且不能重复别人已经说过的赞美。整个赞美的仪式，要持续到所有族人都将正面的评语说完为止。

巴贝姆巴族人站在了犯错的人的角度思考问题。他犯了错，现在当然十分懊悔，想改正自己的做法。如果在此时，大家提起他以前做过的好事，那他改正错误的决心肯定会更坚定；但如果大家去批评他，说他的种种不是，那他心中肯定会责怪自己，将来的生活也可想而知了。

巴贝姆巴族人是智慧的，他们对待犯错人的态度是：尽管你犯了错，有了缺点，但我们依然爱护你、关心你、接纳你。既然你曾为整个部落做过那么多的好事、善事，有着那么多的优点，那么，请你认真地反思，然后心悦诚服地改正自己的错误。我们整个部落的人都坚信：你一定具备改过向善的信心与能力。

当我们遇到与他人意见相异时，不妨也换位思考一番，从对方的角度去考虑某些问题，设身处地从对方的角度去思考及处理问题，有可能在我们"山重水复疑无路"时，因为我们的换位思考而进入了"柳暗花明又一村"的境界。

卡耐基曾在某宾馆大礼堂讲课。有一天，他突然接到通知，对方提出租金要提高3倍，卡耐基不得不前去与经理交涉。卡耐基一见到宾馆经理，并没有表现出生气的表情，而是心平气和地说："我接到通知，有点震惊，不过这不怪你。如果我是你，我也会这么做。因为你是旅馆的经理，你的职责是使旅馆尽可能赢利。"

接下来，卡耐基又设身处地为他算了一笔账："如果将礼堂用于办舞会、晚会，当然会比租给我更划算。但是，如果你不与我合作，也等于放弃了成千上万有文化的中层管理人员，而这些人是你花再多的钱也买不到的活广告。也许他们光顾了贵宾馆，会给你带来更多的合作机会。那么哪样更有利呢？"经理被他说服了。

卡耐基之所以成功地说服了经理，在于当他说"如果我是你，我也会这么做"时，他已经完全站到了经理的角度。接下来，他又站在经理的角度上算了一笔账，抓住了经理的兴奋点——赢利，使经理心甘情愿地把天平砝码加到卡耐基这边。

千万别认为话中的"如果我是你"只是单纯的一句话而已，它发挥的效力是不可限量的。对于不易说服的人，最好的办法就是使对方认为你与他是站在同一立场的。

当你学会换位思考的时候，就会在遇到问题的时候多站在别人的角度看问题，设身处地为别人着想。只有当我们做到这些的时候，我们才能够更多地理解别人，那么，一切都将变得美好起来。

🌱 第33课　精心遣词，恰当用字

【核心提示】交谈时，若是选择使用消极的字眼，就会让人自暴自弃；反之，选择使用积极的字眼，能够振奋人心。

【理论指导】

说话就是一把双刃剑，杀不了别人就会自杀。与他人交谈时，若是你说对了话，就能使人欢笑、排除心病、给人希望；若是说错了话，就会使人难过、伤心，令人绝望。因此，我们在说话时需要精心遣词、恰当用字，这样不仅可以准确地表达自己的意思，而且能够起到感染听者的效果。

西南某地的采购员王强到武汉出差。他走进一家百货商场，看到柜台上摆着的小水壶挺好看，想买一个，便高兴地叫道："哇，小媳妇（小水壶的方言听上去像"小媳妇"）挺漂亮的！多少钱一个，我要一个！"

售货员是位20岁出头的姑娘，听他喊"小媳妇"，便认为他心术不正，气得骂了一声"流氓"。

"6毛？"王强想：6毛一个可真便宜，多买几个。

于是他说："6毛就6毛，你这儿的'小媳妇'我都要！"

这下把姑娘气坏了，大骂他无耻。

王强一听，这是什么话，售货员怎么骂人，就说："我要'小媳妇'嘛，你怎么骂起人来了？"结果，双方大吵起来。

有些场合说方言实在不合适，容易给人粗俗之感。说话也要有讲究，什么场合该用普通话，什么场合可以用方言，人们规范使用语言的意识还有待加强，否则就会带来不必要的麻烦。

许多历史上的伟大人物就是因为善于遣词造句、激励人心，才得以开创伟大的事业，留名青史。

有一位伟人曾在演讲中这样说道："当我们今天得以享受到充分的自由时不要忘了《独立宣言》，它是两百多年来所给予我们每个人的保障。同样，当我们这些年致力于种族平等时，不要忘了那也是因为某些字眼的组合而激发出来的行动所致。没有人会忘记马丁·路德·金博士打动人心的那一次演讲，他说：'我有一个梦想，期望有一天这个国家能真的站立起来，信守它立国的原则和精神……'"的确，用对了字眼不仅能打动人心，还能引导行动。

说话时，要注意选择使用积极性的字眼，能够振奋人心。人类的历史也可以说是由那些具有威慑力的话所组成的，这些话可以调动你的情绪、振奋你的精神，使你有胆量面对一切挑战，让人生过得更有意义。

有一部外国影片叫《风流寡妇》，如若改成《风流遗孀》，就会立刻韵味全无。再如《朝花夕拾》是鲁迅先生回忆往事的一组散文，后来结集出版时，先生将其更名为《朝花夕拾》，使之立即有了浓重的诗情。试想，在黄昏时分捡起早晨的花朵细看细想，那思绪之联翩，那感慨之万千，不是足以让人细细品味吗？

如果你想让你的话语不仅迷人，而且有感染力，那么应该知道以下几个方面：

1.内涵丰富才能妙语连珠

你若不想说话空洞无物，就应下决心积累大批的、雄厚的、扎实的知识，武装自己的头脑，让自己说话的内容丰富起来。最好在平时多下功夫，多读书多看报，以积累警句、名言、谚语，积累谈话素材，从而提高自己观察问题、思考问题的能力。

2.说话要会打比方

在我们的日常说话中，常常需要论述一些道理，这些道理如能配以贴切的比喻，就容易让人理解和接受。运用比喻可以达到化繁为简、生动形象的目的。

假如有个人不知道"弹"为何物，你告诉他"弹就是弹"，他也不会明白。如果改换一种说法，告诉他"弹的样子像弓，是用竹子作弓弦"，他自然就能明白了。比喻可以把话说得更直观。

需要注意的是，不是任何两个事物都可以随便拿来比喻的，运用比喻这种手法时，本体和喻体之间必须有相似点，本体和喻体必须是性质不同的两类事物。运用比喻时要注意比喻的贴切性、易懂性、巧妙性，以及表意的准确性。

3.巧用双关，言此意彼

双关的运用具有模仿性、类比性、幽默性，故而在实践中运用这一手法时，要注意以下几个要点：

（1）高雅纯正。在使用这一手法时，要坚持文明表达、以理服人的原则。

（2）隐藏幽默。含而不露，幽默横生，是运用这种手法的基本要求。

（3）沉着冷静。巧妙地把自己的道理寓于其中。

（4）切中要害。我们不仅要善于捕捉对方的隐衷、企图，更要善于发现对方的破绽、矛盾，切中要害，置之于乱处，使之张口结舌，无言以对。同时要充分发挥联想、模拟的作用，加大发挥力度。

4.巧用俗语更精彩

俗语、谚语、歇后语等语言大都来自社会实践中，是人民群众创造发明的，在讲话时巧妙地运用，能够大大增强语言的感染力，容易被群众理解和接受。俗语是广泛流行的定型的语句，简练形象。恰当地引用俗语，可以增强讲话或演讲中的幽默感和说服力。

与人谈话时，可以适当地引用名人的言论、公认的史料、数据以及广泛流行的成语、俗语等，可以更好地点明主题，佐证观点，使文义含蓄，富有启发性。所以平时要多积累一些约定俗成的语句，是提高说话水平的一条捷径，但与此同时，要注意恰当地使用。

第三章

幽默口才

🌱 第34课　认识幽默感的重要性

【核心提示】在社交场合，幽默的语言如同润滑剂，可以有效地减少人与人之间的摩擦，化解冲突和矛盾，并使人从容地打开局面，使谈话气氛轻松、融洽。

【理论指导】

幽默可以说是一种优美的、健康的品质，能使人们平淡的生活充满情趣，也是生活的润滑剂和开心果。可以说，哪里有幽默，哪里就有活跃的气氛；哪里有幽默，哪里就有笑声和喜悦。

有人说："没有幽默的语言是一篇公文，没有幽默感的人是一尊塑像。"这话是有一定道理的。当今社会高效率、快节奏、信息量大，必然容易使人的大脑产生疲劳。如果我们的生活多点儿笑声、多点儿幽默，就会消除人们烦躁的心理，保持情绪的平衡，让人有一种轻松愉悦之感，给人以美的享受。

有一次，美国329家大公司的行政主管参加由一家业务咨询公司的总裁霍奇先生主持的一项幽默意见调查。调查发现：97％的主管人员相信，幽默在商业界具有相当的价值。60％的人相信，幽默感能决定一个人事业成功的程度。

克雷夫特公司总裁毕尔斯认为，幽默感对于主管人员十分重要。"它是表示一个管理者具有活泼、弹性的心态的重要指标。"毕尔斯说，"这样的人通常不会把自己看得太严肃，而且比较能做出好的决策。"

　　幽默称得上是一个具有亲和力的"形象大使"，很多工商业界高层的负责人，都运用幽默力量来改变他们的形象，甚至改善大家对整个公司的看法。每一阶层的领导人和经理人在人事的甄选与训练上，都转而向幽默力量来求助。

　　在美以美教会的一次聚会上，洛伊德·乔治曾做了一次演讲，要求教徒们为著名传教士、美以美教会的创始人卫斯理的墓地，维护提供帮助。尽管这个题目极为严肃，大家都想不出它有什么好笑的，但洛伊德·乔治还是做到了这一点，而且十分成功。请注意，他的演讲结束得多么完美而漂亮：

　　"我很高兴各位已经开始修整他的墓地。他对任何不整洁和不干净的东西极其讨厌。他曾说过："不可让人看到一名衣衫褴褛的美以美教徒。"由于这个原因，所以你们永远不会看到这样的美以美教徒。（笑声）如果任由他的墓地一片脏乱，那就是大不敬。各位应该都记得，有一次他经过德比夏郡时，一个女孩跑到门口对他说：'上帝祝福你，卫斯理先生。'但是他回答说：'小姐，如果你的脸和围裙能够更干净一点的话，你的祝福将更有意义。'（笑声）这就是他对不洁净的感觉。因此，请不要弄脏他的墓地。你们一定要好好照顾这块墓地，这是一个神圣的墓地，它是你们的信仰和情感得以寄托的地方。（欢呼声）"

幽默是机智和成熟的表现，是生活的调味品，是人际关系的润滑剂，它给人们带来轻松和欢乐，消减矛盾和冲突，缩短人与人之间陌生的距离。幽默能改善人际关系或摆脱困境，更有利于个人的身心健康、社会的轻松和谐，是一种高雅的生活情操。善用幽默的人不仅受人喜爱，而且能获得别人更多的支持和帮助。

当然，幽默的重要性远不止上面这些。只要我们学会并且善用幽默，我们就会发现幽默的力量真是无穷大。运用幽默的方式来办事，我们会活得更加轻松愉快。

其实，幽默是人的天性，所有人都向往愉悦和欢乐的生活。在生活中遇到不如意的事，幽默的人懂得如何调剂，会通过调侃的方式传递出快乐的信息，这样的人积极乐观，看待问题豁达，对生活充满激情和憧憬，浑身上下洋溢着使人愉快的气息。

❦ 第35课 谈吐幽默，会让你更受欢迎

【核心提示】幽默是良好的修养，是充满魅力的语言，可以让你在各种社交场合中更受欢迎。

【理论指导】

幽默是一种才华、一种智慧、一种力量，富有幽默感的人本身就是一个强磁场，能聚拢人脉、扩大圈子，更容易成就一番事业。正如美国一个心理学家所说：幽默是一种最有趣、最有感染力、最具有普遍意义的传递艺术。学会幽默，你便拥有了受大家欢迎的一大资本！

在生活中，幽默能够帮助我们在社会交往中与人建立一种和谐关系。当我们希望成为能克服障碍、具有乐观态度、赢得别人喜爱和信任的人时，它就能帮助我们达到目标。

一次，一个英国出版商想得到萧伯纳对他的赞誉，借此抬高自己的身价。于是，他就去拜访萧伯纳。当他看到萧伯纳正在评论莎士比亚的作品时，就说："先生，您又评论莎士比亚了。是的，真正懂得莎士比亚的人太少了，算来算去，到目前为止也只有两个。"

萧伯纳已明白了他的意思，让他继续说下去。

"是的，只有两个人，这第一个自然是萧伯纳先生您了。可是，还有一个呢？您看他应该是谁？"

萧伯纳说："那当然是莎士比亚自己了。"

还有一次，萧伯纳应邀参加了一个丰盛的晚宴。在宴会期间，有一个青年在他的面前滔滔不绝地吹嘘自己的才能，表现

出一种不可一世的样子。

一开始，萧伯纳还仔细地倾听，但是听到最后，他终于忍不住了，便开口说道："年轻的朋友，只要我们两人联合起来，世界上的事情就无所不晓了。"

那人惊愕地说："真的吗？"

萧伯纳说："怎么不是？你是如此精通世界万物，不过，你尚有一点欠缺，就是不知夸夸其谈会使丰盛的佳肴也变得淡而无味，而我刚好明了这一点。咱俩合起来，岂不是无所不晓了吗？"

社交中的语言风采是人们在他人眼中形成印象的最主要部分，细数那些优秀的成功人士，他们的共同特征就是言语幽默。真正的恰当的幽默是需要遵守一定规范的，适时且适当，

就能使你成为一个受欢迎的人。

幽默是良好的修养，是充满魅力的语言。不可否认，言语幽默的人更容易获取成功的机会。但是在运用幽默的时候，以下忌讳是千万碰触不得的：

1.忌不明确目的、不掌握尺度

幽默的目的有大有小、有远有近，在一般的社交场合中，幽默家一试身手的目的有二：一是把听众逗乐，让他们哈哈大笑，在自己努力创造的欢乐气氛中联络感情，办好事情；二是展示才华，表现自我。因此在制造欢乐的过程中，我们必须注意幽默尺度的选择。

2.忌胡乱借用英雄形象来幽默

每个时代不同的人群都有自己尊崇的"圣贤"，即神圣、崇高的事物。当今社会，为众人所接受的英雄形象，能维护公众利益的权威形象，似古时"圣贤"一般，不可拿来作为幽默打趣的对象。

3.运用幽默避免粗俗的内容

任何一种幽默都是建立在礼貌用语的基础上的，不管在什么场合，好的语言习惯才能成就好的语言风格。在现实生活中，常常会有这样的人，说起玩笑话完全不顾场合、不分时机，甚至拿恶俗、不雅的语言当作幽默来哗众取宠。这不仅是不文明、不礼貌的表现，更是一种侮辱他人、有损自己人格的表现。

4.不调侃不如自己的人

客观地说，站在你的角度上，比你混得差的人可笑之外肯定不少，但如果总是津津乐道地笑话不如你的人，你就会被别人笑话，笑你不厚道、笑你没出息，专拣软柿子捏。高明的幽默一般是将聚光灯对准"大人物"。

5.忌拿别人的伤疤作为幽默对象

这其中的道理，即使不讲，大家也会明白，只要心智健全、富有同情心的人都会理解这一点。拿别人伤疤作为搞笑材料来显示自己的幽默感，是非常愚蠢的做法。不仅不会给人带来乐趣，反而会令人反感。

🌷 第36课　随机应变，巧用幽默来解围

【核心提示】在某些尴尬的场合，恰如其分的幽默能使自尊心通过自我排解的方式受到保护，而且能体现出说话者宽广大度的胸怀。

【理论指导】

尴尬是生活中遇到处境窘困、不易处理的场面时而产生的张口结舌、面红耳赤的一种心理紧张状态。此时，如果能调整心态、急中生智，以戏谑来冲淡它，就可以收到良好的效果，从而化解尴尬的气氛。

丘吉尔说过："除非你绝顶幽默，否则就无法处理绝顶重要的事，这是我的信念。"杰出的政治家就经常用幽默化解对手的攻击或一些不便回答的问题。

丘吉尔任国会议员时，有位女议员十分嚣张。一天，她居然在议席上指着丘吉尔说："假如我是你老婆，一定在你咖啡

杯里下毒。"

狠话一出，人人屏息。却见丘吉尔顽皮地笑答："假如你是我老婆，我一定一饮而尽！"结果，全场人士及那位女议员都忍不住笑了起来。

在有些尴尬的场合，恰如其分的幽默能使自尊心通过自我排解的方式受到保护，而且能体现出说话者宽广大度的胸怀。

幽默历来是最妙的语言艺术，世界上很多伟大的人物都曾经展现过自己幽默的语言天赋，并以此化解自己或他人遭遇的尴尬局面。

大哲学家苏格拉底的妻子是一个性情非常急躁的人，往往当众给这位著名的哲学家以难堪。有一次，苏格拉底在与几个学生讨论某个学术问题时，不知何故，他的妻子忽然叫骂起来，震撼了整个课堂。继而，他的妻子又提起一桶凉水冲苏格拉底泼了过来，致使苏格拉底全身湿透。

当学生们感到十分尴尬的时候，只见苏格拉底诙谐地笑了起来，并且幽默地说："我早知道打雷之后一定要跟着下雨的。"这一忍让的幽默虽话语不多，却使妻子的怒气出现了"阴转多云"到"多云转晴"的良性变化。大家听了之后都大笑起来，更敬佩这位智者高超的机智幽默和坦荡胸怀。

幽默是恰当运用语言的艺术，许多成功的人都深谙讲话之术，把幽默运用得当一定会为你的事业推波助澜。

1832年，安德罗·杰克逊参加美国总统竞选时，一个母亲把一个脏兮兮的小孩交到杰克逊的怀里。杰克逊真想马上把小孩还给那个母亲，但他随机应变，热情地说："看这孩子的眼睛多么明亮，四肢多么强壮，而嘴唇又多么甜蜜。"说到这里，杰克逊把小孩交到他的朋友约翰的手里，并吩咐道："吻吻他，约翰！"约翰不得不在众目睽睽之下，亲了亲小孩那肮脏的脸蛋。而这一幕却使人们认为杰克逊是一个充满爱心的人。这一年，杰克逊终于如愿以偿，当选为美国第七位总统。

幽默是一种奇妙的语言，它能够激起普遍的欢乐和快感，把大家带进愉悦的氛围。那么，当我们遭遇窘境时，该如何利用幽默为自己解围呢？不妨从以下两点入手：

1.采用"趣味思维"方式

"趣味思维"是一种反常的"错位思维"，就是不按常规的思路走，而是"岔"到有趣的方面去，进而捕捉到生活中的喜剧因素。

拿破仑的身高只有168厘米。当年他担任意大利军总司令时，曾对比他身材高大的部下说："将军，你的个子正好高出我一个头；不过，假如你不听指挥的话，我就会马上消除这个'差别'。"于严厉中显示出了拿破仑的幽默和自信。

在这里，拿破仑并不避讳自己个子矮的弱点，反而从自己身上找到了"喜剧因素"。他的思维"错位"使他想的同别人不一样，于是便产生了幽默。

2.在瞬息构思上下功夫

用幽默解围是一种"快语艺术"，它需要的是灵光一闪的智慧。你必须想得快，说得快，触景即发，涉事成趣，既出人意料之外，又在情理之中。

比如，有位老师问一个学生："马克思是哪国人？"

学生说："是英国人吧？"

教师煞有介事地说："哦，马克思有时也会搬家的。"

学生对这样常识性的问题都答不出，可能令老师不快，但他幽默的语言脱口而出，包含了对学生善意的批评，又给对方解了围。

在尴尬场合，得体合适地运用幽默可以平添风采。做一个说话幽默的人，需要我们用一种趣味的角度看待发生在自己身边的种种事情，只在一念之间，悲剧变喜剧。请在自己的心里撒下幽默的种子，不用多久，你会发现，自己是世界上最"富有"的人！

🌸 第37课　幽默是化解敌意的良药

【核心提示】当两人心存芥蒂或谈话出现抵触情绪时，运用幽默可以灵活打破僵局，使人与人之间消减敌意，增强好感，从而化解敌对情绪的"冰点"。

【理论指导】

我们可能都有这样的体验：与人谈话的时候，发现对方将我们的话驳回，换之不友好的应答。这是对方产生了敌对情绪所致。言谈中的敌意，使对方不再接受我们的观点，从而破坏原有的人际关系，或者破坏了谈判交涉的顺利进行。

这时，如果能幽默巧答，灵活解脱，就能让人与人之间消减敌意，增强好感，从而化解敌对情绪的"冰点"。

1943年，英国首相丘吉尔与法国总统戴高乐由于对叙利亚问题的意见产生分歧，两人心存芥蒂。戴高乐宣布逮捕布瓦松总督，而此人正是丘吉尔颇为看重的。要解决这件令双方都颇为棘手的事，只有依靠卓有成效的会晤了。

丘吉尔的法语讲得不是很好，但是戴高乐的英语讲得很漂亮。这一点，是当时戴高乐的随员们以及丘吉尔的大使达夫·库柏早就知道的。

这一天，丘吉尔是这样开场的，他先用法语说道："女士们先去逛市场，戴高乐，其他的先生跟我去花园聊天。"

然后他用足以让人听清的声音对达夫·库柏说了几句英语："我用法语对付得不错吧，是不是？既然戴高乐将军英语说得那么好，他完全可以理解我的法语的。"戴高乐及众人听后哄堂大笑。

案例中丘吉尔的这番幽默消除了双方心中的芥蒂，建立了良好的会谈气氛，使谈判在和谐信任中进行。由此可见，幽默不仅能够活跃谈话的气氛，如果运用得好，还能化干戈为玉帛。

每个人的脖子上都是不同的脑袋，人的思想也不可能相同，因此当意见不一致时，要学会运用幽默来化解，避免让双方进入对话的死胡同，化危机为转机。

1717年，伏尔泰因为讥讽摄政王奥尔良公爵，被囚禁在巴士底狱11个月之久，出狱后，吃尽了苦头的哲学家知道此人冒犯不得，便去请他宽宏大量、不计前嫌。摄政王深知伏尔泰的影响，也急于同他化干戈为玉帛。于是两个人都讲了许多恰到好处的抱歉之词。最后，伏尔泰再一次表示感谢说："您真是助人为乐，为我解决了这么长时间的食宿问题，我衷心地再次向您表示感谢。可今后，您就不必再为这件事替我操心啦。"

　　幽默是化解敌意的良药。我们可以用有趣且有效的方式来化解敌意——因为当我们把自己放进其中时，幽默使原本的敌意消失了。

　　一天晚上，张鹏正在家休息，可邻居家的音响却响个不停。他迫于无奈，几次想出去问罪于对方，但理智又告诉他，这样会破坏邻里关系。张鹏灵机一动，计上心来，他手里拿着一个螺丝刀敲开邻居家的门，说："我是来帮你修音响的。"

　　邻居不明所以地一愣，张鹏又接着说："你的音响是不是音量控制键坏了？"

　　邻居这才明白，忙莞尔一笑说："对不起，我太大意了，吵到你了吧？"

张鹏其实并不是真的想给邻居修音响，他不过是想表达对邻居太嘈杂的音响的不悦，这样既避免了对邻居大发雷霆，又化解了可能出现的一场争执。这样，张鹏巧妙使用幽默维护了自我。我们可以用更有效的方式展示幽默，把平常不便对某些人讲出来的话，适当地表达出来。

幽默是一种很巧妙的语言，它可以缓解紧张、去除畏惧、平息愤怒。所以，如果能从白热化的僵局中看出幽默成分，便可巧妙地避免麻烦和纠纷。但运用幽默也要把握好分寸，在演讲中，幽默语言的应用要力求做到"三戒""三要"：

1. "三戒"是：一戒俗，"包袱"切不可庸俗、低级。二戒离，切不可离题，只顾逗人乐而忘记了演讲的主题。三戒多，一次演讲切不可有过多的滑稽，因为比起相声和其他表演艺术来，演讲更加要求严肃性。

2. "三要"是：一要及时，"包袱"要甩在火候上。要注意观察对方的情绪，做好铺垫，甩"包袱"时才能给人以"水到渠成、瓜熟蒂落"之感。二要适度，如果不顾会场气氛以及听众情绪、讲话内容而随意玩笑，信口戏谑，只会使人感到厌烦。三要庄重，当引发听众大笑时，讲话者自己不能站在台上跟着大笑，而应有控制自己情绪的能力。

🌷 第38课　幽默必须**言之有物**

【核心提示】要使幽默"言之有物"，让自己的语言内容充实，就必须建立在丰富的知识之上，否则说出来的话会变得不入流。而言之有物就是你知道怎么说可以达到幽默的效果，这样既能体现自己的说话水平，又能打动人心。

【理论指导】

有口才的人说话具有条理清晰、言之有物、有理有据等特征。孟子曰："言无实不祥。"意思是说，言语没有实际内容是不好的。因此，我们说话要言之有物，切忌言之无物，废话、空话连篇。

据说，苏格拉底曾经用"三个筛子"的理论来教育他的学生。

有一天，苏格拉底的一个学生兴冲冲地跑来对他说："老师，告诉您一件您绝对想不到的事。"

没想到苏格拉底竟然毫不留情地制止了他："请等一下，你想讲的这件事，用三个筛子过滤了吗？"

学生不解地摇了摇头。

苏格拉底继续说："当你准备向一个人讲述一件事情的时候，一定要先用三个筛子过滤一遍。这第一个筛子是'真实'，你能保证这件事情的真实性吗？"

学生惭愧地说："这件事我是道听途说的，大家都这么说，所以我想到要来告诉你，但是不能确保它一定是真实的。"

苏格拉底继续说："那就应该用第二个筛子去筛查，这件事是善意的吗？"

"不是，正好相反，这件事情充满了恶意。"学生越发羞愧难当。

苏格拉底依然不厌其烦地讲道："那么，再用第三个筛子分析一下，这件事是重要的吗？"

"也谈不上很重要。"学生的头完全垂了下来。

苏格拉底这时才语重心长地说："既然这件事情并不重要，也不是出于善意，更不知道它的真假，那又何必说呢？说了只会造成我们彼此的困扰罢了。"

学生使劲点了点头，牢牢记住了老师的话。

苏格拉底"三个筛子"的理论中，真实性也好，善意也好，重要性也罢，其实都是在强调讲话要有内容，如果一件事是编造出来的，讲话者是不怀好意的，或者内容是鸡毛蒜皮的小事，那么即使情节再生动曲折，也不应该讲出来。

现实生活中，我们都喜欢那种在最短的时间讲出最多信息的人，却不喜欢长篇累牍，让人听得一头雾水，却不知所云的人。所以，我们在各种场合讲话运用幽默时，一定要言之有物，不能光耍嘴皮子。

幽默的人，给别人的感觉是温暖、仁慈、敦厚，说出来的话能让人哭、让人笑、让人反省、让人回味无穷。即使是讲笑

话，除了令人发笑之外，也要讲究深度，如果只是为了开玩笑而已，那会令人倒尽胃口。

要使幽默"言之有物"，让自己的语言内容充实，就必须建立在丰富的知识之上，否则说出来的话会变得不入流。而言之有物就是你知道怎么说可以达到幽默的效果，这样既能体现自己的说话水平，又能打动人心。

孙中山曾在广东大学（即今中山大学）发表演讲，内容是三民主义。当时听演讲的人很多，但是礼堂小，通风不够，所以导致很多人精神不佳，现场的气氛比较无趣，很多人听讲座的兴致并不高。

孙中山先生看到这种情况，为了提起听众的精神，改善场内的气氛，他巧妙地讲了一个故事："我小时候在香港读书，见过有一个搬运工人买了一张马票，因为没有地方可藏，便藏在时刻不离手的竹竿里，并牢记马票的号码。后来马票开奖了，中头奖的正是他，他便欣喜若狂地把竹竿抛到大海里去了，因为他以为从今以后就不再靠这支竹竿生活了。直到问及领奖手续，知道要凭票到指定银行取款，他这才想起马票放在竹竿里，便拼命跑到海边去，可是竹竿连影子也没有了。"

故事讲完了，听众的精神振奋了，大家议论纷纷，礼堂里充满了笑声、叹息声，气氛一下子变得活跃起来。

于是，孙中山抓住时机，紧接着说："对于我们大家，民主主义这根'竹竿'，千万不要丢啊！"他很自然地把话题引到原来的轨道上。

孙中山所讲的这个幽默故事，不仅调节了听众的情绪，而且让大家在笑声中认识了道理，达到了良好的效果。

总之，幽默的语言要真实、形象生动，这样能引人联想，让人回味无穷。

🌱 第39课　把握好言语幽默的分寸

【核心提示】 幽默风趣并不是油滑、浅薄的耍贫嘴、打哈哈，它应当是智慧和灵感的闪光。如果你的幽默带着恶意的攻击，以挖苦别人为目的，那还是不说为妙。

【理论指导】

言语幽默的人处处受人欢迎，更容易获取成功的机会。但是幽默要说得合理，即要把握好一个"度"的原则，也要分清场合。无规矩不成方圆，同样玩笑开得过火也会惹是生非。所以，幽默也要注意分寸问题。

如果不把握好幽默的分寸，为幽默而幽默，必将损害自己在别人心目中诚实、庄重、可信的形象，减轻自己在别人心目中的分量，甚至直接影响到两人之间的关系。因此，幽默要适度，如果超越分寸，变成油腔滑调，会令人生厌；变成狂言，会受人指责。

1932年，英国大文豪萧伯纳到上海访问时，林语堂上船迎接。林语堂说："上海许多天来不是大风就是大雪，直到今天才放晴。你真是好福气，一到上海就看见太阳。"萧伯纳听了，说："是太阳有福气，能在上海见到我。"

"是太阳有福气……"出自萧伯纳，听起来很俏皮，令人开心。但如果是东西两村洽谈事宜，其中一方一时高兴，对对方说："太阳有福气，能在东村见到我。"东村人听到这话自然不爽，说不定还要去教训他一顿。

如果你的幽默带着恶意的攻击，以挖苦别人为目的，那还是不说为妙。再好的糖衣，如果里面包的是毒药，也会置人于死地。

在工作中，幽默也是如此，特别是办公室这个无风还起三尺浪的地方，就更要注意开玩笑的艺术，哪怕是最轻松的玩笑话，都要注意掌握分寸。

幽默风趣并不是油滑、浅薄的耍贫嘴、打哈哈，它应当是智慧和灵感的闪光，含而不露地引发联想，出神入化地推动人们领悟一种观点、一种哲理，它有情的酿造、有理的启迪，传达着丰富的信息。

幽默有时是文雅的，有时是含有暗示用意的，有时是高级的，有时是低级趣味的。我们切忌在交际中开低级趣味的玩笑，并以此为幽默，这样会使人当场丢脸，甚至反目成仇，所以在社交场合中，幽默应该显示人的高尚、斯文。

谈笑应恰如其分，因时因地制宜。比如大家正在聚精会神地讨论研究一个具体问题，你突然在这里插进了一句毫无关系的笑话，不但不令人发笑，反而使人觉得无趣。

在社交场合中，如果一味地说俏皮话，无限制地幽默，其结果也会适得其反。譬如你把一个笑话反复讲了三遍，起初人家还以为你很风趣，但到后来听厌了之后，会使人感到呆板、恶心。

恰当的幽默会助人成功，但不当的幽默也会让自己陷入窘境。事实上，幽默是有很多禁忌的。

1.忌目的不明确，尺度不适当

打个比方来说，这恰如用杠杆原理去撬一块石头，目的是搬石头，所以弄清石头的支点在哪里是关键。幽默的目的有大有小、有远有近，幽默的尺度则是幽默的支点。找到这一支点，能缓解气氛；掌握不好，将成为社交场合的破坏性炸弹。

通常人们所运用的都是嘲讽假恶丑、颂扬真善美的道德尺度，即对幽默题材对象运用正确的道德评价，不用愚昧去嘲笑科学，不用错误的标准去攻击正确的事物。

2.忌拿庄严的事物当作幽默的对象

忌用民族、国家、社会制度和人生的信仰等开玩笑、玩幽默。幽默同样应注意有礼的问题，污秽、粗俗之物不可拿来制造幽默。避开这些题材，并非幽默烹调的特殊要求，而是一般社交中应注意的礼貌常识。

3.忌拿不如你的人调侃

面对不如你的人少调侃，少拿别人的疮疤做娱乐话题。另外，幽默语言不可在伦理辈分上占便宜。一些趣味低级的人往往喜欢找空隙给身边的同事当一会儿"父亲"或是"爷爷"辈之类的，这样也会闹得彼此都不开心。

4.忌以自我为中心

哪怕你有一肚子的笑话，也别滔滔不绝地说起来没完没了。这样总是以自己为中心，难免会让别人感到不快或受冷落，甚至还可能会让人误会你想表现自己。要知道，聚会也是别人的社交，你得让别人也有表现的机会。需要幽默时，你只需恰到好处地说上几句画龙点睛的话就好，不要过分出风头。

综上而言，掌握了幽默中的禁忌，才能让人喜爱、处处受欢迎，人际关系才能融洽、和谐。

🌼 第40课　巧设悬念，吊足听众的胃口

【核心提示】越是有悬念的东西，越是能吸引人的好奇心。

【理论指导】

吊足胃口其实就是设置悬念。制造悬念是一个非常有用的幽默技巧，是抓住听众的好办法。通常是讲话者先说出一个令人吃惊的"结论"，即从"另类"的角度说出结果，

然后巧言解释，使接受者产生心理落差，"期望值"突然落空，笑声便出。

对演讲者来说，在开场白的时候，他们只有通过巧设悬念才能进一步抓住观众的心，这样可以使演讲更加有趣、生动；就听众而言，如果演讲与一般逻辑不同，那么他们就会紧跟着向演讲者走。

当代著名作家冯骥才机智幽默，口才不凡，经常妙语迭出。1985年，冯骥才应邀到美国做演讲。他的开场白新颖独特、构思奇巧，让人赞叹。演讲即将开始，大厅里座无虚席，鸦雀无声。主持人向听众介绍说："冯先生不仅是作家，而且还是画家，以前还是职业运动员。"简短介绍完毕，大厅里一片寂静，只等这位来自中国的作家开讲。此时的冯骥才也十分紧张，因为美国人参加这类活动是极其严肃认真的，必定是西装革履，穿着整整齐齐，对演讲者要求很高，必须是口若悬河，机智敏锐，而且要幽默诙谐，否则他们就不买账，甚至会纷纷退场，让人下不了台。

只见冯骥才沉默了片刻，当着大家的面，把西服上衣脱了下来，又把领带解了下来，最后竟然把毛背心也脱了下来。听众都愣了，不知他这是什么意思，大厅里静得连掉根针也听得见。略停了一会儿，冯骥才开口慢慢说道："刚才主持人向诸位介绍了我是职业运动员出身，这倒引发了我的职业病。运动员临上场前都要脱衣服的，我今天要把会场当作篮球场，给诸位卖卖力气。"独具一格的开场白，引得全场听众大笑，掌声雷动。

一开场，冯骥就制造了一个悬念，他并不急着演讲，而是从容不迫地脱起了衣服，如此出人意料的行动让听众大惑不解。吊足了听众的胃口后，冯骥才不露声色地说出开场白，幽默地说出用意，寥寥数语就让听众恍然大悟：原来他刚才的所作所为都是铺垫与烘托，他是接着主持人介绍他曾是职业运动员的话头，来了个"借梯登楼"，因为"运动员临上场前都要脱衣服的"，所以他也"照葫芦画瓢"脱衣服为演讲做准备。

这样别开生面且幽默生动的开场白，令人耳目一新，一下子吸引了美国听众的注意力。冯骥才的演讲，以动作设悬念，开场白释悬念，如此睿智幽默，引起听众的满堂喝彩也是顺理成章的了。

设置悬念又称"卖关子"，即说话者先提出一个故意使人产生误会的结论，然后再做出一个出人意料的分析和解释，其目的是为了抛砖引玉，利用听者的好奇心理，先说出一个发人深思或出人意料的现象、结论，设一"关卡"又秘而不宣，吊住别人的胃口，再巧解谜团，让听者自我猜测思考后才加以分析，和盘托出真情或道理。

著名作家刘绍棠就是利用巧设悬念法，使演讲成功地结束。

有一次，刘绍棠要在南开大学做报告。在他讲到"每一个作家都是有所为有所不为的，即使是真实的东西，也是有所写有所不写的，无产阶级的文学更是如此"时，台下有人递来一张纸条，上面写着："刘老师，您说作家有所为有所不为，我觉得不应该这样。既然是事实的，就是存在着的；存在着的，就应该给予表现，就可以写。"

刘绍棠对于这张纸条提出的问题，并没有采取简单的批评的方法去回答，而是找到这位写纸条的女同学，说："你把你的学生证给我看看好吗？"这位女学生充满疑惑地反问："为什么要看我的学生证？""我要看看你的学生证上是不是贴着脸上长疮的照片。""我为什么要把长疮的照片贴在学生证上啊？""长疮时你为什么不照个照片呢？"刘绍棠追问一句。"长疮时谁还照照片啊，怪寒碜的。"女同学很轻松地回答。

"你不在长疮时拍照片，更不会把长疮的照片贴在学生证上，这说明你对自己是看本质的。因为你是漂亮的，长疮时的不漂亮是暂时的，它不是你最真实的面目。所以你不想照相留念，更不想照这样的相片贴在学生证上。不良词语、无法显示的某些缺点是需要批评的，但有些事情是有特殊原因的，是涉及许多方面问题的，可你非把它揭露出来，这岂不是明知故犯，岂不是跟把长疮的照片贴在学生证上一样道理吗？"

这位女同学提的问题应该够"刁"，因为她针对刘绍棠演讲中的部分话语大做文章，如果照常理来讲，是需要付出很多的精力与时间的。但刘绍棠巧妙地跳出这个圈，使出了"卖关子"手段，不与她进行正面"较量"。他从听众的角度出发，根据照片与本人的可比性，先使对方不知不觉地进入自己预设的语言"圈套"中，然后就此展开说理，使道理犹如拨云见日般地显露出来。

可见，设置悬念法对调节生活中的尴尬及不快有很大效果。但设置悬念也是需要技巧的，其前提是做好充分的铺垫，不要急于求成。你所说的话要让听众对结果产生错误的预料，然后在听众的强烈好奇心下再把结果点明，给听众一个思考的时间，这样听众就能更加深刻地领略话中的奥妙。

🌼 第41课　一语双关，娱乐无极限

【核心提示】当遇到棘手的问题不好回答或不能回答时，一语双关往往能收到出人意料的效果。

【理论指导】

　　一语双关是利用语意相关或语音相似的特点，使语句具有双重意义，造成言在此而意在彼的效果。善用双关语，能曲折地表达思想感情，使语意含蓄，也使语言幽默诙谐。

　　所谓双关，也就是你说出的话包含了两层含义：一是这句话本身的含义；另一个是引申的含义，幽默就从这里产生出来。也可说是言在此而意在彼，让听者不只从字面上去理解，还能领会言外之意。

　　美国总统福特，他说话喜欢用双关语。有一次，他回答记者提问时说："我是一辆福特，不是林肯。"众所周知，林肯既是美国很伟火的总统，又是一种高级的名牌小汽车；福特则是当时普通、廉价而大众化的汽车。福特总统说这句话，一是表示自己谦虚，二是为了突显自己是大众喜欢的总统。

　　使用双关语是产生幽默的最常见的方法。双关具有一箭双雕的特点，在说话中是一种机智的幽默，只要用心观察，就会发现日常生活中有不少具有创意的双关语。

有一天，一个年轻的作者来到某编辑部，递上自己的作品。编辑看了作品以后问他："这篇小说是你自己写的？"年轻作者说："是我自己写的。我构思了一个多月的时间，整整两天才写出来的！""啊，伟大的契诃夫先生，您什么时候复活了啊？"编辑大发感慨。听了编辑的话，年轻人赶紧离开了编辑部。原来，"契诃夫先生，您什么时候复活了啊"这句话，暗指"你抄袭了契诃夫先生的作品"，其效果远胜于明言快语地指出作品是抄袭的。

在社交中，当遇到棘手的问题不好回答或不能回答时，一语双关往往能收到出人意料的效果。由于双关语含蓄委婉、生动活泼，又幽默诙谐、饶有趣味，能给人以意在言外之感，又使人回味无穷，因而经常为人们所使用。

有时候，相同的一句话，因为场合、说话对象等外在因素的变化，说出来就会表达出不同的意思。因为有些词语本身就包含有两种相反的意思，在特定的场合表达出与人们期望相反的意义。

语意双关是一种非常实用的幽默技巧，它可以避免把话说得太直、太透，我们要学习并利用它，使之成为社交中的沟通方式。

第四章

办事口才

🌷 第42课　礼貌地提出你的请求

【核心提示】在向别人提出要求时，我们要特别注意使用礼貌语言，维护对方的面子，照顾对方的意愿，巧妙提出自己的要求，讲究分寸，让对方在不经意间向你敞开心扉。

【理论指导】

在社会交往中，总会求人办事。不管在什么场合，不管办事的对象是谁，彬彬有礼的语言是展开人际关系的一个有效的手段。礼貌是拉近自己和他人的桥梁，懂礼貌的人更容易让别人接受。因此，礼貌地开口提出你的请求，是自己办事成功的重要前提之一。

任何人都有获得别人尊重的欲望，谁要是让人遭到言辞上的"非礼"，那事情就会难办。所以在向别人提出要求时，我们要特别注意使用礼貌语言，维护对方的面子，照顾对方的意愿，巧妙提出自己的要求，讲究分寸，让对方在不经意间向你敞开心扉。

南宋时期，抗金名将岳飞手下有一员大将叫牛皋。一天，牛皋准备到校场查看士兵操练情况，由于不熟悉路况，他只好问路边的一个老者。他大声冲老人喊道："喂，老头！爷问你，去校场往哪走？"这位老人看他出言粗俗，即显不悦之色，当下缄口不言，没搭理牛皋。

过了一会儿，岳飞也去校场，路过一个岔口，他也遇到了那位老人。岳飞先离镫下马，然后上前施礼："请问老丈，去校场应走哪条路，还望给予指示！"这位老人见岳飞很有礼貌，便耐心地给他指路。

同样是问路，岳飞和牛皋问的又是同一个老人，岳飞成功了，而牛皋则问路无果。从这个故事不难看出，礼貌的开口给事情的成功铺垫了可能。这正如俗话说："礼到人心暖，无礼讨人嫌。"因此，可以说行为礼貌是受人尊重、办好事情的前提，只有懂礼貌，才易于被人接受，才容易办好事情。

由此可见，同样的请求内容，不同的人用不同的方法和语言表达出来，得到的结果常常是不一样的。礼貌地向他人提出请求在人际交往活动中起着非常重要的作用，既是尊重他人的具体表现，也是友好关系的敲门砖。那么在现实生活中，我们应该如何礼貌地提出自己的请求呢？

1.间接请求

通过间接的表达方式，以商量的口气把有关请求提出来，这样比较婉转一些，令人比较容易接受。例如："你能否尽快替我把这事办一下"当然比"赶快给我把这事办一下"要礼貌得多，更容易得到对方的帮助或认可。

2.借机请求

语言中有很多缓冲词语，只要使用得当，就会大大缓和说话的语气。你可以借助插入语、附加问句、程序副词、状语从句及有关句型等来减轻话语的压力，避免唐突，充分维护对方的面子。例如："不知你可不可以把这封信带给他"就比"把这封信带给他"更礼貌。

3.激将请求

通过流露不太相信能成功的想法把请求、建议表达出来，给对方和自己留下充分考虑的余地。例如："你可能不愿意去，不过我还是想麻烦你去一趟。"请别人帮忙或者向别人提出建议时，如果在话语中表示人家可能不具备有关条件或意愿，就不应强人所难，自己也显得很有分寸。

4.缩小请求

人们在提出某些请求时往往会把大事说小，这并不是变着法儿使唤人，而是适当减轻给对方带来的心理压力，同时也使自己便于启齿。你可以试着尽可能地把自己的要求说得很小，以便对方顺利接受，满足你的愿望和要求。例如："你帮我解决这一步已使我感激不尽了，其余的我将自己想办法解决。"

5.谦恭请求

请求别人帮助，最传统有效的做法是尽量表示尊敬，使对方乐于从命。你通过抬高对方、贬低自己的方法把有关请求表达出来，显得彬彬有礼、十分恭敬。例如："您老就不要推辞了，弟子们都在恭候呢！"

6.自责请求

在人际交往中，要知道有的时候、有些场合打搅别人是不适合、不礼貌的，但又不得不麻烦人家，这时就应该表示知道不妥，求得人家谅解，以免显得冒失。

这时，你要先讲明自己知道不该提出某个请求，然后说明为实情所迫不得不讲出来，令人感到实出无奈。例如："真不该在这个时候打搅您，但实在没有办法，只好麻烦您一下。"

7.体谅请求

求人的重要原则就是充分体谅对方，这不仅要在行动中体现出来，而且要在言语中表现出来。这就需要你首先说明自己了解并体谅对方的心情，再把自己的要求或想法表达出来。例如："我知道你手头也不宽裕，不过实在没办法，只好向你借一借。"

8.迟疑请求

在提出要求时，如果在话语中表示自己本不愿意说，这样就会显得自己比较有涵养。你可以先讲明自己本不情愿打扰对方，然后再把有关要求等讲出来，以缓和讲话语气。例如："这件事我实在不想多提，但形势所迫，不得不求助于您了。"

9.述因请求

在提出请求时，如果把有关理由讲清楚，就会显得合乎情理，令人欣然接受。例如："隔行如隔山，我一点也不知道人家那边的规矩。你是内行，就帮帮我吧！"

10.乞谅请求

请求别人原谅，这是通过礼貌语言进行交际的最有效方法，人们常常使用这种方式来进行交流，显得比较友好、和谐。

你可以先请求对方谅解，然后再把自己的愿望或请求等表达出来，以免过于唐突。例如："恕我冒昧，这次又来麻烦你了。"

礼貌地提出你的请求，是自身修养的表现。古语云："敬人者，人恒敬之；恶人者，人恒恶之。"对礼，不要吝啬，多用一些礼貌语言，多说一些礼貌话，在你办事的过程中一定会取得好的效果。

❀ 第43课　把握"进"与"退"的最佳时机

【核心提示】要想把话说得恰到好处，那就要把握住说话的"进"与"退"的时机。失足，你可以马上站起来；失言，却也许永远无法挽回。

【理论指导】

一个哲人曾说："世上有这样两种人，一种是狐狸，一种是刺猬。刺猬遇到事情只会把自己的刺竖起来，而狐狸就可以随机应变。""刺猬"只会一味"进",或一味"退",最终走向极端;而"狐狸"却可以依实际情况采用不同的方法和措施。其实,讲话也要讲究进退,更重要的还要懂得把握"进"与"退"的最佳时机。

所谓"机不可失,时不再来"。该说话时不说,容易时过境迁,失去成功的机会。一句话说到点儿上,很快拍板,事情就办成了。说话时机的把握,有时就在瞬息之间,稍纵即逝。因此,说话时机的把握在办事过程中显得尤为重要。

一个人说话是以整个社会生活为背景的。要把握准说话的时机,就不能不对说话环境与说话行为之间的变化规律及特点有一个基本的认识。如果并非正式交谈的话,很难定个时间进行,这就要求你交谈时要善于捕捉时机。

瑞典著名的登山运动员克洛普,有一次和12名登山者一起攀登珠峰,在攀至离峰顶近在咫尺处,他却毅然决定返回。原因在于,如果继续攀登将会延迟预定的返回时间,那样就会超过安全返回的时限,无法在夜幕降临前安全下山。

事实证明,克洛普的选择是明智的,同行的另外12名登山者大多数尽管登上了顶峰,但最终因错过了安全时间而葬身暴风雪。此次登峰,克洛普尽管没有成功,但他积累了宝贵的经验,在第二次攀登中,他顺利地实现了攀登珠峰的愿望。

这则故事说明选择进退的时机非常重要。说话也犹如攀登,谈话的过程就是选择的过程。什么时候该张口,什么时候该沉默,选择正确就能达到你要的效果,选择错误就会让人觉得反感,甚至导致谈话仓促结束。

子曰:"可与言而不与之言,失人。不可与言而与之言,失言。知者不失人,亦不失言。"日常生活中,不该说话的时候说了,叫急躁;应该说话了却不说,叫隐瞒;不看对方脸色变化便贸然开口,叫闭着眼睛瞎说。如果是一个有智慧的人,应当是对该对他说的人说该说的话。这就需要具有把握"进"与"退"最佳时机的能力。

有一家公司新购置了一批计算机及相关办公设备,但在机房没有安装空调。领导认为公司的其他人都在没有空调的环境条件下办公,对机房也不宜破例。虽然机房负责人李先生据理力争,一再强调装空调不是个人享受而是出于对机器保养的需要,仍然不能改变领导的"老原则",李先生也就只能作罢。

后来,公司组织的一次集体旅游,让这件事情出现了转机。在一个文物展览会上,领导发现一些文物有了毁坏和破损,就询问解说员。解说员解释说,这是由于文物保护部门缺乏足够的经费,不能使文物保存在一种恒温状态下所致,如果有一定的制冷设备,如空调,这些文物可能会保存得更加完善。领导听后,不禁地有些感慨。

此时,站在一旁的李先生趁机对领导低语:"其实,机房里装空调也是这个道理呀!"领导看了他一眼,沉思片刻,然后说:"回去再打个报告上来。"很快,这位领导就批准了为机房装空调设备的要求。

正如上述例子中的李先生,在领导拒绝他买空调的建议之后,明智地选择了"退",稍做等待。在旅游的时候,抓住"进"的时机,把自己的建议进一步具体化。就是因为抓住了提建议的适当时机，才得以说服领导给机房购买空调。由此可见，把握交谈时机就像烹饪高手做菜时讲究火候一样，恰到好处时，一句话可能比平时说一千句还有用。

很多人不懂得如何把握说话进退的时机，因此丧失了成功的机会。掌握说话的时机并不是依靠直觉，而是和其他经验一样，是磨炼出来的。不论在交际场上还是在其他事业上，适当把握说话的时机都是迈向成功之途不可缺少的要素。

1.要懂得察言观色

很多人说话时不看对方，说什么全凭自己高兴，完全不理会别人的感受。这种漠视别人存在的说话方式，不但不能发挥言语上好的影响力，反而容易得罪人。因此，说话时眼睛要真诚地看着对方，不能只顾自己的感受。只有适时察言观色，在对方心平气和、情绪稳定时说话，你的言语才会受到重视。

2.要懂得控制声调

没有人喜欢咄咄逼人的声调，过强的声调只会让人敬而远之。即使你讲的事情很有价值，但是在对方心里已经对它产生了逆反的心理，因而根本达不到你说话的目的。

3.要懂得抓住要点

交谈时提出话题，一定要抓住事情的要点，有话则长，无话则短。不要用过多的辞藻去修饰，尤其是在交谈对象就餐或休息时，一定不能用废话占用谈话的时间，把最重要的信息放在最重要的时间段里表述，这样才能把话说得恰到好处。

在适当的时机说适当的话，正确把握"进"与"退"的最佳时机，才能让言语变得更有价值。否则，那只能说明没抓住重点，目的很难达到。

🌷 第44课　牢记他人的名字

【核心提示】人们总是非常重视自己的名字，并希望别人能够记住。如果想要给人好感，最简单、最明显而又最重要的方式，莫过于能够随口喊出对方的名字。

【理论指导】

有钱人常常出钱资助那些穷困的作家、艺术家和音乐家。他们希望这些文艺家能够把作品献给他们，使他们的名字随着这些作品得以流传。在图书馆和博物馆里，最有价值的艺术品往往由那些希望人们记住他们名字的有钱人所捐赠。比如，纽约图书馆里有埃斯德家族与里洛克菲勒家族的藏书，大都会博物馆则保存着本杰明·埃特曼与J.P.摩根德的签名书信；而几乎每一个教堂里都镶嵌上了彩色玻璃，用来纪念那些捐赠者。

这说明人们总是非常重视自己的名字，并希望别人能够记住。如果想要给人好感，最简单、最明显而又最重要的方式，莫过于能够随口喊出对方的名字。因为这样，你就给了别人受重视的感觉——而据我所知，每个人都希望拥有这种感觉。这种方法可以说是屡试不爽。

在记住别人的名字方面，富兰克林·罗斯福总统是一个典范。众所周知，罗斯福总统是这个世界上最忙的人之一，但是他知道记住别人名字的重要性，所以舍得花时间去记住那些人。

　　一次，克莱斯勒公司特意为罗斯福总统制造了一辆汽车，总经理张伯伦和一个机械师将这辆汽车开到了白宫。在张伯伦的信里，他记述了当时的情形：

　　"我教罗斯福总统如何驾驶一辆配置了许多特殊部件的汽车，而罗斯福总统也教给了我许多为人处世的道理。

　　"总统非常高兴我被召入白宫，他立刻就叫出了我的名字，这使我非常高兴。令我印象尤为深刻的是，他确实很注意我为他所做的说明。这辆汽车进行了特殊设计，非常完美，可以完全用手进行操作。

　　"总统说：'这辆汽车真是太完美了。只要按下这个按钮就可以开动它，而且可以毫不费力地进行驾驶。我不知道它是怎么工作的。我希望自己能有时间对它进行研究，看看它是如何工作的。'

　　"当总统的许多朋友和同事都围在四周称赞这辆汽车时，他又当着大家的面对我说：'张伯伦先生，你设计这辆车花了大量的时间和精力，非常感谢你。这辆车简直太棒了！'

　　"然后，他又对车内的散热器、特制反光镜、时钟、特制的照明灯、椅垫的款式、驾驶座位、刻有他姓名缩写字母的特制衣箱等加以赞赏——他注意到了每个细节，对于我所付出的心血给予了极大的褒奖。他还特意让罗斯福夫人、秘书波金女士、劳工部长等人注意这些部件。他甚至嘱咐他的黑人司机，对他说：'乔治，你可要好好照顾这些衣箱。'

　　"上完驾驶课程之后，总统对我说：'好了，张伯伦先

生，我已经让联邦储备委员会的委员们等我30分钟了。我想我应该回去工作了.'

"我当时带了一个机械师。这位机械师是一个很害羞的人，在我们说话的时候，他总是站在后面。尽管他自始至终没有和总统说过一句话，而且总统也只听我介绍过一次他的名字，但出乎意料的是，当我们离开的时候，总统特意找到这位机械师，并与他握手，还叫出了他的名字，对他来到华盛顿表示感谢。我能感觉出来，他的感谢一点都不做作，而是真心诚意的。

"几天之后，我收到了一张罗斯福总统亲笔签名的照片，照片后面还附有简短的对我的帮助表示感谢的言辞。作为一个国家元首，罗斯福总统怎么会有时间来做这样的事情呢？这真的让我难以置信。"

罗斯福总统何以给张伯伦先生如此深刻而美好的印象呢？当然不仅仅因为他是国家元首，而是因为他给了人一种被重视的感觉。为什么他能给人这种感觉？原因很简单：他非常尊重他们，并且记住了他们的名字。

作为一个政治家，记住选民的名字，往往是他的第一堂课；而如果忘记了他们的名字，你将会很失败。在每个人的商业交往中，记住别人的名字也很重要。

得克萨斯州商业股份有限公司董事长班顿拉夫有这样的感触：公司越大，人们之间的关系就会越冷漠。他认为，记住别人的名字，是唯一能使公司氛围变得融洽的办法。

洛克帕罗是加利福尼亚州一家航空公司的服务员，她经常训练自己记住旅客的名字，并注意在服务时叫他们的名字。这使得旅客感到很亲切。有的旅客会当面表扬她，有的则会写信到公司表扬她。有一封表扬信这样写道："我很久没有坐你们公司的飞机了。但是从现在开始，我决定以后只坐你们公司的飞机。你们亲切的服务让我觉得你们公司似乎是属于我个人的，这一点十分重要。"

大多数人常常不记得别人的名字，原因多数是他们没有注意到这件事情的重要性。现在，你既然已经知道记住别人的名字有多么重要，为什么还不花点时间和精力去做这件事情呢？

拿破仑的侄子——拿破仑三世曾经说："虽然我很忙，但是我不会忘记所听过的每个人的姓名。"

这不是因为他的记忆力很强，而是因为他的方法非常好。其实，他的方法十分简单。如果他没有听清楚对方的名字，他就会请求对方再说一遍；如果这个名字不常见的话，他会请求对方把这个名字拼写出来。而在谈话过程中，他会将对方的名字反复记忆，并把它跟其长相、外表和其他特征结合起来。会见结束的时候，他通常会把那个名字写下来，然后盯着它看很久，直到确认自己已经牢牢地记住了才罢休。这样一来，当然记得很牢了。

这样看来，记住别人的名字的确需要花一些工夫，但是这显然是值得的。爱默生说过："礼貌，是由小小的牺牲换来的。"如果你打算融入这个社会，成为交际场上成功的人，这点牺牲又算得了什么呢？

🌷 第45课　适当讲些场面话

【核心提示】场面话就是感谢加称赞，说场面话的目的是让对方高兴。这种话并不完全代表你内心真正的想法，也未必真的符合事实。但场面话切忌过分夸张，夸赞也要适度。

【理论指导】

　　说场面话并不难，不同的场合其场面话也要符合场景需要。如果你能学会讲"场面话"，对你的人际关系一定会有很大的帮助，你也会成为受欢迎的人。人际关系的复杂性决定了说话不能一成不变。比如去参加一个聚会，就要夸奖主办方准备周到、思虑周全，与会的众人是人中佼佼者；做客的时候可以赞赏主人家装修的品位、美食的丰盛，等等。

　　在人际交往中，要想将不利己的形势进行化解，使自己稳中求安，就要学会说场面话。不管你愿不愿意，很多时候，场

面话都必须要讲。从某个程度上来说，场面话是为了满足听者的一种心理需求。

王芳的好友结婚，王芳身为新娘的闺蜜，自然是做伴娘的最佳人选。新郎新娘出于对经济条件的考虑，决定一切从简。由于新郎新娘的家人都在外地，打算回老家后再补办婚礼。这次请的是双方的同事，尤其是新郎的同事居多。

因为婚事从简，王芳就把婚礼司仪也一并兼任了。王芳上台道："今天，我的好姐妹要嫁给一个IT精英，真为她感到高兴，为什么呢？因为嫁给IT男的好处多啊。"台下的人都瞅着王芳，王芳接着说："首先，IT人员的工作节奏比较紧张，接触的人员比较单一，所以我的好友就不用担心外遇问题了；其次，他们都是电脑高手，现在电脑这么普及，有个电脑高手在身边，就少了电脑维修的后顾之忧了；最后，IT界属于潜力股，比尔·盖茨就是做IT的，我的好友也许一不小心就成了世界首富的家属。"王芳这一段场面话，博得全场欢呼。

也许IT界并没有王芳说的那样好，但是，当面对这样一群人的时候，说话的内容就要表示出对这个行业的尊重，在赞美这个行业的同时抬高了从业人员的身价。渴望被尊重是人类的共性，顾及别人尊严的场面话就分外受人追捧。

人立于世，要学会说点场面话。通俗适当的场面话能快速有效地拉近你与他人的距离，并且以此为基础建立起良好的人际关系。怎样说好场面话，是一个人智慧和情商的体现。说好场面话对你的人际关系大有帮助。

自古以来，礼仪之邦的国度就赋予了国人一种能力：待人接物尽量客气，讲话尽可能委婉。由此，中国也形成了一种"人情社会"：不当面拒绝，多顾及场面。这种约定俗成的"规则"其实也是一种礼仪和文明的体现。

小李是公认的实在人，一是一、二是二。他觉得人要活得有诚信，诚信就是要不断地履行自己的承诺。所以，他深知这一点，不论任何场合，都不会轻易许诺什么。

有一次老同学聚会，大家相谈甚欢。当年和小李同宿舍的老大小赵拍着小李的肩膀说："小子，现在混得不错了哈，哪天空了咱们哥几个要好好地喝一杯，好好叙叙。"

"我最近都没有空，估计不能去啊。"小李立刻拒绝了老大的提议，这确实也是实情，他手头上最近在忙一个案子，参加这次聚会已经和头儿使尽了各种招数。

老大听了讪讪地笑了："空了再约，空了再约。"但他整晚没再和小李讲一句。

后来，小李再和小赵联系时，对方一直都表现得冷冷的，一副公事公办的态度。小李到现在还没明白为什么当年的兄弟情一下就降至冰点。

在日常交际中，总是难免会说些日后不会实现的承诺，小赵的意思也并未确定真正的聚会日期，小李完全可以虚应下来。可他当着众人面毫无余地地拒绝小赵，这种方式显得太不近人情，让对方觉得很没面子。

场面话不等同于虚伪，也不能完全是空话和套话。虽然有时候，我们对别人说一句"你很不错""你的想法很棒"之类的场面话，他也不一定当真，但给他带来的鼓励是很大的，当然，这一定要在他确实有过努力和很不错的表现的前提下，否则听起来就有讽刺的意味了。

场面话说得好，让人听着舒坦；场面话说得不好，让人听着别扭、生硬。说场面话的能力，甚至也是一项生存技能。如何说好场面话实在是件考验人的事，想要说好场面话，可以从以下几方面入手：

1.懂得当面赞扬别人

当面称赞他人自然能得到他人的欢心，这种场面话可以是实情，也可以与事实稍有偏差，但这种话一定不能说得太离谱。比如你夸他人的孩子聪明可爱是可以的，但不能夸成前无古人后无来者的神童。太过于奉承的场面话，效果会适得其反。只要不太过夸张，一般听者都会感到开心和高兴。

2.站在听者的角度来说话

根据听众的身份、熟知程度，选择说话的内容。立足于听众的角度，最大限度地尊重、抬高他人，引起听者强烈的亲切感，产生同属一个团体的归属意识，他人自然就乐于与你交往。

3.不当面拒绝他人，说话一定要给别人留情面

当面拒绝别人，场面会很难堪，当场就会得罪对方。给别人留面子等于给自己留面子，当面虚以应对，过后再私下找理由拒绝，这样在交际场合中不仅能左右逢源，还能搞活气氛。

总而言之，场面话就是在场面上让人开心的话。虽然没一定的标准，但也要把握分寸，不宜讲得太多，太多了就显得虚伪和浮夸，反倒显得你别有用心。懂得适可而止，你将会成为受欢迎的人。

🌷 第46课 为对方说话更好办事

【核心提示】 求人办事的过程中，想要说服对方达成自己的意愿，首先要考虑到对方的观点或行为存在的客观理由。换句话说，就是要设身处地地为对方着想，为对方说话，使对方有你是"自己人"的亲近感，从而取得对方的信任。这样，你想要的效果将会变得非常明显。

【理论指导】

在人际交往中，一定要记得为他人说话，这会让对方觉得自己重要，他在你的心里占有重要的地位。每个人都喜欢被人认可和尊重，受到支持当然会感到高兴，假如你能够给他人这种感受，那么自然而然地你就会得到他对你的青睐，面对你提出的要求，自然不会拒绝。

在现实生活中，当你很自然地站在对方的立场，为对方说话时，也是在给自己创造成功的机会。这是一个人在人际交往中获得他人信任的最佳途径。

小杰和大刚是一对好朋友，都有读报的习惯。一次，他们两个人一同去杭州出差。当他们在宾馆用完早餐之后，大刚说："我出去买份报纸，一会儿就回来。"5分钟后，大刚空着手垂头丧气地回来了。

"怎么了？"小杰问。大刚回答说："我到马路对面的那个报亭，要了一份报纸，付他一百元，让他给我找零钱。谁知他从我手中抽走了报纸，还没好气地把钱还我，并教训我，说我故意捣乱，这时候他的生意正忙，绝不会在这个时间段给人换零钱。这里的小贩真是傲慢无礼，素质太差，遇上这样的人真是郁闷。"小杰笑着拍了拍大刚的肩膀说："有啥郁闷的，这也是人之常情嘛。我去给你把报纸买回来。"说完便向马路对面的那个报亭走去。

小杰面带微笑、十分温和地向报亭主人说："老板，不好意思，我是外地人，很想买这份报纸看看。可是我手头没有零钱，在你正忙的时候，还让您找零，真是给你添麻烦了，你看能否帮这个忙？"卖报人一边忙着一边把一份报纸递给小杰，说："嗨，拿去吧，你方便的时候再把钱给我！"

从上面的故事不难看出，大刚和小杰有同样的处境，而小杰却能理解别人，那么他自己也就容易被别人理解。如果用理解来表达需要，那么自己的需要就容易得到满足。所以，他成功地拿到报纸。

因为每个人所处的社会位置不一样，充当的角色也不一样，对事情的看法自然不一样。我们在求人办事的时候，如果能站在对方的立场，设身处地地为对方着想，对对方多一些理解、多一点爱，你把这种理解传递给他，同时也可以引导他进行自我审视，事实上这会换回对方以相同的态度和方式对待你。你们的关系因此发生了良性调整和改变，你办事的成功率也会大大提高。

其实，只要了解到如何为对方说话的一些"特质"，并努力向这方面靠拢，求人办事就不会显得那么难了：

1.明确为对方说话的目的

为对方说话，目的是为对方着想，而不是做表面文章，虚于应付。要想求人成事，为他人说话就要有诚恳的态度，让对方从你的立场感受到你的诚意。增进双方的了解，接近双方的关系，对于你所要求的事情，对方自然也就当自己的事情去办了。

2.设身处地为对方着想

一般来说，为对方说话并不是将自己的意志强加给对方，而是给予对方认同感，让对方从心理上接纳你成为"自己人"。获得对方的亲近感和认同后，自己要办的事情自然就事半功倍了。

3.取得对方信任

在求人办事时，取得对方的信任是最重要的。站在对方立场为对方说话，需要清楚了解对方的喜好和问题所在，针对这些问题采用适当的语言技巧，把话说到对方心里，取得对方的信任。只有对方在信任你的时候，才会正确地、友好地理解你的观点和理由，你的意愿才容易达成。

总之，求人办事是人们生活中必不可少的，会说话的人就好办事，懂得为对方说话的人就更容易办成事。想要成事，就要学会为对方说话。

🌷 第47课　坦诚的话语最动人

【核心提示】很多时候，求人者想要说服别人为你办事时，实在不用费尽心思去想种种谋略或手段，只需正确地陈述利害关系就足够了。说话的魅力并不在于说得多么流畅，而在于是否有坦诚的态度。

【理论指导】

　　求人办事时，并不要求你必须口若悬河，如果你能够用坦诚、得体的话语表达出你的请求，就很可能赢得对方的信任，建立起良好的人际关系，而且是值得信赖的关系，对方也可能由信赖你这个人从而喜欢你说的话，进而愿意帮你完成你的请求。

　　在处于困境的时候，只要你把自己的困难坦诚地告诉别人，并诚心地向他人求助，被求助者一般都不会袖手旁观。而从助人者的角度来讲，助人比获得别人的帮助更能获得满足感。

　　大多数的情况下，求人者想要说服别人为你办事时，其实不必费尽心思去想种种谋略或手段，只要坦诚陈述出利害关系就足够了。因为说话的魅力并不在于说得多么流畅，而在于是否有坦诚的态度。

　　很多人总是以为适时的"不诚"更有利于自己成事，太过坦诚会将缺点暴露无遗，很可能导致自己所求的目的失败。但事实上，只有坦诚的言语，才能打动他人内心，才能够真正获得对方的认可，获得别人的首肯。

　　有一个大学生，毕业之后到了一家经营玉石的大公司工作。这家公司的规模相当大，本来这位大学生是应聘公司职员的，可是上面却把他分到了公司下面的店里站柜台，让他向客人卖玉石。虽然当一名售货员并不是这位大学生的理想，但是他还是安心地干了下去。

　　仅仅干了一个月的时间，这位大学生卖的玉石竟然是全店售货员中卖出最多的，因为他采用的就是诚实的销售方式。

　　当一个客人到来的时候，一般的店员都向客人说自己经营的玉石是多么的好，价钱是多么的合理。

这位大学生并不是这样，他先向对方说出这种玉的价格，然后对客人说："这种玉是一种顶级玉石，如果不是有些微瑕，那么它的价格就不是现在的这种价格了。"

然后，他就向客人指出那玉石的微瑕，然后再向客人讲解一些鉴定玉石的技巧。结果，客人总是高高兴兴地买下他推荐的玉石。

从这个故事来看，只有用诚恳的态度去对待你想做的事，才会收到想要的结果。只有用坦诚的态度去对待你请求帮助的人，对方才会发自内心地帮你。

人生一世，总有自己力所不能及的时候，你不可能万事不求人。所以求人时，没必要为了迎合对方，而刻意地隐瞒自己真实的想法。可以用委婉的态度和语气，把自己最真实的目的坦率地表达出来，让对方感受到你的诚意，自然就会接受你的请求，帮你达成心愿了。

因此，要想成功求得别人的帮助，首先要懂得怎样把自己的心意坦诚地传递给对方。只有当对方肯定你的诚意时，才会对你打开心门，进而产生帮你的意愿。具体可以参考以下几点：

1.求人办事时，切忌不懂装懂

有些时候，人们喜欢摆出一副不懂装懂的姿态，以隐藏自己的弱点和无知。事实上，这种做法反而会给对方一种肤浅的感觉。在求人办事的时候，面对不懂的事情坦率地说不知道，并诚恳地向对方求教，反而是一种很好的自我表现方式。坦诚会让人对你产生一种信赖感，甚至会给人一种敢于

承担的责任感。

2.开门见山地提出请求

很多人在求人办事时，喜欢绕个大圈子做铺垫，不肯直言坦陈自己的能力不足，讲了一大通与主题无关或推卸责任的话之后，再说出自己的目的。这种方式会让对方怀疑你的人品和你求他的诚意。如果在见面寒暄之后，直截了当地开口提出自己的请求，不但会让对方感受到你对他的信任，而且会让对方觉得你是个有担当的人。

3.适当示弱，更容易达到目的

求人办事，不要怕示弱。之所以求人，就足以说明自己有弱项。所以，适当地示弱，更能让对方感受到你的诚意。这虽然是提升自我形象的有效手法，但还是要把握一个度，不要因为自己的诚实就刻意暴露很多弱点，甚至制造弱点，这样反而因问题太多造成对方的不屑，适得其反。

总之，求人成事时，要建立诚恳的心态。理解了坦诚的作用及意义，求人办事便无往不利，这种方式往往比巧舌如簧更加可行。

🌱 第48课　求人办事受冷落怎么办

【核心提示】在求人办事被冷落时，要区别情况，弄清原因，再采取适当的对策。切不可拂袖而去或纠缠不休，更不应该怀恨在心。那样是不利于办事的，甚至有时会因小失大，影响办事效果。

【理论指导】

求人办事之前首先要有个心理准备，有时候，对方冷落你是为了激怒你，使你远离他。这时，聪明的人会采取不在意的态度，懂得控制住自己的情感，以热报冷，以有礼对无礼，从而使对方改变态度。

毕竟世间事不会尽如己愿。在求别人办事时，要抛开自己的身份、地位，放低自己的架子，以热脸对冷脸的态度引起对方的注意，肯定比直言责备效果要好得多。

小方开车送朋友去做客，主人热情地把坐车的朋友迎进室内，却把小方给疏忽了。小方开始有些生气，后来又觉得在这样闹哄哄的场合下，主人难免照顾不过来，有疏漏也是正常的，这或许并不是有意轻视、冷落他。这样一想气也就消了，于是他悄悄地把车开到街上去吃了饭。

等主人突然想起司机时，小方已经吃了饭，且又把车停在门外了。主人感到非常过意不去，一再检讨。小方见状连忙为主人解围说："我不太习惯大场合，而且开车又不能喝酒，你也不用太放在心上了。"这种大度和为人着想的态度使主人深受感动。事情过后不久，主人又专门请小方来家做客，从此两人的关系反而更密切了。

由这个故事可以看出，被人冷落是有一定原因的，并不全是故意而为。小方被主人冷落是由主人考虑欠缺而无意识造成的。面对这种情形，小方站在他人角度思考问题的做法很值得肯定。

除了上面这种情况，一般被冷落的原因还有以下两种：一是因为自身误估与被请求对象关系的密切度，造成自己心理上的落差而觉得遭受到了冷遇；还有一种是被对方故意冷落，以此想让你知难而退。但战国时期的张仪面对冷落时，却很巧妙地改变楚王心意，达到了自己预期的目的。

战国时期的张仪，凭着三寸不烂之舌，到楚国游说，因得不到楚王的赏识，而受到楚王的冷落。

张仪听说楚王正宠爱两个美女，一个是南后，一个是郑袖，于是眉头一皱，计上心来。他向楚王辞行，说："楚王这里人才济济，我在这里也做不出什么贡献，所以打算去晋国看看。"楚王听完随即答应他即刻离去。

张仪又说："大王，不让我带点晋国的特产回来孝敬您吗？""金银珠宝，象牙犀角，本国多的是，晋国的东西没什么可稀罕的。"楚王的态度很冷漠。

"大王就不喜欢那边的美女吗？"这句话像电一样触动了

楚王的敏感神经，他连忙问："什么？你说的是什么？""我说的是晋国的美女。"张仪说，"晋国的女人个个美貌如天仙，粉红的脸蛋，雪白的肌肤，说起话来脆如银铃，走起路来如风摆杨柳……"楚王听得心花怒放，立即命令他从速去办。

张仪又故意将这个消息传到南后和郑袖的耳朵里。两人听了，十分恐慌，连忙派人去向张仪疏通，并献上黄金千两。张仪向来人表示，他一定推辞掉去晋国的任务，不会使两位美女失望。

起程前，楚王为张仪饯行。张仪对楚王说："如果楚王叫最信得过的人给我斟杯酒，我会感到三生有幸。"于是，楚王把南后和郑袖请出来，轮流给张仪斟酒。张仪见了南后和郑袖，故作惊讶，扑通一声跪在楚王面前，说："我对大王说了谎话，死罪！死罪！"

"这是怎么回事？"楚王问。

张仪说："我的足迹遍及列国，从未遇见过像大王两位爱妃这样绝色的女人。上次我对大王说过，要把晋国的美女献给大王，那是没有见过大王两位爱妃的缘故。我对大王说了谎话，罪该万死！"

楚王松了一口气，说道："原来是这样。那你就不必去晋国了，我一向认为天下没有比我的两位爱妃更漂亮的女人。"

由这个故事不难看出，张仪在楚国谋求仕途时受到楚王的冷落，但他并没有因此而生气，而是找准楚王的弱点，凭借他高超的语言艺术改变了自己的处境，达到自己最终的目的。

因此，求人办事遭到别人冷落时，一定不能因为自尊受伤，就灰心丧气。正确的做法是，根据实际情况，找出原因，再决定相应的对策。具体做法如下：

1.求人办事，要多谈对方关心的事情

在求人办事的谈话中，为避免使对方反感，要从对方关心的事情着手。因此，要想在谈话中达到让对方帮你办事的目的，你必须从对方所关心的问题开始，不断提起，不断深化，这样不但不会使对方反感，反而会因为你的体贴而达成你的要求。

2.求人办事，要注意察言观色

在求他人办事时，要时刻注意对方的言行，这样有助于摸清对方的心思。根据对方的情绪选择恰当的谈话方式，让他感受到你的关心，这样既能摆脱尴尬气氛，也会改变你被冷落的局面。

3.要有诚心和耐心

求人办事，对待别人的冷遇要灵活，不能钻牛角尖。否则不但事情办不成，结果反而会更糟。

总之，求人办事是否能成，完全掌握在你自己手中。多和别人谈话，多积累这方面的经验，这样求人为你办事时，就不会那么难了。

❦ 第49课　求人办事，哪些话说不得

【核心提示】求人时要使对方产生好感，所以你必须言语和善，能言善道。但对于心直口快的人，就要深思慎言，不说让人生厌和惹人不快的话，那样往往会事与愿违。

【理论指导】

我们生活中，求人办事是不可避免的。这时就要注意言语的得当，很多人往往会因为一句话而影响整个事情的成败。所以，说话既要看对方的性格，又要注意时机和场合。话说得好就能成全美事，说得不好就会适得其反。

一位穿着时髦的女士为购买一件时装而迟疑不决时，一位年轻的女营业员忙上前说："这件衣服品位高雅，销路很好，今天早上就卖出好几件。"可那位小姐听说后立即走了。

不一会儿，一位中年妇女来了，准备买一件新潮的马夹，那位服务员接受了刚才的"教训"，便说："这件马夹很气派，一般人穿着还压不住它，从进货到现在还没有卖出一件，看来只有你最适合了。"这位中年妇女听了气呼呼地走了。

上面故事里的服务员就是因为说话不分对象，导致失败的结果。由此可见，虽然说话并不是难事，但要想把话说得恰到好处，使对方能愉快地接受，顺利达成自己预期的目的，确实需要说话技巧。

因此，在向对方提出自己的请求前，一定要注意言语和措辞，要避免像上面故事里的服务员那样，导致事与愿违的结果。在使用求人办事的语言时，注意以下几个方面：

1.不说犯对方忌讳的话

在求人办事时，首先要获得对方的好感，对方才有可能对你有所帮助。所以，在出言相求时，一定要在谈话中注意言谈有度，把握分寸。切不可只图一时口快，冒犯了对方的忌讳，让对方心生不快或动怒，这样不但达不到成事的目的，反而会因此得罪对方。

2.不说气馁的话

虽然是去求人，处在稍低的位置，需要适当的示弱，但也不能过分地把自己放在卑微的位置。过度的自卑和气馁会影响对方的情绪，造成谈话的氛围过分压抑，让对方误认为你一无是处，纵然帮了你也不会有什么好的结果给自己，反而引起对方的反感和厌烦。

3.不说带有强硬姿态的话

既是求人成事，措辞和语气就要相对委婉，不能用强势的祈使语句。没有人愿意被别人命令做事。比如你求别人办事时，与其用"你把这个事儿帮我办了"，不如用"你能帮我把这个事解决一下吗"。不论你与对方的身份、地位如何，求人办事时，姿态稍微放低一些，更易于别人接受。

4.不说过分谦虚的话

有很多人在求别人办事时，喜欢贬低自己，以求既表现自己谦虚的优点，又借机抬高对方。但如果过分谦虚，会给对方一种畏首畏尾的印象，让对方对自己的为人产生一些负面的看法。因此，求人办事时，谦虚应适可而止，凡事还是实事求是更好。

5.不说怀疑对方能力的话

一般求人办事时，因为愿望比较迫切，容易表达出一些急于求成的意思，因此往往会导致对方误以为你对他的办事能力持怀疑态度，而引起对方的反感。

因此，在迫切想询问结果时，也要注意催问别人时用语的分寸，再配以询问的语气。比如用"那个事情现在有眉目了吗"，效果可能会好得多，切忌使用"怎么还不处理呀""你们到底什么时候解决""这个月底前必须处理"等责问或命令的语气。这些话更多的是表达一些负面意思，由此会带来一些负面效应，所以应尽力避免。

6.不说含糊不清、模棱两可的话

求人办事，就要把自己的请求表达得清晰、明确，坦诚地表达自己能力的欠缺，而需要对方的帮助，以引起对方的共鸣，达到自己请求的目的。如果在表达时模棱两可，主题含糊不清，让对方提不起兴趣，或者让对方误以为你并没有足够的诚意求他办事，因而拒绝你的请求。

开口求人的时候，千万不要说出"你也可以"这样暗含次等意味的词，因为这会使听者产生不悦之感。最好说一些"你是唯一的"之类的话，以此来激发他的荣誉感，比如："这件事只有你才能帮我了！""要是你能帮忙，这件事一定会办得更加出色！"由此可见，含糊不清、模棱两可的话是求人办事的大忌。

7.求人办事，礼数周全

求人办事，一定要注意礼数，即便所求之人是关系甚为密切的朋友，也要注意恳求的礼仪和语气，切不可有理所当然的心理。俗话说："礼多人不怪。"不能自以为是地认为别人就应该帮你，责无旁贷，这样会让对方觉得强人所难，很难接受。

如果给人留下礼貌而又诚恳的印象，效果就不一样了。所以，在求人办事时要尽量给人留有回旋的余地和充分考虑和周旋的时间，让别人进退无碍。

总之，求人办事，一定要注意把握说话的艺术，很好地运用求人的言辞，往往能达到事半功倍的效果。

第五章

说服口才

🌱 第50课　说服他人靠的是脑袋而非光靠口才

【核心提示】说服别人靠的是脑袋而非光靠口才，在劝人时不可直来直去、正面交锋，直白的语言只会招人反感和讨厌。

【理论指导】

大多数人认为，说服别人肯定要靠好口才。其实光有好口才还不能完全达到目的，有个聪明的大脑才是说服的根本。假如空有好口才而不知用智慧来支配口才，把握说话的分寸，好口才也可能成为毁灭你前程的罪魁。所以，在与他人相处时，不要逞一时之快，说话不可直来直去、招人反感。

历史上有个楚襄王，他整日不务正业，不思进取，只顾个人享乐，不理朝政，而且听信奸臣谗言，结果一而再，再而三地被秦国攻城略地，江山社稷岌岌可危。

尽管如此，软弱的楚襄王依然不打算奋起反抗，而是一味地妥协退让，满怀希望地期待秦国人会良心发现，适可而止。

楚襄王的这种做法，让很多关心国家安危的忠贞大臣们十分着急，大臣们纷纷进谏，但楚襄王什么也听不进去。有的大臣甚至屡次进谏都没能获得成功，反而遭到楚襄王的无理呵斥，说他们多言滋事、危言耸听。

这时，朝中有一个足智多谋的大臣，名叫庄辛。庄辛见楚襄王不顾国家的日渐衰亡，他看在眼里，急在心上，又见众人劝说无效，决定亲自去找楚襄王。

这天，庄辛看楚襄王正在花园赏花，就走了过来。楚襄王见庄辛来到他身边，知道又是来劝谏的。楚襄王打定主意，无论庄辛说什么，自己都不听。所以等庄辛来到他身旁时，他只瞄了庄辛一眼，一言不发。

庄辛明白自己若是直接劝解，肯定会与其他大臣一样无功而返，楚襄王是听不进去的，只有另辟蹊径，才能进谏成功。

这时，恰有一只蜻蜓飞来，庄辛马上找到话题说："大王，您看见那只蜻蜓了吗？"

楚襄王一听，感到有些意外，他不直接劝谏却说蜻蜓，便说："看见了，有什么特别吗？"

庄辛继续说："瞧瞧，它活得多舒服呀！吃了蚊子，喝了露水，停在树枝上休息，自以为与世无争，世人不会对它怎样，但它哪里知道，树下正有个小孩拿了黏竿等着它呢！顷刻之间，它就会坠于地下，被蚂蚁所食。"

楚襄王听了，面露凄然之色。

庄辛又说："您看到那只黄雀了吧？它跳跃在树枝上，吃野果，喝溪水，自以为与世无争，世人不会对它怎样，但它哪里知道，树下正有个童子，拿着弹弓对准了它。顷刻之间，它就会坠下树来，落在童子手中。"

楚襄王听了，开始面存惧色。

庄辛又说："且不说这些小东西了，再说那鸿鹄吧！它展大翅，渡江海，过大沼，凌清风，追白云，自以为与世无争，乐得逍遥自在，世人不会对它怎样，但它哪里知道，下边正有个射手搭弓上箭，已瞄准了它，顷刻之间，它就要坠下地来，成了人间美味呢！"

楚襄王听了，惊起了一身鸡皮疙瘩。

庄辛又说："禽鸟的事不足论，再说一下蔡灵侯吧。蔡灵侯左手抱姬，右手挽妾，南游高陵，北游巫山，自以为与世无争，别人不会对他怎样，哪知子揽已奉了楚宣王的命令，前去征讨他而夺其地了，顷刻之间，蔡灵侯死无葬身之地。"

楚襄王听了，吓得手脚抖动起来。

庄辛又说："蔡灵侯的事远了，咱说眼前吧。大王您左有州侯，右有夏侯，群小包围，日夜欢娱，自以为与别人无争，会得到别人的容忍，哪知秦国的穰侯已得了秦王之令，正率重兵向我国进发呢！"

听了庄辛的这些陈述，楚襄王的脸色一点点变白，浑身发抖，他决心痛改前非，重振国威。庄辛的进谏忠心可嘉，楚襄王为此奖赏了他；又因劝君有方，被加封为阳陵君。自此，楚襄王励精图治，与秦人一争高下。

由此看来，在说服他人时，如果采取迂回的方法，既可以让他人明白他自己的错误与过失，又能够使他欣然接受、乐于改正。庄辛要说的话和其他臣子一样，都是要劝楚襄王振作起来，但别人的话楚襄王听不进去，庄辛的话却让楚襄王吓得全身发抖。为什么呢？只因为庄辛在说服中拐了一个弯儿，采用了迂回战术。他抓住了两个关键点：一是把国家的生死和楚襄王的生死利害关系连在一起；二是用画面和实例来劝谏楚襄王，让楚襄王听了这些话就想到具体画面。当他想到其他人如蔡灵侯的真实下场时，自然就会想到自己的下场。

说服他人靠的是头脑而不是口才，所以在劝人时不可直来直去、正面交锋，直白的语言很可能会招人反感，而采取迂回的战术，让他人自觉明白自己的过错，才能出奇制胜。

在生活中，随时可能遇到要说服别人的情况，如果不掌握技巧，仅凭好的口才难以达到理想效果。要想更好地达到说服的效果，就要靠脑袋来支配口才，具体可从以下几点做起：

1.从细节了解别人的意见和看法

要想说服别人，首先要清楚别人的意见，知道他们的想法，才能采取有效的语言进行说服。了解得越多，言语的说服力就越大。

想提高自己说服的效果，就要想办法接近对方，关心对方注意他们的日常表现，研究分析对方的行为动机和心理活动。

2.用内涵提升说服力

在与人争辩强调自己的观点时，要表现出风度，注意适可而止。即使你的观点很正确，也切忌把对方"赶尽杀绝"，让他在众人面前颜面扫地，给别人留足面子，自然就在别人的心里种下了感激和信服。

总而言之，说服他人不是强硬地把自己的观

点塞进别人的脑袋里，也不是仅仅靠口吐莲花就能达到，而是要动用智慧，采用各种合理的方法和语言表达在人群里树立良好的声誉和信服力。

🌱 第51课　话不在多，点到就行

【核心提示】把话说到点子上，才能起到关键性的作用。

【理论指导】

当今社会生活节奏加快，很少有人愿意听你长篇大论地讲个不停。要想说服别人又不令人反感，就需要用简洁、精辟的语言来抓住问题核心，一语中的。那些拖泥带水的空话、套话是人们非常讨厌的，所谓"话不在多，管用就行"。

俗话说："花钱花到刀刃上，敲鼓敲到点子上"。无论对方是谁，只要你能把话说到点子上，对方就会轻松明了。但在现实中，有些人生怕对方听不懂，翻来覆去地讲一个道理，结果适得其反。

好话并不是说得越多越好，也不是无论怎么说都能给自己带来好处，如果一味地说，但说不到点子上，只会事与愿违。因此，我们在试图说服他人时，应该针对实际，把握要讲的内容，简洁、准确、明晰地"点到"，同时又要注意留下充分思考的时间，让对方去领悟、消化。

齐国有个大臣叫淳于髡，他生得很矮小，但很有口才，非常幽默风趣，他每次出使诸侯国，都能顺利完成任务，是齐国的外交人才。他看到齐威王通夜喝酒，不理政事，政治紊乱，国势危急，心中十分着急，但又怕得罪君主，于是便用隐语进谏。他对齐威王说："我们国家有一只大鸟，三年不飞也不鸣。大王，你知道是什么道理吗？"

齐威王立刻意识到淳于髡是在用大鸟比喻他，说他待在宫里，百事不管，毫无作为，于是回答说："此鸟不飞则已，一飞冲天，不鸣则已，一鸣惊人。"齐威王从此便开始振作起来。

淳于髡的劝谏收到了奇效，促使齐威王下定决心、变法图强。他上朝召集各县令县长七十二人，奖励了一个，处死了一个，整顿了内政，并整肃军威准备迎战诸侯。各诸侯国都很震惊，纷纷归还了侵占的齐国的土地。

淳于髡并没有和齐威王大讲诸侯并侵、国人不治、内忧外患的种种场面，而只是用几句隐语点醒齐威王，明确地表达出他意在告诉齐威王要励精图治，这样使人更容易信服。

一个真正能说服别人的人，往往思维灵活，善于借物寓意，懂得从与别人不同的角度切入话题，准确地表达自己的意思，使得听者在心领神会后，从心底里认同，而且还给对方留下利索、干脆的印象。所以，说服别人的关键不在于你能不能说，而在于你会不会说，能不能用简短的话说动对方。

很多时候，有的人喜欢长篇大论、东拉西扯，想用多方位的语言打动听者的心，虽然证明了个人的语言天赋，但是却让人云里雾里，听得似懂非懂，甚至产生烦躁的情绪，很难达到说服的效果。正所谓"打鼓要打到点子上"，说话精练，使听者在较短的时间里获得较多的信息，使对方为之震动、幡然醒悟，你的说服效果就达到了。

　　如果你想给别人留下很深的印象，就要懂得话说三分、点到为止，为自己留有事后自我辩解的余地。由此可见，少说话往往比喋喋不休更有力量。在社交场上，要想说服别人，话不在多而在精，在于力度和渗透力。

　　因此，在说服别人时，你不妨话说三分留七分，点到为止。这种似有似无的忠告或指责，往往要比翻来覆去讲效果好得多。

　　惊人一语，胜过滥言千句。在说服别人的过程中所需要的恰恰是惊人一语。但把话讲短，讲到点上，也并非易事。它需要技巧，只有掌握这个技巧，才能在说服别人的时候无往而不胜。

1.语言表达要清晰，不重复表述

　　在和对方交谈的时候，言辞要能表达出自己的意思，并且能每句话都有道理，不要反复强调你的好意，适当地留一点空间给对方慢慢地品味。如果你词不达意，乱说一通，不能把握重点，最终好话也变成空话了。

2.把握时机，给他人留存颜面

说服别人时要因时制宜，择机而言。时机未到不可早说，要三思而后言。词句要中肯恰当，既能明确自己的意思，又能维护当事人的颜面。

总而言之，言有尽而意无穷，让别人悟出你话中有话。话不在多、点到为止，这不失为一种大智慧，既保全了对方的面子，又打动了对方的心。

🌼 第52课　对不同的人要采取不同的说服方式

【核心提示】由于被说服者的性格不同，说服时要点的把握就有很大的区别，这就需要自己平时细心琢磨、灵活掌握，因人制宜。切忌不分对象，见了哪路神仙都是一副面孔、一个腔调、一套说辞。

【理论指导】

不同性格的人，接受他人意见的方式和敏感程度是不一样的。在说服别人的过程中，要根据说话对象的不同，改变说话方式、语气和措辞，这样说出来的话才容易被对方接受，达到说服他人的目的。

在生活中，每个人的性格都全然不同，比如有人个性强，有人比较感性，有人则较虚荣，等等，而且每个人的行为动机和需求也不尽相同。所以，想说服他人就要因人而异，一把钥匙开一把锁。根据对象的实际情况，如年龄、身份、文化修养、性格、彼此间的熟悉程度等方面，采取不同的说服方式和语言技巧来增加自己的说服力。

一家工厂精减人员，一个女员工从办公室被精减到一线。这位女员工很想不开，觉得厂长有意针对她，要求厂长立即给她办病休手续，要吃劳保。这天，她又到厂长办公室吵闹，一个负责人事的干部叫住了她："大姐，咱姐妹不错，我有几句贴心话想和你说说。"

这位女员工一落座，就诉起苦来。她始终认为，把她裁到一线是厂长有意整她。等她说完，这位人事干部说："大姐啊，你说厂长整你，我看可能是你多心了。厂里这次精简裁员，下岗了30多人，你们办公室裁了3个人，而你只是被安排到车间，活虽然比以前辛苦点，可是多干多得，这不比在办公室里拿那几个固定工资强？"

她边说边观察那位女员工的变化，看到对方脸上阴沉的表情有所缓解，又接着说："大姐啊，你就为一口气而要吃劳保可是太不合算呀！咱们已经这个岁数了，再做几年就该退休了。假如你现在吃劳保，到退休时工资只能拿70%，那你不亏大了？你想想，咱辛辛苦苦一辈子，真就差这么几天就熬不下来了？大姐，你琢磨琢磨，我说的有道理没？"

说到这里，那位女员工的脸上露出了笑意。她拉住人事干部激动地说："你算把你的傻大姐给说醒了！人在事中迷，就怕没人提。我倒把这茬儿给忘了。我听你的，明天就到一线！"第二天她就痛痛快快下了车间。

从上面故事中不难看出，想要说服对方，就要知道对方的"心结"所在。从对方的实际情况着手，有针对性地进行说服。由此可见，要根据不同说服对象的性格使用不同的说服方法。对一些人只需把道理讲清即可，可对另外一些人却要从情感着手。同样的内容，要用不同的方式表达。

所以有人就很想不开：明明给他人的是一个很好的意见，却不被他人接受。这就是因为他没分清说服对象，采用同一种说服方法，所以很难顺利达成目标。从下面一个故事里也许可以得到一些启发。

公元208年，刘备兵败樊口，无力反击，要与曹军抗衡，必须与孙权联手，于是他派诸葛亮前往江东说服孙权。

孙权手下的谋士大都主张降曹自保，只有鲁肃主张联刘抗曹。诸葛亮到了东吴，鲁肃就明确地向诸葛亮表示，见了孙权之后，一定不能说曹操兵多将广。诸葛亮没有直接承诺会像鲁肃所说的那样来应对孙权，只是说他自会随机应变。

当孙权向诸葛亮问曹操兵力如何时，诸葛亮说："据说曹操屯兵百万，可实际上并不止这个数字。所以，在这个时候，彼此联盟是明智的选择。"孙权很惊讶地问："那为什么兵力比东吴还弱的刘备敢和曹操抗衡呢？"诸葛亮说："我的主公是为了要匡扶大汉江山，所以和曹操一战是无法避免的。这是正义之战，兵力是次要的问题。为了东吴的安全着想，所以劝说你和我的主公联手抗曹。"听了诸葛亮的这番话，孙权也立志要和曹操决一胜负。于是蜀吴两国合力对抗曹操，成就了历史上著名的以少胜多的赤壁之战。

诸葛亮知道孙权虽然年少，缺乏对敌经验，但却不是简单的人物。如果把敌方的兵力说弱了，或许他就不会与刘备联盟了，所以反而强调敌人的强大，以激起他的斗志。由诸葛亮游说孙权的例子中可以证明，诸葛亮说服他人成功的原因在于看人说话，说话因人而异。

社会交际中，难免会遇到与自己相悖的人。在说服之前要有备而来，不同的人采用不同的说服方法，这就要求自己必须具备丰富的知识和经验。所以为了能具备这种说服的才能，就得积累各种经验，使自己的见识进一步增加，具体可以考虑以下几个因素：

1. 不同年龄段和不同的性格：面对年轻人或性格直爽的人，你可以直入话题，要多用正话反说的方式；面对中年人或面对谨小慎微的人，应慢言细语、陈述利害，以供他们思考、斟酌；面对生性多疑的人，切忌时时表决心，而应不动声色，由他自己消除疑惑；面对老年人，应采用商量的方式，以示对他们的尊重。

2. 不同的工作性质和兴趣爱好：如果从被说服者从事的职业或不同的兴趣着手，运用对方所熟知的专业或感兴趣的话题打开局面，对方对你的信任程度就会加深。每个人对别人提起他擅长的领域都会产生好感，说服工作便能事半功倍。

3. 不同的文化修养：面对文化程度较低的人，要用通俗易懂的语言，简明扼要地说明道理，多使用具体的事例和数字；面对文化修养较高的人，要多用书面语言和抽象的哲学说理。

总之，说服别人需要看对象、看场合，针对不同的人采用不同的说服方法也是我们要掌握的说服他人的技巧之一。

❦ 第53课　说服他人要**以理服人**

【核心提示】说服不等同于压服，而是让人心服。想要达到这样的目的，自然要先将道理摆出来，做到以理服人。

【理论指导】

想要说服别人，最好的方法是针对具体问题，摆事实、讲道理，以理服人，只靠一味地说教是难以奏效的。

自古以来，"动之以情，晓之以理"是劝导和说服别人的最基本的两条原则。以理服人就要以事实为根据，阐明其中的道理，让对方从你讲的道理中认识到其正确性，从而接受你的观点，按照这种观点行事。

但要注意的是讲道理要针对要害，否则即使喋喋不休、磨破嘴皮也是隔靴搔痒，不能解决问题。因为，但凡处在被说服者的位置，往往是因为对某一问题有心结，想不开。所以，劝导说理一定要具体实在，既不能说空话、套话、大话，东拉西扯，也不能像做报告那样滔滔不绝，重点是实在的论证说理。

春秋时期，鲁国人公输盘为楚国造了攻城的机械——云梯，楚国准备借用它来攻打宋国。墨子听说这个消息后，就立即从鲁国动身，一连走了十天十夜，方才赶到楚国，拜会公输盘。

公输盘很客气地问："先生不远千里而来，有何见教？"

墨子故意说："北方有人侮辱我，我想借助您的力量杀了他。事成之后，我送您二百两黄金。"

公输盘听了以后很不高兴，断然拒绝道："岂有此理！我是讲仁义的，怎么能随便杀人呢？"

墨子因公输盘还自称是讲仁义的，便反驳他说："请允许我向您进言。我从北方听说您造了云梯，要拿去攻打宋国，可是宋国有什么罪呢？楚国多的是土地，缺少的是人。发动战争来杀害自己所缺少的人，而争夺自己已经足够了的土地，不能算是聪明；宋国没有罪，却要去攻打他，不能算是仁爱；懂得这个道理，却不据理力争，不能算是忠诚；争论达不到目的，不能算是坚强。杀一个人认为不义，却去杀许多人，恐怕也不能算会类推事理。"

墨子从不智、不仁、不忠、不义等方面发出一连串具有针对性的词语，气势逼人，公输盘无从辩解，只得承认自己错了。

由此可见，以理服人可以让人心悦诚服。给人以一片真心，那么对方就会回你一腔真诚，正所谓"投桃报李"。俗话说："势服人，心不然。理服人，方无言。"如果用权势和武力去迫使别人接受你的意见，虽然对方可能会暂时屈服，但也会因此怀恨在心，伺机报复；以理服人，才能够使对方从心里佩服你，进而与你和睦相处。

说服他人时，切忌产生争执，"说"的目的是要达到让对方心服口服的效果。争执产生的基础是把个人成见当作说服依据，人普遍易犯的错误有两个：以己贬人和以己度人。要想以理服人，首先就要摒弃个人喜好，客观地对待对方的观点，按照他的思路分析，找出矛盾，再间接地提出自己的观点，这样就能以理服人。在整个说服过程中，要尽量做到尊重他人，这样你的建议会更容易被他人所接受。

一次，唐代著名谏臣魏徵直言进谏，使唐太宗感到很难堪，太宗不由得对魏徵很是愤恨，回寝宫后，仍愤愤不平地说道："总有一天我要杀了那个乡下佬。"

长孙皇后听后，深感不安，便对太宗说道："曾听说陛下器重魏徵，只是不知其中缘故。今天听起陛下说魏徵直谏的事，此人果然能以大义劝止陛下感情用事，可称得上国家正直之臣！妾与陛下结发为夫妻，承蒙礼遇，情义深重。然而每当说话时还要观察陛下的脸色，不敢轻犯威仪，何况是臣下情疏礼隔呢？触犯龙颜是危险的，因此古时韩非曾说'说难'，东方朔也叹'谈何容易'，都是很有道理的。掌握国家的人以国事为重，听取忠言就会使社会安宁，拒绝忠言就会使政治紊乱。陛下详察其中道理，那么天下就幸运了。"

长孙皇后的话使唐太宗顿时醒悟，对魏徵更加器重。魏徵死后，他深感悲痛，亲临魏徵灵堂恸哭，追封他为司空。

长孙皇后有理有据的劝导，不但化解了唐太宗的怒气，而且也使他最终改变了心意，从而免去了一场可能到来的悲剧。

以上事例共同说明，以理服人就要出言有据、事实确凿。为此，在实际应用中要注意以下几点：

1.说理要透彻，举例要恰当

你的观点是否可信，取决于你所说的道理是否可信，你所说的事实是不是符合逻辑。这就需要你在说服中针对实际的问题列举一些有说服力的事实，有理有据方能被他人所接受。

2.了解对方观点，不以偏概全

在说服他人前，要对对方所持观点的依据有所了解，客观分析，不主观地全盘否定对方，因势利导、循循善诱是整个说服过程的指导原则。

总之，以理服人，并不是有理就能服人，要别人接受你的"理"才是最重要的。要善于运用一些技巧，用真心打动他人。

❦ 第54课　先获得对方的好感，再委婉地商量

【核心提示】说服别人能否成功，就要看是不是因为你过于直接的说话方式得罪了对方，让对方感觉到不快。

【理论指导】

要想在一场谈话中开个好头，先获得对方的好感，趁对方心神愉快时再提出自己的观点，相信对方更容易虚心接受，而且还会感激你。但如果你较为直接地提出自己的观点，即使出发点是好的，也可能会激起对方逆反的情绪，甚至导致适得其反的结果。

广告设计师魏明为客户做了一个方案，连续改了几次，客户还不是很满意，魏明也很不耐烦，说什么也不想改了。老板

让魏明的好朋友黄雨去说服魏明再修改方案。黄雨开始也不知道怎么说才算好，后来他想了一下，就去对魏明说："最近你搞的方案应该是不错的，比较漂亮，老板看了也说好。不过，有个问题想跟你探讨一下，就是内容上可以再精确一些。我帮你一起搞怎么样？"

黄雨说的话先扬后抑，语气婉转，听不出有什么批评的意思，魏明自然容易接受，事情也就顺利解决了。显而易见，人都容易先入为主，前面赞扬的话让他很受用，后面的意见听起来就是好意，对方自然就听得进了。所以无论是对朋友说话还是说服别人，都应该以礼相待，注意说话时的语气口吻，像"不过""当然""如果""可能""能否"这些委婉的词语应该多多使用，双方就容易沟通和交流。

说服一个人是否能顺利成功，很大程度上取决于说服时采用的态度和方式。没有哪个人喜欢被别人指手画脚，如果一味地讲道理或再三强调自己的看法，除了得到别人的厌恶和不满之外，将一无所获。虽然古话说"良药苦口利于病，忠言逆耳利于行"，但是，假如良药不再苦口，效果可能会更好。

一个13岁的男孩辍学了，整天无所事事，打着"自己养活自己"的幌子，离家出走找工作，几夜未归，结果工作没找到，自己没能养好自己，反倒参加了一伙扑群架。母亲望着一身野气、又瘦又脏的孩子，痛楚了几天的心更加痛楚。疼、气、爱、恨以及对未来的忧虑，使她一下不知从何说起。顿了一下，她说："妈妈心里明白，你出去是为了找工作，为了给自己、给父母争气，也为了减轻妈妈的负担，让妈妈看到你成人而高兴。你能这么懂事，体谅大人，我很高兴。但是……"看到儿子羞愧地低下了头，妈妈又转了话锋，"不管怎样，你已经知道怎样对自己负责了，妈妈相信你以后不会做出对自己前途没好处的事。"

这位母亲没有吵嚷、打骂，而是先给予孩子肯定，再委婉地提出自己的意愿。由此可以看出，好的谈话者常能够从对方的心中找出容易接纳的点，从而缩短与对方的距离，获得对方的好感。

如果在说服中一定要说一些对方不容易接受的话，比如明确指出对方的缺点错误或改变对方的观点时，首先要考虑到对方能否接受。如果一开口就直指问题，对方肯定会有抵触情绪，这个时候，绕个弯子说问题就显得很有必要了，先讲一些对方爱听的话，或者赞扬对方一番，然后再转入正题，就能达到想要的效果。

当然，为了获得对方的好感并不是无原则地一味讨好、迁就对方，而是指在坚持原则的前提下，更好地把握说服的分寸和方式。生活中，每个人都是平等的，想得到最佳的说服效果，不妨在说服的前面，先做好一层甜蜜融洽的铺垫，让对方在欢愉中接受和肯定。

寻找对方感兴趣的话题或是满足对方情感方面的某种需要，就能赢得对方的好感，再适时地提出自己的观点，这是使说服取得圆满成效的一条捷径。

1.寻求与对方保持一致

当你试图说服对方时，如果你越是使自己等同于他，就越具有说服力。因为你和他的相似度越高，他就越认同你，把你当成自己人。你的言行在他看来，就代表着他的需求，对你的好感多过于排斥，这时你再委婉地提出自己最初的想法，对方就比较容易接受。

2.创造友好的谈话气氛，与对方推心置腹

努力创造一种热情友好、轻松愉快的谈话气氛，从而消除对方的猜疑、警惕、排斥心理，这对后面说服工作的达成能起很大作用。在说服对方的过程中，能否让对方感受到被尊重，不仅会影响到对方的心态、情绪，而且会影响到说服的效果。对方如果觉得自己在谈话中受到尊重，往往会变得更友好和热情；相反，如果对方的自尊心受到伤害，他常常会变得冷淡、消极、不服气或恼怒，甚至会反唇相讥以示愤怒，个别气量狭小者还有可能不顾一切后果图谋报复。

总而言之，在应用这种说服策略时，最关键的一点就是在给予别人认可和称赞以获得对方好感时，一定要表现出足够的真诚，千万不要让人觉得是在敷衍了事，那样会引起对方的反感，因而无法达到想要的结果。

❦ 第55课　从对方最得意的事情上寻找突破口

【核心提示】从对方得意的事情说起，顺着对方的心意，不可逆犯对方的忌讳和尊严。不然，不但达不到目的，反而会使自己处于尴尬的局面。

【理论指导】

要想赢得对方的好感和认同，达到说服效果的最佳突破，就得从对方感兴趣的事入手。谈对方感兴趣的事，对方一定是很乐意的，而且可能因此把两个人情感上的距离拉近许多。这是打破僵局、说服别人的捷径。

每个人都希望别人认可他，希望得到别人的重视和关心。如果在谈话时你能巧妙地提及他得意的事情，他肯定会对你有好感，甚至视你为知己。因此，无论是与朋友，还是与客户交谈，多谈一谈对方的得意之事，这样容易赢得对方的赞同。如果恰到好处，他肯定会高兴，并对你心存好感。

杨先生是一个公司经理，身高一米八，英俊帅气。由于业务关系，他经常与台湾商人打交道。

有一次，在一个知名的展览会上他遇到了一个女台商。杨

先生马上走过去，热情地和她打招呼，交换名片。拿过来一看，她叫林静玉，便立刻说道："林小姐，你这名字起得好。"

女台商问他："我的名字有什么好？"

杨先生说："你看，林静玉，跟林黛玉就差一个字，比她还文静，其实你长得也像你们台湾的一个电影明星。"

女台商兴趣大增，接着问："我像谁？"

杨先生认真地回答："特别像林青霞。"

"哎呀，还真有不少人说我像林青霞呢。"女台商高兴地接受了杨先生的判断。

这时，杨先生说了一句："你们林家怎么尽出美女呀！"

听后，林静玉咯咯地笑个不停。后来，他们成了好朋友，彼此成功地合作过许多项目。

从上面的故事中我们不难看出，适时地从别人最开心的事情谈起，引起对方的荣耀感，可以促成谈判成功。杨先生不但成功取得业务上的拓展，还因此得到了一份友谊。事实上，每个人的潜意识里都会有一种虚荣心，都愿意被人夸赞，这样的说服方式是很容易被对方接受的。

每个人都有一些自己认为值得纪念的事。如果能预先打听清楚，在有意无意之间，很自然地讲到他得意的事情，只要他对你没有厌恶的情绪，没有其他不如意的事情，他一定会高兴地听你说的，当然此时说服他就容易得多了。

因此，在说服别人的时候，先了解对方特别的爱好或是开心的事情，在关键的时刻提一提，让对方知道你对他的关注和重视。这样，你在展开说服的时候，对方才不会抗拒。

比如，一个人给你看了他小孩的相片，你就要顺势夸夸他的小孩；反之，你没有任何表达地放回原处，对方肯定会不高兴。如果有人升职了，第二天见到他，用最新的头衔称呼他，再夸赞一下他的能力，以及拿自己或别人的现状做对比，对方一定乐于笑纳。

在说服的时候当然要注意技巧，表示敬佩，但也不要过分推崇，否则可能引起对方的不安。关键在于慎重提出要求，并加以正反两方面的阐述，取得他的信任，使他认为你是他的知己。到了这种境地，他自然会格外高兴，会亲自讲述，你应该一面听、一面说几句表示赞赏的话，如此一来，即使他是个冷淡的人，也会变得和蔼可亲，你再利用这个机会，稍稍暗示你的意思，进行试探，作为第二次进攻的基点。

不过对方得意的事情要从哪里去探听，那当然要另谋途径。试着在你的朋友之中找一下是否有与对方交往的人，如果有，向他探听当然是最容易的。若是公众人物，可留心报纸上的新闻或其他刊物，平日记牢关于对方的情况，到时便可以应用。

此外，随时留心交际场合中的谈话，像这些时候谈到对方得意的事情，也是很平常的。但是必须注意，对方得意的事情是否曾遭到某种打击而消失，如有这种情形，千万别再提起，以免引起对方不快，反而对你不利。

不过当你提出请求时，第一，要看时机是否成熟；第二，说服过程中要不卑不亢。过分显出哀求的神情，反而会引发对方藐视你的心理。尽管你的心里十分着急，但说话表情还是要表现得大方自然，不要只为自己打算，而是要说出为对方着想的理由来。

总之，说服别人并不难，关键在于怎样让对方接受你。抓住时机，适时切入对方爱听的话，自然会让对方心花怒放，不会再刻意保持距离。

🌷 第56课　寓理于情，以情感人

【核心提示】说服对方最有效的方法不是"说"，其实"以情感人"才是真正的成功。尤其是在说服权势者时，说服的攻势更不能直接展开，而是应该采用情理交融的方式。

【理论指导】

常言道：动之以情，晓之以理，情不通则理不达。因此，从某种意义上来说，以情为先是进入对方内心世界、产生亲和力的重要因素。只有实现心灵的交流和情感的沟通，才能使对方心悦诚服。

人是有感情的动物，所以在接人待物时，话语中一定要充满着真情实意，这样才会产生语言魅力和感染力，从而取得圆满的实际效果。同样，要想把道理说得清楚，把事办得漂亮，也必须寓理于情。否则，就会事倍功半，背道而驰。

在一家大型酒店，一个外籍经理在检查客房时发现，房间里的各个角落都打扫得干干净净，几乎没有灰尘，床铺也很整齐。当他准备离开客房时却发现了一个严重的问题：茶几上的茶杯方向摆错了。

按照酒店要求，这几个茶杯的正确摆向应该朝向门口，好让客人一进门就看得见酒店的名字，借此传达酒店的品牌形象。但现在这种摆放方法，让客人无法在第一时间看到茶杯上酒店的名字。

外籍经理非常恼火，他当众批评了服务员的粗心大意，不负责任。而这位服务员虽然自知工作失职，但终因受不了被人当众斥责的尴尬而与外籍经理当场顶撞起来。她认为这只是一件小事，是经理故意针对她小题大做。结果，双方相持不下，互不相让。

事后外籍经理与中国经理沟通后才恍然大悟，外国人管理讲究制度，中国人讲究人情，他当众指责服务人员的行为难免让服务员感到自尊心受损，下不了台。第二天，外籍经理与顶撞他的服务人员进行沟通。

当外籍经理再次来到一个房间，他发现这位服务员正在整理房间，把茶杯的朝向摆对了，他们相视而笑。外籍经理向服务员道了歉，说自己不应该在众人面前挫伤她的自尊心。但是，他又进一步对这位服务员解释，杯子的摆法非讲究不可，因为它关系到酒店的品牌意识。

外籍经理寓理于情的态度让这位服务员分外感动，她从内心深处认识到自己工作的疏忽带来的后果。从此，她格外注意这方面的细节。

当然，外籍经理严格执行酒店的管理制度，讲究规范化、科学化，这都是对的。服务人员工作上的失职在先，才会有外籍经理当众训斥她的一幕发生。但是外籍经理忽略了一个重要事实，即由不同国情所带来的在文化和管理上的差异。所以，外籍经理在说理过程中就事论事、缺乏人情味的工作方式和态度，是导致这次不愉快事件发生的重要原因。

如果在说服他人时能巧妙地运用情感技巧，动之以情，晓之以理，就能征服对方，使他不由自主地成为情感的"俘虏"。以情为先，攻心为上，以自身的情感优势化解对方的顽固，能够收到事半功倍的效果。白居易所说的"动人心者莫先于情"，就是这个道理。

不同的态度与工作方法能收到不同的效果。对他人表现得情真意切，关怀体贴，别人就容易愉快地接受你的观点；冰冷的态度、公事公办的言辞，往往会引起对方的逆反心理。没有心理上的沟通作基础，即使有理，也不一定能使人信服。

感人心者，莫先乎情。人不仅具有理性，更是情感的动物。以情动人，是说服的必要前提。人类都是感情的动物，"寓理于情"就是把"理"放到情感中去。在说服的过程中，"理"是核心，如果脱离了"理"，"情"就变成了盲目的情感。只有把"理"贯穿在"情"当中，用"理"统率"情"，才能收到好的效果。

如果想让说服取得成功，就要做到情与理的密切结合，并综合运用和交替转化。如果没有情感的配合，只说些抽象的道理，将缺少震撼人心的力量及共鸣，难以使人折服。要做到情理结合，具体可参考以下两点：

1.从对方的角度思考

每个人都有自己想问题的观点和角度，有自己特定的意愿和需求。在说服对方接受自己的观点之前，先从对方的角度思考怎样才能让对方更容易接受自己的观点，把充分了解对方意愿和想法的工作做在说服之前。如果只凭自己个人主观意愿，认为怎样好就怎样做，就容易导致说服失败。

2.以事实引路，激发情感

想要取得良好的说服效果，就要从说服内容和被说服者的思想实际出发。在说服过程中有针对性地引用一些特例，再用真诚的态度讲明个中利害，引起对方情感的共鸣，自然而然地就能达到想要的效果。

总之，在说服中，晓之以理是重要的一方面，动之以情则更是一个不可忽略的方面。情与理结合，理借情动人，这就是说服别人的最有效的方法之一。

第57课　抓住说服时机是关键

【核心提示】时机对于说服者来说非常宝贵，你必须知道对方当时处于何种精神状态。

【理论指导】

俗话说："趁热打铁。"说服他人也是这个道理。一个人说话的内容无论多么有道理，若时机掌握不好，也无法达到说服的目的。因为对方的想法和观点往往会随着时间的变化而变化。

如果想让对方愿意听你的话或者接受你的观点，就应当选择恰当的时机把道理讲给他听。抓住了最佳时机，一语值千金，事半功倍；反之，你说再多也无用。正如一个运动员，如果他在大赛中没有把握住那"决定性的瞬间",即使平时训练成绩有多好、动作有多标准,金牌仍会与他失之交臂。

秦始皇去世后,丞相李斯受赵高的蛊惑,和赵高一起假造圣旨,害死了公子扶苏,把胡亥推上了皇位,也就是秦二世。胡亥继位后,赵高日益受到宠信,地位不断升高。但李斯身处丞相之职,赵高觉得李斯对他的地位构成了威胁,便一直寻找机会要除掉李斯。

秦二世执政十分荒唐,整日沉迷淫乐,不理政事。李斯身为丞相,觉得应该劝谏一下,但是,由于胡亥不理朝政,李斯根本找不到机会。于是,李斯找到赵高,想让他想办法。赵高一口答应了下来。

时隔不久,赵高就告诉李斯,说皇上在某某宫,你可以去找他。李斯谢过赵高,找到了秦二世。当时秦二世正在和嫔妃、宫女玩乐,看见李斯来很扫兴,便大怒,并呵斥他下去。从此,李斯彻底被冷落。

其实,这正是赵高的奸计。他有意在胡亥玩得正开心的时候让李斯去进谏,说一些让胡亥不高兴的话,胡亥能不恨李斯吗?

说服他人能否成功,是受多种因素制约的。其中,能否抓住说服的最佳时机,是至关重要的,你应该把握时机并努力抓住它。明朝大太监魏忠贤就善于把握时机进谏,从而说服皇上,他也因而成为皇上的心腹。

明熹宗长年不上朝,不接见大臣,除了声色犬马之外,他还有一个特殊的嗜好,就是做木工活。他曾经亲自用大木桶、铜缸之类的容器，凿孔、装上机关，做成喷泉，还制成了各种精巧的楼台亭阁，亲自动手上漆彩绘，并常年乐此不疲。

魏忠贤便利用了这一点，每当明熹宗专心制作时，他便在一旁不住口地喝彩、夸奖："老天爷赐给万岁爷如此聪明的大脑，凡人哪能做得到啊！"皇帝听了更得意了。就在这种时刻，魏忠贤便以朝中之事向他启奏，皇上耳里听着好话，手里忙活着喜欢的工作，哪有心思管朝中事务呢？每当这时，他便不耐烦地挥挥手说："我已经知道了，你自己看着办吧，别再烦我。"魏忠贤就这样把大权抓在了手中。

魏忠贤"劝谏"的时机把握得好，并适时地表现出个人的意图，才让皇上在不知不觉中被说服。反之，如果时机掌握不好，不但会影响进言效果，还会影响自己在对方心中的印象，好事也会因此办砸。

因此，在说服他人的时候，不到时机，有些话是不能说的，说了反而会惹上不必要的麻烦。也就是说，要把握说服的时机。

在说服对方的过程中，正确把握说服时机，就要特别注意把时机选在对方情绪比较亢奋的时候。当对方不高兴的时候不要开口，可以等他心情好的时候再谈。只有这样，才能达到更好的说服效果。

一般来说，要想说服他人，最好把握好以下几个方面：

1.把握好"生物时间"

从心理学观点来看，每个人的情绪都可能受到一种所谓的"生物时间"的支配，每当黄昏时分，人的精神就比较脆弱，容易被说服。

　　一般说来，女性较男性更为情绪化，当受了"生物时间"不协调的影响时，也较男性更易陷于不安和伤感。也会有一些人因劳累、遇到不顺心的事或正把注意力集中在其他事情上时，没有心情来听你说话。所以，在开口说话之前，应先观察对方的脸色和当时所处的氛围，然后再决定是否要开口或应该讲什么内容。

2.要了解被说服对象的习惯和性格来考虑开口的时机

　　在开口之前要对被说服对象有所了解，包括对方的生活习惯和性格。按照对方的习惯和情绪考虑自己开口的时机，如果事先对这些不做了解，触碰到对方忌讳的习惯或遇到对方情绪不好的时候，不但达不到说服的效果，而且会因此引起对方的不快。就如上面故事里的李斯虽是抱着尽忠的心，但最终被秦二世所冷落和排斥，得不偿失。

3.对于初次拜访的人，应视会面的具体情况考虑说服时机

　　在与对方会面时，应善于观察，从会面场合的

摆设或环境开口，以求了解对方喜好或对方当时的心情以及是否空暇等基本情况，再从这些反馈中决定是否开口说服。换而言之，如果从旁敲侧击里得出对方对你所持的想法或目的暂时没兴趣的话，就要给彼此留有再会面的余地，以寻求再次说服的机会。

虽然以上几方面并不是任何时候都能正确评估听众的心理状态，但如果了解了说服最有利的条件，并在可能的时候把握好陈述的时机，对你的说服会有所帮助。

♀ 第58课　让对方一步一步说"是"

【核心提示】在谈话开始的时候，如果能够引导对方说出更多的"是"，那么，之后的建议或意见，就比较容易获得对方的认可。

【理论指导】

每个人都有自己的思维定式，你习惯向某一个方向思考问题时，就会倾向于一直考虑下去。这就是为什么有些人一旦沉醉于某些消极的想法之后，就一直难以自拔原因。在说服别人时，我们可以运用这一原理。

在与人讨论某一问题时，不要一开始就把双方的不同意见摆出来，剑拔弩张，而应先讨论一些你们具有共识的事情，让对方不断说"是"，渐渐地，你慢慢提出双方存在的分歧，这时对方也会习惯性地说"是"，一旦他发现之后，可能已经晚了，只好继续说下去。

布朗是格林尼治储蓄银行的一名出纳，他就是采用这种办法挽回了一个差点失去的顾客。

一次，有个年轻人走进银行大厅的窗口前说要开个户头。布朗先生听了，马上递给他几份表格让他填写，但年轻人却以不愿泄露个人信息为由，断然拒绝填写有些方面的资料。

布朗说："我可以理解不愿泄露自己的相关信息，这种警惕是值得提倡的。但是，假定你遇到意外，是不是愿意银行把钱转给你所指定的亲人？"

年轻人说："是的，当然愿意。"

布朗说："那么，你是不是认为应该把这位亲人的名字告诉我们，以便我们届时可以依照你的意思处理，而不致出错或拖延？"

年轻人："是的。"

这时，布朗看到年轻人的态度已经缓和下来，他知道这些资料并非仅为银行而留，而是为了他个人的利益。

最后，这个年轻人不仅认真地填下了所有资料，而且在布朗的建议下，还开了一个信托账户，指定他的母亲为法定受益人。当然，他也填写了所有与他母亲有关的真实资料。

由于布朗一开始就让不愿配合工作的年轻人回答"是，是的"，这样反而使他忘了原本存在的问题，而高高兴兴地去按布朗先生建议的那样去做。

让对方在一开始就说"是，是的"，假如可能的话，最好让对方没有机会说"不"。"是"的反应其实是一种很简单的技巧，却为大多数人所忽略。懂得说话技巧的人，会在一开始就得到许多"是"的答复。这可以引导对方进入肯定的方向，就像台球一样，原先你打的是一个方向，只要稍有偏差，等球碰回来的时候，就完全与你期待的方向相反了。也许有些人以为，在一开始便提出相反的意见，这样不正好可以显示出自己的重要而有主见吗？但在不能使对方认同你的观点之前，一味地争辩是没有用的。学会让对方开口说"是"，之后不停地说下去，直到他对你提供的方案也点头说"是"，你的说服工作就成功了。

如果你能将事情做得像是对方自己做的决定，而不是他在你的劝说下勉强做的选择，那么，不必你再去说服，他自己就会点头称是，与你合作了。

没有人愿意被别人强迫去做事，大家都喜欢自己去设计、自己去选择。如果你满足了对方"自我表现"的欲望，他会很高兴地配合你的工作，因为他认为这其中包含他的思想和创意。

说服他人其实就是这么简单，只要你找到让他开口说"是"的方法。所以，在谈话开始的时候，如果能够引导对方说出更多的"是"，那么，之后的建议或意见，就比较容易获得对方的认可。

第六章

赞美口才

🌱 第59课　巧妙称赞对方的闪光点

【核心提示】称赞他人之前，一定要及时找到对方的闪光之处，在尚未确定对方引以为自豪的事情之前，最好不要盲目称赞，以免自讨没趣。

【理论指导】

巧妙美好的赞美是人们生活中不可或缺的调味剂，要善于从对方身上捕捉可赞美之处。人人都有自己的闪光点，关键在于你是否有一双敏锐的眼睛。有些人对他人很少赞美，一个重要的原因就是他们看不到别人值得赞美的地方。

俗话说"赠人玫瑰，手留余香"，赞美也一样。巧妙地赞美对方的闪光点，有助于沟通自己与他人的感情。特别是当你与他人产生隔阂时，关注对方，注意赞美他的闪光点，就是消除这种隔阂的最有效方式。

同时，对于自己不太亲近的人，恰当地赞美对方的闪光点，会增加对方的亲切感，自己很可能被对方接受和喜欢，进而建立更进一步的人际关系。

一位资深的作家经常被人赞美："你真是个伟大的作家，大家都认为只有你的作品是最值得我们拜读和学习的。"听到这样的夸赞，作家无动于衷，脸上没有任何表情。因为，以他现在在文坛上的地位，听到类似的赞美已经多得不能再多了。

这时，过来一名女记者，她主动伸出手来与作家握手，另一只手指着作家修剪整齐的胡须说道："先生的胡须可真的是与众不同，很有品位，还十分有魅力。"女记者的话正说到了作家的心坎上。

原来，刚被女记者称赞的胡须是作家精心留下并修剪打理的，可是却很少有人会对他的胡须进行赞美。今天女记者这么一夸，正好夸在点子上，夸到了作家的心坎里，他顿时喜上眉梢。

结果可想而知，女记者对作家进行了独家专访，而且两人还成了好朋友。

从这个故事里可以看出，符合对方心意的赞美往往能给对方留下深刻的印象。对方会因为你的赞美而产生进一步同你接触的积极性，同时他也会对你具有的不易被人察觉的特质大加赞美，无形中拉近了彼此之间的距离。

由此可见，在赞美别人时一定要善于寻找对方最希望被人赞美的地方。例如：一般的女孩子都喜欢别人称赞她漂亮，但是对于姿色出众的女孩，却希望别人赞美她聪明，那么，"你真聪明"之类的夸赞会让她们欣喜万分。再比如，面对一个职位高升的人，与其恭维他步步高升，还不如用"恭喜你可以在更大的天地里施展自己的才华了"来赞美。

同时，每个人都会有自己厌恶的东西，包括缺点。如果在对方看来是缺点且极力避讳的东西，却被你找出来极力夸奖，效果反倒适得其反，在对方听来就是挖苦和讽刺。这会让对方对你产生强烈的排斥，甚至你从此会被对方拉进交际黑名单。

赞美他人的闪光点，就要寻找到对方的闪光之处。每个人身上都有自己闪光的地方：有的人才智出众，心灵手巧；有的人待人宽厚，不计得失；有的人学习勤奋，锲而不舍；有的人脾气很好，做事细心。只要你细心观察，就能发现各种各样的闪光点，借此大加赞扬。

楚汉之争时，刘邦打败了项羽，心里自然很骄傲，常常问他的大臣自己为什么能打败项羽之类的问题。大臣们都非常了解刘邦"胜者为王"的心理，于是都对他的才能赞叹不已。刘邦逐渐产生了自满情绪，执政的积极性慢慢懈怠了下来。

一天，刘邦生病了躺在宫中，下令不见任何人，也不理朝政。周勃、灌婴等许多跟随他征战多年的大臣都找不到劝说的办法。

后来大将樊哙想出了个办法，进宫进谏。他先对刘邦过去的功绩进行了一番赞美："想当初，陛下和我们起兵沛县定天下之时，何等英雄！上下团结、同甘共苦，打败了项羽，建立了汉朝大业。"

几句话激起了刘邦对自己辉煌历史的自豪之情。然后樊哙话锋一转，说："现在天下初定，百废待兴，陛下竟这般精神颓废，大臣们都为陛下生病惶恐不安，陛下却不见大臣，不理朝政，而独与太监亲近，难道您不记得赵高的教训了吗？"

刘邦恍然大悟。自此以后，刘邦专心勤政，休养生息，使全国各地呈现出一派兴旺发达的景象。

故事中，樊哙先是称赞了刘邦征战时的辉煌战绩和勤政作风，而后又婉转地批评了刘邦的颓废和懈怠，赞扬与批评相结合，一席肺腑之言及时劝醒了刘邦。

由此可见，赞美就得"赞"到点子上，还要发自内心的真情实感，这样的赞美才不会让人觉得虚假和牵强，而且会使对方产生一种遇到"知音"的感觉。因此，人与人之间的距离便越走越近。想要和别人融洽相处，恰到好处、真心地赞美才是最理想的工具。巧妙地赞美对方的闪光点，往往会让对方听来十分亲切和愉悦，因而也更能增进友谊。在实际的生活和社会交际中，赞美对方闪光点要注意以下几点：

1.赞美表达要及时

对别人的赞美，表达一定要及时，确保赞美的有效性。比如赞美对象取得了一些荣誉或完成了一项艰巨的任务，要尽可能地在第一时间向对方表达你的赞美，不要等到别人都快忘了这事时你再来提及，赞美的效果就会大打折扣。

2.赞美的话表达要准确，不能偏离事实

赞美别人是好事，但不应当是无原则的赞美。要把握分寸，确保赞美的内容与事实相符。比如一个长得很丑的人你硬说他高富帅；而一个思想猥琐之人，你却夸赞他品德高尚。这样的赞美只会让对方尴尬，并让对方误会你有讥讽的意思。所以，赞美对方时，夸赞的内容一定要符合实际。

3.赞美表达要真诚

赞美别人时，眼睛要注视着对方，把要赞美的话以真实情感来表达，让对方感受到你赞美的诚意。如果在赞美时东张西望，目光游离，别人不但感觉不到你的诚意，反而会认为你在敷衍，导致事与愿违。

总之，称赞他人之前，一定要及时找到对方的闪光之处，在尚未确定对方引以为自豪的事情之前，最好不要盲目称赞，以免自讨没趣。

🌱 第60课　怎样避开赞美语言中的暗礁

【核心提示】赞美他人的动机大多是良好的，但如果把握不好赞美的分寸、尺度，就会产生一些不良的后果。

【理论指导】

赞美他人的动机大多是良好的，但如果把握不好赞美的分寸、尺度，就会产生一些不良的后果。因此，掌握赞美他人的艺术需要我们在生活中多观察、多总结，避开在赞美中可能出现的暗礁。只有这样，才能够准确恰当地运用它来达到我们与他人沟通的目的。

忌讳常常被人掩埋在深处，是内心不结疤的伤痕，不愿被触碰。生活中，每个人都有自己的忌讳和隐私，且不喜欢别人冲撞他的忌讳。赞美别人时如不小心冒犯了对方的忌讳，往往会适得其反。常言说"当着矮人，不说短话"，所以要深知：赞美也要尊重别人的忌讳，不拿别人的忌讳当长处。

黄经理和沙经理很要好，志趣相投，嬉笑怒骂无所不说，私下里没有保留的余地，甚至对方的忌讳也是酒后茶余的谈资。

在一次宴会上，黄经理喝多了，为了表达对沙经理历经曲折却能取得成功的敬佩，他举起酒杯说："我提议大家共同为沙经理的成功干杯，总结沙经理的曲折经历，我得出一个结论：凡是成大事的人，必须具备三证。"

接着，黄经理提高了嗓门说道："第一是高学历的毕业证，第二是职称资格证，第三是离婚证。"

黄经理的话音刚落，众人哗然。原本是赞美之中的玩笑话，但此时此刻却极不适宜地提及，沙经理硬撑着喝下了那杯苦涩的酒。

离婚无疑是沙经理的软肋，他不想让更多的人知道，也不想让自己的隐私成为别人的谈资。虽然黄经理与他关系亲密，但对于黄经理如此的"赞美"还是很难接受。

从这则故事里不难得出，就算是与自己关系很好的朋友，当着其他人的面，也千万不要拿对方的隐私说事，尤其是拿伤口当优点。毕竟每个人都有个人隐私，懂得尊重朋友的隐私，人际关系才能更好。

有些人可能会认为，与人交往，难免会碰触到对方的"禁忌"。其实，在与人交往中应当尽量避免对别人的冲撞，不然，它会让你与对方辛苦建立的信赖关系瞬间化为乌有。有时候套用公式化的赞美，也会冲撞别人的忌讳之处。

一个小伙子到同学家里玩，见到了同学的哥哥后就用了公式套语说："大哥你好，见到你真高兴，久闻你的大名，如雷贯耳，百闻不如一见。"没料到对方的脸一下子变红了，原来，同学的哥哥因为偷窃被劳教改造刚出来。

这个小伙子根本就没弄清楚状况就恭维了一番，不料却揭了对方的伤疤，险些造成一场风波。

之所以在赞美别人时会引起对方的不满，出现这么大的乌龙，是因为他们没能很好地掌握赞美的技巧，不懂得怎样避开这些可能导致人际交往失败的重要问题。要想在赞美别人时，收到预期的效果，就要学会避开赞美语言中的暗礁，具体可以参考以下几点：

1.想称赞对方，不能说让人难理解的话，那样等于徒劳

想要称赞对方，就不要在赞美别人时说些让人不能理解的话。那样，既达不到赞美别人的目的，又让人觉得很莫名其妙，并容易招致周围人的耻笑。所以应当注意：赞美时不用考虑得太复杂，只要用合适的语言来表达自己的赞美之意就行了。切忌用一些笼统、模糊、故作高深的语言。知识是赞美别人的源泉，为避免出丑，平时最好多看一些相关的书籍。

2.不拿别人的缺点当赞美的标的

没有人喜欢别人拿他的缺点来说事，在赞美别人之前，要事先做一下了解，清楚对方的优点和弱点，在组织赞美语言时巧妙地避开弱点，既保全对方的颜面，又达到赞美对方的目的。称赞是一件好事，我们应该思考一下怎样表达更能让对方

接受。

3.赞美要分清对象，不夸张

有的人为达到更好的赞美效果，往往不分对象，找不准特点，滔滔不绝地把对方用夸张的赞美之词夸了个遍，以求给对方留个好印象。事实却恰恰相反，喋喋不休的赞美不仅让对方不胜其烦，而且觉得过于虚假，甚至怀疑你的人品。所以在赞美中应当注意：面对要夸赞的对象，找准对方的特色和长处，恰到好处地夸赞一下，这样更易于被人接受。

4.从与其弱点关联的良好一面去赞美他

弱点是人人都有的，赞美又是人人都需要的。了解一个人的弱点，巧妙地绕开他的弱点，从该弱点反映出的积极意义去赞美对方，往往能收到意想不到的效果。

总之，赞美也要讲究策略，注意技巧，必须避开这些可怕的暗礁，才能达到真正的赞美效果。

💮第61课　间接赞美男人，直接赞美女人

【核心提示】男人和女人的思维方式存在差别是毋庸置疑的，这就需要你在与异性朋友相处的过程中抓住对方的思维特征，投其所好。

【理论指导】

赞美是男女双方表达感情的最好方式。如果一个男人对某个女人有好感，他可以通过赞美让对方了解他的心意。但由于男人和女人的思维方式存在较大的差异，男人会以他习惯的方式赞美对方，而不用女人习惯的方式去赞美。同样，许多女人也不清楚如何去赞美男人。

总的来说，男人希望得到感谢，女人希望得到爱慕。所以，赞美男人要间接，赞美女人要直接。

对于男人来说，当他的决定和行动得到别人的认可和感谢时，这就是最动听、最高层次的赞美，让他感到自豪。比如，当男人提议的餐馆让你觉得品位很不错，他就会非常得意，好像那顿菜就是他做的、他就是那个擅做美味的大厨一样。

而对于女性，她的表面看上去很平静，但内心却情感丰富、细腻，她们渴望别人的关怀和问候，对她个人的直接赞

美，是最为有效、最容易令她们感动的。但如若对她们赞美不当，则会引起她们的反感。

当你赞美一个男人的爱好或兴趣时，就相当于你在赞美他；当你面对一个女人时，你就要直接赞美她这个人本身。所以，在赞美男人时，话语一定要含蓄，间接的赞美才能达到目的；而对女人来说，直接的赞美最能使她们感到满足。

东汉时的美女貂蝉，之所以能接近吕布，挑拨吕布与董卓的关系，制造矛盾，使用的不仅仅是美人计，还有她不动声色的赞美之功。

貂蝉对吕布说："妾虽在深闺，但久闻将军大名。本以为在这世上就将军一人有如此本领，但听到别人闲言，说将军受他人之制，如今想来，着实可惜。"边说边泪如雨下。吕布听了很惭愧，满怀心事地回身抱住貂蝉，安慰她。

貂蝉借助别人的传说把吕布称赞得世间无人能及，挑起吕布的虚荣心，再巧妙地挑拨他受董卓之制，身为一个热血男儿，又怎能受到如此之羞辱呢。这些只言片语，正是之后董卓与吕布之间矛盾的导火线。

因此，借助别人之口的手段，其威力可见一斑。大多数男性都希望既得到女性的尊重，又得到一世英名。所以当有女性这样赞美他，而且又说是听别人说的，就会令他有一种错觉，觉得自己很了不起。

赞美男人最有效的方法，就是借助别人之口，间接地赞美他。如果你碰到以前的男同学，他现在事业有成，而你很想与他保持良好的朋友关系，就要学会借别人之口赞美他。你可以

说："听别人说你最近做了一笔大生意。"或者"他们说你刚开了一家公司，祝贺你。"

使用这种间接的赞美让男人非常受用，男人要面子、好虚荣，多表现在追逐功名、显示能力、展示个性以显潇洒和能人之形象等方面；而女人则表现在对容貌、衣着的刻意追求或身边伴个白马王子以示魅力等方面。

用对的赞美方式，还不能完全保证赞美的效果，在赞美男人和女人时还要注意以下两点：

1.在赞美一个男人的时候，不要在赞美对方的时候对另一个男人大肆指责，并以其衬托他的能力，也许这样会使对方有成就感，但也会造成你对他的赞美有巴结和恭维之嫌。锦上添花很不错，但要把握分寸，不要造成误会。

2.在直接赞美一个女人时，不但要留意找到最美好、最肯定的词语去形容她，而且要就事论事。正确的做法是由事及人，或由物及人，使双方的谈话范围一直围绕着她来进行。就算不直接称赞对方，也要称赞与对方有关的事情，这样的赞美才行之有效。换句话说，对于一个女人的赞美，她的服装、装饰品、容貌等等都是直接赞美的最有效的对象。

男人和女人的思维方式存在差别是毋庸置疑的，这就需要你在与人相处的过程中抓住对方的思维特征，投其所好。因此，赞美男人时要记得感谢他的付出；赞美女人时你要用发自肺腑、诚挚由衷的语气直接赞美她。

🌱 第62课　有新意的赞美更能打动人

【核心提示】赞美别人，需要善于从独特的视角出发，察别人所未察，言别人所未言，这样才能发现新亮点。不要跟在别人后面，鹦鹉学舌，那样只能落入俗套，没有什么新意。学会寻找和发现对方与众不同的地方，你的赞美也会与众不同。

【理论指导】

在通常情况下，当一个人在公共场合赞美对方，一时又找不到合适的赞美之词，于是就搬出一些众口一词的赞美，尽管是出于好意，但被赞美的人往往不会对这同一内容的赞美动容，甚至会因此而反感。如果你只是一味采用以往的陈词滥调或一味地恭维别人，那么效果将适得其反。

五代时期的梁太祖朱温对手下一些溜须拍马的人很不满意，一直想找机会教训他们一下。一天，梁太祖带领手下外出打猎，途遇一棵大柳树，他随口说了一句："这棵柳树真大！"他手下的这些佞臣马上附和道："这棵柳树真大！"梁太祖心里顿生厌恶，对这些佞臣的赞同产生了反感，但又不能马上发作，于是决定故意说错："这棵柳树这么大，能做车头。"按照常理，柳树是根本不能做车头的，梁太祖之所以这样说，只是想再次验证一下这些臣子，他很希望能有人站出来驳斥这个观点，但结果却令他非常失望。他话音刚落，几乎所有的人立刻应声附和："这棵柳树真大，能做车头。"梁太祖再也忍不住了，他厉声训斥道："柳树再大又怎么能够做车头？你们除了尽显溜须拍马之能，并无治国之才，留你们何用？"说完愤然离开。

由此可见，在与人交往的过程中如果一味地恭维别人，只会适得其反。赞美不等同于一味地恭维和附和，在被赞美者听起来并不是那么一回事，他们会觉得赞美者缺乏诚意、油腔滑调，从而认为对方不值得深交。

如果你能找到别人都忽视了的优点来赞美对方，就必然能引起对方的注意。因此，赞美别人有时需要独具匠心。比如，面对一个学识出众而长相一般的女孩，如果你赞美她的专业水准高，她或许会对此没有太多反应，因为她自己对这一点已深信不疑，有关这方面的赞扬她耳熟能详了。可如果你赞扬她"走路姿势很优雅，显得很有气质"，她可能就会深深地记住这句话。

创新赞美很重要，如果在赞美他人时加上一些"新意"的话，让自己的赞美有别于那些陈词滥调，那么赞美的效果就会更趋于完美，效果自是不言而喻。

一个摄影师在为一个女明星拍照，女明星对着镜头有些紧张，一直没能捕捉到很理想的瞬间。于是，摄影师在按下快门前十几秒钟对她说："小姐，你的耳朵真漂亮，我拍过的所有模特里都没有这么漂亮的耳朵。"女明星平常听人夸赞漂亮、有气质等赞美语言太多了，但此时居然听到有人赞美她的耳朵，连她自己在此之前都没有发现，她赶紧摸了摸自己的耳朵。当她自然地把手放下时，摄影师的快门已经按下去了，并拍出了摄影师想要的表情。

摄影师赞美别人看不到的地方，这一招真是很厉害。可见那位摄影师不但拥有一双慧眼，抓住了别人没有注意到的细节，还懂得绕开别人关注的赞美焦点，取得"巧言至诚心"的

最佳效果。

学会寻找和发现对方与众不同的地方，你的赞美也会与众不同。所以，要想引起对方的注意，就必须摒弃那种众口一词的陈词滥调，采用别具一格的赞美语言。恰到好处又实事求是地赞美别人，就容易得人心，同时也会赢得别人的认可和赞美。

♥ 第63课 赞美异性，最好委婉地借用别人的话

【核心提示】如果能借助第三人之口赞美对方，往往能够起到更好的效果。

【理论指导】

称赞异性要讲究技巧，否则稍有不慎便会招致不必要的误解。如果是初次见面，你的赞美还可能被理解成过于露骨的奉承，无法将自己要表达的意思正确地传递给对方，甚至给人留下低俗厌恶的印象。

在日常生活中，最常见、最常用的赞美方式是对称赞对象直接吐露自己的欣赏和肯定。相比之下，间接赞美则更富有技巧性，在一些特定的情况下，间接赞美更能达到预期的效果。

尤其是赞美异性的时候，你如果能借别人之口来赞美对方，既能传达善意，也能表明自己的赞同立场；既不显得突兀和直接，又借其中微妙的心理使对方感到惊奇，还会让对方沉浸在猜想的快乐中。

一个人直白地称赞异性，在传统观念中，不仅可能使自己的形象受损，也会使受夸赞的异性不自然。通过借口于人的方式，你既可以达到赞美对方的目的，还可以维护基本的心理安全需要。因此，赞美异性，与其直接，不如间接、含蓄、婉转。

李伟读研究生期间，有一个师妹叫晓琳。刚入学时，她常常因为自己来自一个普通的本科学院而缺乏自信，与来自名牌大学的同学相比多少有些自卑。

李伟发现这个情况后，找到师妹谈心，并对她说："咱们导师对我说了，说你的作业很认真，思想有深度，是一个好苗子，导师也正是看中了你的这一点才把你收为门下，所以别让他失望哦。"

晓琳听后很高兴，觉得自己在导师的心目中还是个有出息、有前途的女孩，从此以后，更加努力学习，三年竟发表了十多篇论文。

由此看来，李伟当时传达的导师的赞扬在晓琳的成长过程中肯定起了很大激励作用。如果当时李伟没有借用导师之口，而是直接夸赞师妹的话，那不但达不到激励师妹的效果，而且还可能会给师妹带来新的困扰。

赞美异性，最好委婉地借用他人的话，这样，被赞扬的那个人也会对你非常的信赖，并产生和你积极沟通与交流的愿望。具体可以从以下几点做起：

1.赞美要具体

赞美异性时，一定要具体，千万不能漫不经心、随便敷衍。当你借用第三者之口表达对异性某方面或个人本身的欣赏时，那种缺乏热诚的空洞的称赞并不能使对方高兴，有时甚至会由于你的敷衍而引起对方对你以及你口中的第三者的强烈反感和不满。在赞美时，最好能从一些与当前的事情密切相关的情况，比如，与其说"听说你特别棒，今天一见果然如此"，不如说"之前一直听说你工作很努力，今天一见果然如此"。

2.赞美要适度

恭维的话不宜过多，尤其被恭维的对象是异性。就算你是假借第三人的话来恭维，多了也会让人觉得不自在，甚至会觉得你这个人花言巧语、油嘴滑舌，无法让人信任。要知道，适度的赞美并不是单纯的奉承，它是搞好人与人之间关系的良策。如果运用不当，则会招人厌恶。

3.赞美要恰当

赞美异性，选好恭维的话题很重要，不可过分夸张，也不能无中生有。对于青年男士，可赞其年轻有为；对于年轻女士，可赞其活泼可爱。这些都恰如其分，对方也乐意笑纳。但如果你面对青年男士说"早就听人说你经验丰富、见多识广"，面对年轻女士说"听说你驻颜有术、保养有方"，就有些不伦不类了，估计你话没说完，对方就会对你怒目相视，弄不好还会遭人唾弃。

借他人的话赞美异性，还要注意一点就是要表明自己的赞同立场，如果自己都反对别人的赞扬，那么，你说出的赞美之词也是违心的、不可信的。世界上没有人会对别人的赞美无动于衷，关键是赞美时是否巧妙，而这一点，通过委婉地借用他人的话来赞美就可以圆满达成。

🌷 第64课　赞美**不能忽视小事**

【核心提示】生活中的很多细节小事，犹如一块块未经雕琢的璞玉，如果你没有一双识别它们的慧眼细心鉴别，它们就会永远被埋在山野石林之中，很难实现其真正的价值。

【理论指导】

日常生活中，人们的视野中往往有许多盲点，不能发现别人细微的长处。真正的赞美能手，应避开盲点，从具体的事情入手，用翔实的赞美语言夸奖别人微不足道的小事，让对方感受到真挚、亲切和可信。如果含糊其词地赞美对方，很可能引起对方的猜疑，甚至产生不必要的误解和信任危机。

很多人都认为自己精通赞美之辞，却不愿意在小事上赞美别人，认为只有从大事、重要的事情着手，赞美才显得有诚意，才会有效果。其实，人们有非常显著的成绩的时候并不多见。因此，应从小事之中发觉其含有的价值，并加以称赞，这才是赞美者的明智之举。

俗话说："勿以恶小而为之，勿以善小而不为。"同理，赞美也应"勿以事小而不赞"。一般来说，大事的影响和意义大家都能看得见讲得出，而被赞美者的整体形象还包括大事背后的一件件细微小事，而这些小事却被大多数人所忽略。如果有人对于这些细小的努力表示肯定和赞美，对于被赞美者来说，更乐于接受。

当赞美的对象是针对某一件事情时，赞美会更有力量。称赞得越广泛越庞杂，它的力量就越弱。例如，"小李，你今天的穿戴非常有品位，你的领带跟你的黑色西服搭配得很完美"要比"小李，你今天穿得真精神"更能说到小李的心里去；而"黄小姐，每次和你说话，你都让我觉得很开心"就比"黄小姐，你很会与人相处"更有力量。

因此，赞美越从细节入手，越能说明你对对方的了解，越能显示你对他的长处和成绩很看重，更能拉近你和对方的距离。不能只是用一些"你工作得非常出色"或者"你对工作很有见地"等空洞肤浅的话语来称赞对方，不可忽视的小事更能显出赞美的真实。

很多人在赞美他人时习惯于泛泛而论，抓不住赞美的重点，其中一个突出表现就是忽视细节。其实，对方之所以在细节上投入那么多的时间和心血，一方面说明对方对此有特别的偏爱，另一方面也说明对方渴望这些努力能够得到应有的回报。

虽然赞美不能忽略生活中的小事，但并不是所有的小事都能作为赞美的对象，这就要求赞美者要掌握一定的技巧，否则会被别人当作小题大做，恭维做作。

1.排除理所当然的心理

很多人不喜欢从小事上对别人表示赞赏，是因为有一种理所当然的心理。因为社会分工不同、志向不同、关系不同而产生这种心理，认为别人做那些小事是分内的事情，或觉得这些小事不值得赞扬，因为关系太熟也觉得不用赞扬，等等，造成了不愿开口或懒得开口的状况。

2.要善于留心观察

要想从小事赞美别人，就要做一个善于观察的有心人。称赞一个人最大的优点，不如称赞对方最不显眼、甚至他自己也不曾发现的小优点。因为小优点容易被他人所忽视，从未或很少被人发现，因此也就容易得到被赞美者的重视。同时，你与众不同的观察力还会获得对方的肯定。

3.要善于思考

很多人认为，小事本身没有太大意义，因而可以忽略，可以视而不见。但如果能从小事本身结合实际，发现其背后的闪光点，挖掘出更深一层的意义，那么，对于这种赞美和肯定，没有人会无动于衷，甚至会因此引发其他人的深省和感悟。

总之，想要拥有好的人际关系，就要学会在平时从细节上下功夫，不要忽略身边每一件值得赞美的小事。

🌱 第65课 赞美对方的**方法与技巧**

【**核心提示**】恰到好处的赞美并不是一件容易的事。赞美别人时如不审时度势、不掌握一定的技巧，尽管你是真诚的，也会把好的事情变成坏的事情。

【理论指导】

人人都需要赞美，这是人的本性。善于赞美别人，可以赋予别人满足感，可以消除人际间的龃龉和怨恨。恰到好处的赞美并不是一件容易的事。赞美别人时如不审时度势，不掌握一定的技巧，尽管你是真诚的，也会把好事变成坏事。

赞美并不一定需要刻意修饰，只要发自内心、真情流露就会收到赞美之效。当一个人受到别人称赞，心里的渴望得以实现，就会感到特别愉快和喜悦。所以，了解他人的心理是成功赞美的前提条件。

虽然每个人都喜欢听赞美的话，但并非任何赞美都能使对方高兴。你若无根无据、虚情假意地赞美别人，说得太过，会有献媚、巴结之嫌，而且听着也肉麻。如果平淡无奇，甚至干干巴巴，又收不到赞美的效果。

赞美也要把握分寸，否则，便会误导被赞美的人产生功利心。比如：一个孩子的母亲称赞自己的孩子时说："你是一个好孩子，做你的母亲是我最大的幸福。"这会让孩子感到开心，并为之一直努力；如果这位母亲这么说："孩子你是最棒的，别家的孩子没一个能比得上你。"就会让孩子有种洋洋自得的功利心。因此，赞美别人需要掌握一定的技巧和方法。

赞美需要把握一定的技巧，不能胡乱赞美。把赞美之词说得含而不露、恰到好处、不着痕迹地说到别人内心，才是最高明的说话技巧。赞美的方法有很多种：

1.直接赞美

根据对方的爱好、特长、素质修养等方面，进行正面的赞美，这种方式开门见山，直截了当，所以应用范围较广。直接赞美一个人引以为傲的方面，可以使你更好地与对方相处。

2.含蓄赞美

含蓄地赞美他人，就是尽量避免直接说"好""美""挺不错""真棒"等词，而是通过其他文字表示对对方特点的赞美。

3.间接赞美

有的人不习惯当面被他人直接赞美，那可以选用恰如其分的间接赞美，其收到的效果并不逊色于直接赞美。如"严师出高徒""虎父无犬子"之类的说法，通过赞美他身边的人或赞美其劳动成果等方式，间接地表达对对方的赞美。

4.比喻赞美

比喻式赞美，就是借助其他事物准确地、形象地表现情感。常见赞美老师的"辛勤的园丁""春蚕到死丝方尽，蜡炬成灰泪始干"等。

5.幽默、诙谐的赞美

人际交往中，赞美不像演讲，所以不需要太过于严肃和正式，运用诙谐、幽默的赞美方式，可以缓和气氛，使他人在轻松愉悦之中欣然接受。

在实际应用中，用什么样的技巧把这些赞美方法用得恰到好处，收到好的效果，首先要求我们赞美要因人而异。每个人因为年龄、身份、地位、修养等各有不同，所以要突出赞美对象的个性。有特点的赞美比一般的赞美效果更佳。赞美的内容也要依据事实，不可虚夸，以免适得其反。

赞美要真诚、注意言词。以真诚的爱心对待别人，尊重并充分认识他人的优点，才能由衷地、真诚地赞美。虚情假意或心怀企图的赞美会令人讨厌。言过其实或言语中带出不良的信息，不但会使被赞美者窘迫，也会降低赞美者的威信。

另外，赞美要言之有物。要能随时随地发现别人哪怕是最微小的长处、优点，并抓住机会积极反馈。赞美的时机有很多，但同时也要从具体的事件入手，可以当时、事后，也可以是当众或两人独处时，表达你的夸赞。赞美在时机上总的原则是恰当，其最佳时机还是以当时当地为好。

总之，赞美既能取悦别人，也能愉悦自己。赞美技巧也不高深，多体会、多练习、多总结，就一定能熟练运用，也一定会从赞美技巧中受益匪浅。

第七章

职场口才

🌱 第66课　做好自我介绍是通过面试的第一步

【核心提示】面试者在介绍自己时应掌握一个技巧：在谈到自己的优点或长处时，要保持低调，不加自己的主观评论，实事求是地讲述，适可而止就好。

【理论指导】

自我介绍在求职面试中是必不可少的一个环节，做好面试时的自我介绍是十分重要的。如果懂得运用一些技巧，良好的语言表达再辅以准确的时间把控，不但可以完美地展现自己，而且可以加深面试官对你的印象，这会大大提高自己通过面试的成功率。

许多面试者在面试一开始，就将自己的"光辉历史"迫不及待地一一历数，滔滔不绝，绵延万里；或者只是简短地介绍自己的姓名、身份，以及自己相关的学历、工作经历等情况，半分钟之后就无言地望着考官，等待提问或给予评价。这两种都是不明智的做法，容易给面试官留下负面印象。

在做自我介绍时，挑与面试相关的、重要的、关键的说，与面试无关的特长则不必赘述。

现实中，有些应聘者选择把自己的全部经历都压缩在这几分钟内，从入学开始谈起，初中、高中……一直说到第一份工作以及最近的一次工作，工作的内容、自己的表现等，甚至连家庭情况都一一介绍。

这种做法很不明智，因为介绍得过于详尽，很容易给人

留下啰唆、琐碎的印象，进而让人感觉乏味，失去听下去的欲望。所以，合理掌控自我介绍的流程，既突出重点，又完整地展现自己才是最佳的选择。

成功的自我介绍应该是什么样的呢？应该保持一个放松的心态，举止大方、自然，面带微笑，用平静的语言把自己介绍给别人。聪明的应试者往往会以当下应聘岗位的业务范围为中心，组织自我介绍的内容，不但让考官们明确知道你是优秀的某某某，更把你是适合这个工作岗位的不二人选的印象深植于考官的心中。

毕业生小董在网上看到一家汽车公司招聘助理车用电器工程师的信息后，立即通过电子邮件方式投递了求职简历。

几天后，他收到了面试的通知。小董的自我介绍采用的方式非常独特，除了个人的基本信息外，他把个人经历总结为"1234"一组词，即：进入一所不错大学深造，两次荣获全国电子大赛奖项，三次寒暑假社会工作经历，在校连续四年担任学校电子协会副会长，没有放弃任何一个锻炼自己的机会。

这简短的自我介绍，给考官们留下了深刻的印象。就这样，小董成功地进入这家著名的汽车公司，从事助理车用电器工程师一职。

自我介绍，看似比较简单，就是让别人知道你是谁，但如果想大大提高面试的成功率，就要做到恰到好处，这时掌握求职面试自我介绍的技巧就显得尤为重要了。

走进面试考场，当面试考官切入正题问你："谈谈你自己的情况如何？"你如何开好这个头，如何做到在特定时间内展示自己的能力与魅力，利用这个环节获得成功的第一步，需要重点掌握以下几点原则：

1.介绍自己基本信息应有新意

在面试的自我介绍中，如姓名、籍贯之类的基本信息可以做一个有新意且合理的解释，以加深别人心中的印象。比如叫赵迎春，可以介绍自己说："我姓赵，赵钱孙李的赵，因为出生在二月，所以父母取名叫迎春，意为吉星高照、喜迎新春。"

2.介绍有条理，控制好节奏

自我介绍的叙述人条理要清晰，适当地掌握节奏，既不宜太长，也不能过于简短，要让考官能听明白。在找不到话时宁可选择结束，也要避免因一时心慌而乱了头绪，给考官留下不好的印象。

3.对自己的经历和爱好描述要客观

在叙述自己的教育和工作经历时，要客观描述，实事求是。有的应试者为了能给考官留下好印象，便夸大自己的优点或长处，或者表明自己有与某个工作岗位相关的爱好。适当地夸大一点自己的能力能达到加深印象的目的，但切忌吹过了头，反倒难以收场。在提及自己的优点和长处时，要顺便提一下自己的缺点，这样更能说明你为人谦和、诚实。如果能再巧妙突出自己的优点或长处恰好与应聘的岗位有关，便胜券在握了。

4.表决心时语气不要太绝对

很多应聘者为了表明自己加入公司的决心，往往会在最后说上一句"如果能加入贵公司，我一定……"或"我绝对……"等没有回旋余地的话。这样不但不会给自己的形象添彩，反而会让人觉得你这个人不太可信。所以切忌说话太满。

5.面试礼貌不可少

在做自我介绍前，礼貌地做一个开场白和在自我介绍结束时向面试官道声谢谢，会给你的形象增色不少。

总之，能否给面试官留下一个很好的印象，是决定你能否获得这个工作机会的第一步。做好自我介绍，便向成功迈进了一步。

🌱 第67课　女性面试难题巧解答

【核心提示】在求职面试中，女性在面对考官提出的难题时，最好表现出"很想回答、很乐意回答"的态度，这样会给人一种积极向上的感觉。如果应聘者真的一时想不出，可以用"让我想想"等话来暂缓一下。

【理论指导】

男女有别，一般用人单位在面试女性的时候，常会提出一些针对女性的话题，这些问题会让女性感到一些尴尬和敏感，比如："如何看待晚婚、晚育？""如何调节家庭和事业的矛盾？"这些问题如何回答，关系到求职能否成功。

对于女性求职者来说，这些尴尬的问题采用什么样的回答方式，才能做到既让考官满意，又让自己回避尴尬，这是较为重要的话题。

有一家对外贸易公司在一次人才交流会上招聘秘书，某女士过关斩将，各方面的条件都符合招聘单位的要求，正当招聘

单位欲拍板录用她时，一名考官灵机一动，又提了一个问题："女士，如果在将来的工作中，你接待的客人要你陪他跳舞，你不想跳，但不跳又不行，你会怎么办？"

没想到考官的语音刚落，那位女士当即涨红了脸，对着招聘人员愤怒地说："你们是什么鬼单位，在这里摆摊招舞女！"说完，连求职材料也未取回就气呼呼地扬长而去。

其实那位考官提出的问题在工作中并不鲜见，这只是一种正常的应酬，并不是不健康的活动。所以，面对这样的问题，那位应试者如果这样回答："据我所知，我们公司应该是一个很正派、在业界很有声望的单位。所以，和我们公司合作的客户应该不会有不三不四的人，正常情况下跳跳舞也不算什么坏事。"也许结果就大不一样了。

其实，这是考官在测试应聘者在压力下的应对能力。大多数的女性求职者面对这个问题都会觉得尴尬，甚至会认为主考官在无聊地为难她。事实上，在当今社会，每一家公司都会遇到这种情况，回答时不妨委婉一些，不带有明显的倾向性，用巧妙的应变来避开敏感的提问。

因此，女性求职者在面试前，应该对女性在面试中常见的问题有一个全面的了解，以免在面试中被问到时会出现手忙脚乱、束手无策的情况。遇到此类问题时，只要掌握一些回答的技巧，就能收到较好的结果。

1.避免直接给予答复

家庭和工作的矛盾对男性和女性都是同时存在的，只是因为女性承担着生育的责任，所以女性很容易会遇到这样的问题："工作和家庭出现矛盾，你如何解决？""结婚了吗？什么时候准备要孩子？"这时你不必直接给予答复，可以从工作和家庭之间的关系着手，说明你的处理方案，并强调无论是家庭还是孩子，都是自己努力工作的动力和踏实工作的保证，自己大多数时间还是会以工作为重。

2.着重表明自己处理问题的能力

对于上文故事里出现过的问题，回答时就要避免直接给予是与否的答复，要侧重于表达自己处理这种问题的能力和专业性，面对这种特殊情况自己能特殊对待，但并不意味着就一定答应一些无理的要求。

3.保持好的心态很重要

人在紧张的场合容易说错话，尤其是面试经验不足的求职者。遇到这种敏感的问题时，保持好的心态很重要，不能表现得过于激动或勃然大怒，这样对自己的求职会非常不利。保持冷静的头脑，分析这个问题的关键点在哪里，再委婉地予以答复，力求达到"四两拨千斤"的效果。

总之，作为新时代的女性，在求职面试时遇到困难不要担心，这些问题的目的只不过是对你能力的考验，勇敢的、自信的应对会给人留下深刻的印象。

♀ 第68课　巧提问题，掌握求职先机

【核心提示】求职者应该对面试中最后提问的阶段进行有效地利用，以扭转局面，提升自己在面试官心中的形象。

【理论指导】

很多应聘者一路过关斩将，离成功只差一步，却铩羽而返。究其原因，很大程度上都是败在最后一问上。一般来说，用人单位在面试进入尾声时，会给求职者一个提问的机会。能否有效利用这个机会，也是影响面试成功率的重要因素。

所以，在求职面试时，当面试官对你前面的表现或赞许或肯定后，会抛给你一句话："你有哪些问题想问我吗？"或"对于本公司你还有哪些想要了解的吗？"这时候，一定要掌握提问的技巧，巧妙地提出恰到好处的问题，这样收获成功的概率就会大大提高。

小刘在一次面试中，前面的表现一直都被面试官看好，快要结束前，当面试官很专业地对他说："我没有什么问题了，你有什么问题吗？"因为一下子没有太多准备，所以他公式化地问："贵公司的发展前景和个人发展空间是怎样的？"他的话音刚落，面试官对他笑了笑说："小伙子，我想你问我'在我到岗的三个月时间里，如何衡量我是不是合适'这个问题会更好。"

显而易见，小刘的提问很不高明，他向面试官提出的问题在面试前就应该了解，任何一家用人单位都不可能录用一个对公司的信息或基本情况不了解的求职者。这样的提问既不能说明自己对公司很感兴趣，也不能表明你求职的诚意。

由此可见，面试中最后向面试官提出问题的这个环节，是让面试者通过提出的问题，向面试官表明自己对眼前所应聘的这份工作的重视程度，而不是把面试官问得目瞪口呆。因而，哪些问题不能问，哪些问题可以问，一定要深思熟虑，要问得恰到好处才行。

其实，面试结束前的提问给了应聘者一个化被动为主动的机会，如能提出从面试官的回答中挖掘出此职位所需的基本素质及自己存在的差距的相关问题，这样就可以对自己应聘的公司和职位有一个明确的理解，同时也能对之前自己不完善的陈述重新补充，纠正之前陈述中的弱项，从而能全面展现自己的真实水平。即使面试官并没有正面给出答案，也可以借机把自己的优势再做一次陈述，以强化面试官的记忆。

因此，答好最后一问不但可以为自己加分，还有可能让自己"起死回生"。如果回答"没问题"，不但等于主动放弃了最后的机会，还会给面试官留下对公司和职位没有热情和积极性，或者思维不够灵活的印象。

想要顺利地通过面试，在面试结束前提出能表现自己对这份工作有很大决心的漂亮问题是相当重要的。那么哪些问题才是合适又恰到好处的呢？

1.围绕应聘的职位提问

围绕自己应聘的职位发问，可以明确地衡量自己是否胜任此职位，更好地做到取长补短，还能加深面试官对你的好印象。问这类问题时，除了上面故事里面试官提示的那种问法，还可以用"如果我接手这个职位，您会给我什么建议呢""您觉得这个职位对我的最大挑战会是什么"等，切忌采用"我不大了解这个职位的行政职责，麻烦您介绍一下"之类的直白提问，这容易给面试官留下你是在盲目应聘的不良印象。

2.围绕自身提问

不论你应聘的是什么岗位，在面试官说出让你提问题之后，如果一时想不到问题，也不能以"没问题"结束面试，可以围绕自己提出一些问题，如："您觉得我对于这个职位来说，还有哪些欠缺？""您觉得以您目前对我的了解，我还应该在哪些方面有所提升？"这样的问题既是出于对面试官的尊重，又表现出自己上进、谦虚的品质。切忌没话找话，对已经明确讲过的薪水、假期、福利等情况做重复的提问，这样会适得其反。

总之，只要了解面试结束前最后一问背后的真正含义，向面试官提出合适的问题，录取的概率就会大大提高。

❦ 第69课 谈缺点的时候，要模糊重点

【核心提示】 当面试官问到你的缺点时，你要选择与你应聘的职位没有冲突的缺点来回答。比如要应聘销售，就不能说自己的缺点是不善沟通，否则你就会很快被淘汰。所以，自曝己短也要曝得巧妙。

【理论指导】

在求职面试中，常常遇到的"机关"还有"能说说你的缺点吗"。这种请君入瓮式的问话是面试中的常用策略，看似不经意的一句话，却暗藏玄机。众所周知，在面试时每个人都力求扬长避短，因此，用人单位在面试中反其道而行，提出让应

试者谈自己缺点的问题，借机了解应试者的真实情况以及应变能力。

很多人面对这种令人尴尬的问题，常常会急于为自己辩护，连连摇头，并回答说没有；还有人反问："您说呢？您给我指出来好吗？"等。俗话说"人无完人，金无足赤"，说自己没缺点肯定是行不通的，如果把自己的缺点硬说成优点，除了让别人觉得你不可信之外，还会使留给面试官的印象大打折扣。

黄铭天生害羞，一开口就脸红，几次求职面试均因表现慌乱而败北。不久，他从一个同学那里得知，同学所在的公司要招聘一名经理助理，黄铭对此很感兴趣，想要再试一次。

面试初始阶段，黄铭的表现尚可，虽然没有前几次那么慌乱，但回答问题也不那么流利。面试官抛出了"你的优点大致已经了解了，请你谈谈你的缺点"这个问题，所有的面试官把目光都锁定在他身上，等着他的回答。

黄铭稍稍思考，决定坦承自己的缺点："我最大的缺点就是不太爱说话，这个相信大家从我前面的表现也都看出来了。不过，对于经理助理的人选来说，不就需要具备守口如瓶的特质吗？同时，我也会在公司工作期间，加强对自己的提升，争取做到既保守公司秘密，又能为公司做出成绩。"

这种回答，所描述的"缺点"在别的职位上可能算是缺点，但对于他应聘的职位可能就算不上什么缺点。而且，在他的回答里也含蓄地表明了自己努力上进的决心，最终求职成功。

性格上的弱点谁都有，但并不是在任何场合中都会以缺点的形式体现出来，因为缺点和优点在不同情况下会有不同的定义。比如：个性直率，这应该算是优点，但是在一些特定环境下，却会认为这种性格的人太过于浮躁，做事不懂迂回、委婉，有失稳重；生性吝啬，通常都认为这是缺点，但是在一些特定环境下，却会认为这种性格的人非常节俭，从开源节流的角度，应该能为公司带来相当的利益。

有时还可能会碰到这样一种情况，自己本来没有这方面的缺点，但主考官却提了这样一个问题："你说你爱好写作，可是在你的表格中有两处语法错误，这如何解释？"应聘某报记者的小柳就遇到这样的题目。"我的表格经过认真推敲，如果真有语法错误，那必然是我粗心所致，我立即纠正，并向各位道歉。"他顿了顿，说，"不过我想知道我究竟错在哪里。"考官们笑了，原来这是故意设的一个圈套，主要是考察他的反应能力。如果小柳在面试前没有认真做好准备，那么他很可能会根据面试官的误导，盲目地承认他们提出的一系列缺点，这样就会离他求职成功的希望越来越远。

因此，在面试中介绍自己的缺点，要根据实际情况回答。这并不是要察言观色，而是要准确把握你期望供职的单位对人才素质的要求有什么特点，然后有的放矢地介绍自己的情况。如果对方所要求的恰好不是你的长项，那么你在介绍时，就要侧重于描述今后在这些方面采取的努力措施以及取得重要发展的可能性。这应该比盲目地强调自己的弱势收效要好。

在面试中谈自己的缺点，恰当与否也关系到面试的成败。

所以掌握一定的回答技巧就显得很有必要了，具体可以参考以下几点：

1.谈缺点不宜过多，不可泛泛而谈

在面试中谈及自己的优点时，可以提及两三条，但缺点谈一个就好。说自己没有缺点，明显不可为；提得太多反而会自毁形象。所以，一个缺点，既出于礼貌和诚意，又避免给人留下一无是处的印象。可以结合实例说明自己的缺点以及后面做的补救措施，更能让考官明白和理解，切忌泛泛而谈，给人留下油嘴滑舌的印象。

2.谈论缺点，重点应突出自己克服缺点的决心和行动

在面试中，可以先表达自己正在克服和改正缺点的决心，再谈及自己的缺点对于所应聘的职位却是有益的，等等。就像上面案例中的黄铭一样，既能体现积极上进的品质，又正面回答了这一难题。相似的说法还有以下几种：

"我做事的速度有点慢，那是因为我对每件事都会考虑得周详和细致一些。对于财务工作人员来说，细致而不出错，是最为关键的。"

"朋友都说我为人处事太过于委婉，不懂直接。可我觉得，作为客服经理来讲，对待客户的态度不能太直接，温和、委婉的品质是最重要的。"

总而言之，在谈及自己的缺点时，不可重复强调自己的缺点，能把自己的缺点当作工作中的优点，或能用缺点突出自己的优势是最好的选择。

🌱 第70课　如何处理同事间的流言蜚语

【核心提示】职场上一定会存在流言蜚语，面对这种情况一定要不理不睬，清者自清，这是职场人的明智之举。

【理论指导】

流言是职场中的"软刀子"，给团队的和谐带来相当大的危险。传播流言蜚语是职场上的大忌，有些人却不自知，还乐此不疲。当同事们纷纷对其避之唯恐不及时，即使凭借各种小道消息一时成为大家眼中的"红人"，但对于这种人，没有人愿意付出真心。

应付这样的办公室流言，要学会机智，要学会适当收起自己的好奇心。真正聪明的人，会懂得尽量避开别人的隐私，面对办公室的流言蜚语，让自己置身事外，不给自己机会面对别人隐私被识破的尴尬，这是错综复杂的人际关系中不可忽视的环节。

方敏是个单纯的女孩子，眼睛大大的，白净的面孔上每天都挂着微笑。刚刚大学毕业，22岁的方敏顺利进入了某商贸公司，成了一名文员。没有任何工作和社会经验的她，很希望尽快和大家打成一片，谁知不幸被卷入了办公室的流言蜚语中。

其实，公司的业务还是非常繁忙的，大家整天都忙忙碌碌。不过，方敏很快发现，忙碌的工作好像并不妨碍同事们喜欢聊些飞短流长。方敏明知道这样做不对，但是作为新人又觉得不便当面制止他们。所以，在同事们闲聊一些八卦时，她只是安静地坐在一边。

前不久，同事们在八卦老总是个吃软饭的家伙，公司现在的一切都是依赖老总太太娘家的支持。方敏听着他们的言论里夹杂着一些嘲笑声，心底觉得厌恶到不行。正在这个时候，办公室里出现了老总那张生气的面容，那群人尴尬地各自散开。从此，老总再看到当时在场的几个人，都是一副冷峻的表情。

虽然方敏并未参与这场"八卦论"，但由于自己坐得太近，让老总产生了误会，这无疑让方敏刚刚开始的职场之路布满冰霜，她心焦不已。不过，她没有急于向老总解释，而是在以后的工作闲暇时刻意和爱说是非的同事保持距离。比如午休，宁可一个人百无聊赖地趴在办公桌睡觉，也不再"旁听"。

渐渐地，老总终于开始信任方敏，不再对她冷眼相待。而那些同事却因再一次无中生有，超越了老总心理承受的极限，提前被解除了合约。

流言止于智者，身在职场，一定不要做流言的传播者，这不仅关系着个人素质问题，还影响到个人在公司的前途。面对同事间的流言蜚语，保持冷静，坚定自己的价值观，选择远离流言和是非，才能走得更远。

　　在职场中，有的人对于制造流言蜚语乐此不疲，经常发起事端，攻击他人，以满足自己的虚荣心或复仇心理，给被伤害的一方带来生活和工作上的阻力和灾难，严重的还会发生悲剧。

　　如果你自己不幸成为流言蜚语的对象，面对办公室里传得天花乱坠的流言，一定要静下心来冷静分析，找出对方传播流言背后的动机，针对叵测的用心，主动出击，阻止流言的继续传播，以免给自己造成困扰。当然，你也可以借着流言，达成自己的目标。

　　有一天，小玉放低声音告诉小瑾："公司里都在传，说你嫌这里待遇不高，一心想跳槽。好像老板也知道这件事了，你要当心啊。千万别说是我告诉你的。""工作是否努力，老板自然心里有数，我不会太较真的。"小瑾不以为然，"最近的确有人来找过我，问我是否有跳槽的意向，还向我推荐了几家薪水待遇都不错的公司。我说，公司领导待我不错，我还要好好考虑考虑……"后来，老总找小瑾谈了一次并给她涨了工资。

　　事实上，小瑾自己并没有与任何猎头碰过面或通过话，是否真有猎头打电话到公司也不得而知，只是小瑾机智地利用流言达到了要求领导涨薪的目的。

　　身在职场中的你，面对办公室的流言蜚语，必须从容、淡定，让那些谣言自我平息。在与同事交谈时，不在背后说其他人的是非长短。当自己的工作或生活上有了问题，应该尽量避免在办公室里和别人分享。

总之，在面对同事间的流言蜚语时，最重要的是要坚定自己的价值观，把自我价值与别人的看法和行为分开，自己认为是正确的，就不要被流言蜚语所左右，失去属于自己的好机会。

🌱 第71课　向上级汇报工作，要说到点子上

【核心提示】下属在给上级汇报工作的时候，应该把自己较为熟悉的情况作为突破口，抓住工作过程和典型事例详细加以分析、总结，表达清晰、有条理。掌握汇报中的这张"王牌"最能反映出你工作的质量。

【理论指导】

任何一个上级都比较看重两样东西：一是他的上级是否信任他；二是他的下属是否尊重他。作为上级来说，其判断下属是否尊重他的一个很关键的因素，就是下属是否经常向他请示汇报工作。

经常向上级请示汇报工作，让领导知道你的工作内容和效果，不仅显示出你对他的尊重，而且也可以很明确地证明你的工作能力。因此，在向上司汇报工作时要保持谦虚、谨慎、不骄不躁的态度，用不卑不亢、平缓的语气陈述工作的内容。尤其在汇报之前，应先拟好汇报的主要内容，不能太简单，也不能太啰唆，关键是要说到点子上。

一天，某建材公司的销售员小冯从一个用户那里考察归来后，马上就敲响了办公室经理的门。

"情况如何？"经理劈头就朝小冯问道。

小冯坐定后，并没有急于回答经理的问题，而是心事重重地叹了口气。经理见小冯的样子，大概猜出了情况可能对公司不是很有利，于是换了一种方式问道："情况糟到什么程度，有没有挽救的可能？"

"有！"这回小冯回答得倒是十分干脆。因为他十分了解经理的脾气，如果直接将不利的情况汇报给他，经理肯定会不高兴，搞不好还会认为自己工作不力。

"那谈谈你的看法吧！"

小冯这才把他考察到的情况汇报给经理："通过这次考察，我了解到这个客户已经和另一家公司签订了购货合同。"

"竟然这样！那你认为该怎样做？"

小冯听到经理的问话后，胸有成竹地说："我是这样想的。我们公司的产品与那家公司相比有着自己的优势，不但质量好，而且有价格优惠，在周边城市已经有一定的知名度。"

"等等，那为什么客户还要和另一家公司签购货合同呢？"经理挥了挥手，打断了小冯的汇报。

"嗯，情况是这样的。该客户虽然前期和我们一直有合作，这次和那家建材公司合作的主要原因在于那公司离他相对较近，对方还提供送货上门服务，对于客户来讲较为方便，而我们在这方面可能有所欠缺。因此，我认为要想改变这种不利的条件，我们应该利用自己的优势来改变。如果我们能到每个客户周边地区设个点，找个代理商，再加上我们之前获得的口碑，问题就应该能够解决。"

"你小子想得真周到，不但了解到问题的所在，还想到了解决的方法。如果大家都像你这样善于发现问题，并解决问题，公司发展就更好了。"经理不无赞许地拍着小冯的肩膀说。

"您太过奖了，为公司着想，是我们每个人的责任。那您先忙，我就不打扰您了。"在经理的注视中，小冯平静地离开了他的办公室。

不久，小冯被提升为经理助理，专门协助经理抓产品的营销，而公司的产品销量也不断节节上升。小冯越来越受到公司的重视，很快就独当一面了。

无论哪个上司，在听汇报时都不可能一言不发。大多数的上司在听取工作汇报时喜欢提问，因而可能会打乱汇报的程序。此时，应该暂时把汇报的内容停下来，耐心地回答上司的提问。不要因为工作没有汇报完，怕失去表现的机会，而在回答上司的问题时显露出不满或抱怨的情绪。

其实，上司能提出问题，也是对你工作重视的一种表现。要知道，你所面对的是上司，而不是下属。因此，向上司汇报工作时要保持一种谦虚谨慎、稳重成熟的态度。在语气上，应用平和、舒缓的语气，尽量避免慷慨激昂或因过于激动而使言语杂乱无绪。

因此，不难看出，向领导汇报工作也要掌握一定的技巧。想让领导对你的成绩表示肯定和赞许，就要在汇报工作上下功夫。想把汇报工作做得恰到好处，应该从以下几个方面做起：

1.思路要清晰

在向领导汇报前，应该对汇报过程和语言的组织做好梳理。对于问题应该如何说，必须做到心里有谱，否则很难打动领导。

同样的一句话，很可能因为请示的方式不同出现不同的结果。由此可见，想要达到理想的效果，其实质就在于说话人是否掌握了对方思维的方向和关注的重点。

2.删繁就简，把握汇报的重点

无论哪一种工作都有其重点。因此，在向领导汇报自己工作的时候，要把一切不必要的话省略，应该注意每次汇报只强调、突出一个重点，这样做有利于领导理清思路，对你的工作能力迅速做出决断，而且还能使领导对你的能力或效率一目了然。

3.把握汇报时机，并在汇报结束后请领导点评

在向领导汇报工作前，应该选择一个恰当的汇报时机，以避免在领导工作忙或心情不佳时成为领导排斥的对象，适得其反。另外，在工作汇报完结时，正确的做法是主动提出让领导给予评价和点评，无论领导给出什么样的评价，都应该虚心、诚恳地接受。而不是在汇报结束后一走了之，或对领导的批评指正表现出抗拒、生气的态度。

总之，在向领导汇报工作时，应该提前做好汇报材料，尽量做到每一句话都说到点子上，让上司从你的汇报中慢慢加深对你的信任和赏识。

🌱 第72课　掌握同事间的交谈艺术

【核心提示】同事之间交谈时应自然随和，不要心不在焉、爱理不理，也不要扭捏作态或哗众取宠。如果谈话中出现矛盾、分歧，则不必太当真，要懂得理解和包容。

【理论指导】

在职场这个大环境中，与同事交往时，应保持积极、愉悦的心态。见面一声亲切的招呼，会使彼此关系融洽不少。当然，偶尔也难免会有一些磕绊和摩擦，与其跟同事争个脸红脖子粗，从此互不相干，倒不如放低姿态，主动与同事沟通，把误解化开，改善与同事相处的关系，这样，更有助于工作的开展。

因为职场上每个人的性格、脾气都不相同，相处中，彼此的优点以及缺点全都暴露得十分明显，如果不懂得相互理解和宽容，在办公室不注意自己与别人的交谈方式，会因此引发与别人的种种矛盾和冲突，这样将会使自己树敌甚多。

小萌近来的情绪很不好，原因在于她在竞争办公室主任一职上遭遇了失败。本来，小萌是办公室的业务骨干，工作表现相当好，经常获得奖金。前不久，她们的办公室主任升职了，临走前，主任向上级部门推荐小萌接任办公室主任一职。上级部门在准备任命之前对小萌所在办公室的一些职员做了一个调查，并找了几个人谈话，无意间提到了小萌几次，结果同事们都说小萌"不合群""孤傲"，等等。结果，上级部门就任命办公室的另一个人缘好但业绩一般的同事担任了办公室主任。

小萌为什么会被大家排斥呢？原来，虽然小萌的工作能力异常突出，但她平时在办公室和同事之间相处时常常在不经意间得罪对方却不自知。

有一次，一个同事外出旅游回来，给办公室的每一个同事都带了一份小礼物。别人接到礼物时都非常开心地说："谢谢你的礼物，我很喜欢。""谢谢你还想着我，礼物真漂亮。"但当同事把礼物分给小萌时，她头也不抬地说："放那儿吧，反正也没多大用处。"同事当场就拉长了脸。

慢慢地，同事们就不再愿意和她打交道了，甚至有一次在她外出时，一个客户打电话过来找她，其他同事接电话时说："我们这里没有一个叫小萌的。"

从上面这个故事不难看出，由于小萌不注意平时与同事交谈时的方式，导致她此次晋升的失利。由此可见，要想获得职场成功，除个人能力外，和谐的同事关系也至关重要。关系和谐，共享成功喜悦；与人为恶，独尝失败苦果。

想要拥有融洽的办公室人际关系，让自己在需要时能得到适当的援助，那就应该采取积极主动的态度，掌握与同事交谈的艺术，表现出良好的个人修养和素质，相信这样会给你的事业带来一定的帮助。具体应注意以下几点：

1.不要太随意

同事之间朝夕相处，相互之间已经很熟悉。于是很多人就会误以为彼此无须太客气，也不必太客套，不拘小节便是与对方相交甚笃的证明。事实上，这种做法是错误的。俗话说"礼多人不怪"，面对再熟悉的人，说话也不要太随意，面对别人的帮助应该诚恳地表达谢意，请求别人帮助时，"请""麻烦你""拜托""给你添麻烦了"等用语还是必不可少的。看似小节，却能够起到大作用。若不懂得使用，即便你和对方很熟，你的"理所当然"也会令对方很不爽。

2.语气要委婉

很多人在交流工作、布置任务结尾时，喜欢加一句"你懂了吗""明白了吗"或"知道吗"。这是个坏习惯，往往会给对方一种错觉，认为你是个骄傲自大、目中无人的人。如果换成另一种说法，"我说清楚了吗"或者"我说明白了吗"，对方就会觉得你谦虚、客气，往往会因此对你产生好感，并会给予友善的回应"我听懂了"，这样办公室的人际关系就相当和谐了。

3.勇于接受不同的意见或批评

在同一个办公室工作，难免会有不同己见的声音。面对异议或批评，不应该针锋相对，力求分出胜负。那样，即便胜出，也可能因此得罪对方。

此时正确的做法是，先顺势接住，表达自己对对方意见的认可和肯定，然后再心平气和地客观说明情况，让对方明白你这样做的原因和可行性，心悦诚服地接纳你的意见。如果真的是自己错了，不但要虚心接受对方的意见，还要向对方表示感谢。

此外，还应该对同事多用赞美，少用指责和抱怨；与同事交谈时不要带个人情绪，要确保沟通建立在理性、客观的基础上；对同事多关心，应该多选择正面问候。

总之，掌握好同事之间交谈的艺术，才能提高交往的效果，才能改善人际关系，才能更好地拓展自己的事业。

🌱 第73课　领导的不足之处要委婉地指出

【核心提示】人都会犯错，面对领导的不足，直接批评是最不明智的做法，能避免就尽量避免，因为这种做法很有可能让你成为被遣散的对象；而如果你采用的方法得当，在纠正领导过错时，变指责为商量，那么你就很有可能成为领导另眼相待的那个人。

【理论指导】

工作可以选择，但工作中面对的人就不是自己所能决定的了。因此，在工作中遇到马虎的领导或面对领导犯错时，如何做到既能指出领导的错误，又不被领导所排斥，是一个很值得研究的问题。

面对领导的失误，聪明的下属在纠错方式、方法上会采取委婉含蓄的方式，而不是单刀直入地针对领导的错误，要和领导争个高下。采取前者的职员，往往在职场中顺风顺水；而采取后者的职员，往往会成为领导避而不见的对象。

小张是一家公司的主办会计，她的上司则是个不拘小节的领导，在工作上有一定的经验和能力，对待下属也比较热情，很有亲和力，但就是爱抽烟，一年四季从不间断。春秋的时候，可以打开办公室的窗子，以减少办公室的烟味，但冬夏两季开空调的时候，办公室里就比较难受了，领导从不顾忌下属里几个女性的感受，办公室里经常烟雾缭绕。同事们都碍于领导的面子，不敢提出异议，却因此苦不堪言。

一次正赶上午休时间，办公室几位女士坐在一起闲聊，小张灵机一动，就借机谈起了老公抽烟的事。

她说："其实男人抽烟就像女人爱逛街一样，不能勉强他去戒。抽烟的害处他自然也明白，但当他明白吸二手烟的人往往比直接吸烟的人受到的伤害更大时，那他自然就不好意思再抽了。毕竟因为自己抽烟却给身边的人带来伤害，是很抱歉的一件事。所以，他从此就很少在办公室和家里抽烟了。"

小张说完，还悄悄地看了眼安坐在电脑前的领导。领导当时并无反应，只是后来，办公室的同事渐渐发现领导抽烟的时

候越来越少，就更加尊重他了。

作为下属，应该以什么样的方式向上司指出他的错误呢？在实际生活中，大多数人都不愿自己的错误被当众提出。因此，若当众指出领导的错误，会让他感到难堪或愤怒。像小张这样旁敲侧击、委婉地指出领导给大家带来的困扰，虽然没有直接向领导挑明，但事实上已经明显地收到不错的效果，既保全了领导的自尊，又解决了领导和大家之间的矛盾。在职场生活中，如何才能让犯错却不自知的领导明白自己的错误，这需要掌握一定的技巧，归纳起来有以下几点：

1.注意和领导沟通的时机和场合

要向领导提出意见或建议的时候，一定要确认时机和场合。如果选择恰当的时机和合适的场合，领导也许能接受你的提议；相反，如果不注意时机和场合，只图一时口快，一针见血地指出领导的不足之处，纵然你说得合情合理，也会让领导觉得威严扫地，自然会对你产生反感和逆反心理，甚至会误以为你在故意让他难堪并因此对你怀恨在心。

2.坚持尊重领导的原则

在向领导指出其错误之处时，开头和结尾都应用客气而礼貌的语言，以此来引导和衬托中间自己要和领导谈的关于他的错误之处。

通常来说，在给上司提意见或建议之前，先说几句好听的话作为铺垫，既表示自己对领导的尊重以及自己的诚意和礼貌，又能制造出一种轻松愉快的交谈氛围。但是不论哪种方式，领导都需要下属的尊重。

3.用暗示的方式，让领导自己去理解

像上述故事里的小张一样，不直接对领导提出意见，而是选择与领导类似的事情从侧面暗示领导这样做会导致什么样的后果，让领导明白你的用意。

总之，提意见一定要注意方式和方法，在保证领导威严的前提下，用含蓄、委婉的方式指出领导的不足，并给出合理化的建议，哪个领导会不乐意接受呢？！

🌱 第74课 让领导帮你做决定

【核心提示】在职场中，聪明人永远不会代替领导做决定，而是让领导帮他做决定。

【理论指导】

下属有事向领导汇报或提建议时，请记住，要让领导自己做出决定。你可以给出几项建议，让领导在多项建议中做出选择，这样会使上级感到非常舒服，这是与领导相处的一种高明的技巧。

阿明年轻干练，性格活泼开朗，入行没几年，职位"噌噌"地往上升，很快成为公司里的骨干力量。几天前，新领导走马上任，第一天就把阿明叫了过去："阿明，你经验丰富，能力又强，这里有个新项目，你就多费心盯一盯吧！"

受到新领导的重用，阿明满心欢喜。恰好这天他又要去出差，去上海某周边城市谈判。阿明一合计，公司同事一行好几个人，坐长途汽车不方便，人也累，会影响谈判效果；打车吧，一辆坐不下，两辆费用又太高；还是包一辆车好，经济又实惠。

主意定了，阿明却没有直接去办理，几年的职场生涯让他懂得，遇事向领导汇报一声是绝对必要的。于是，阿明来到领导跟前。"总经理，您看，我们今天要出差谈业务……"接着，阿明就把几种方案的利弊分析了一番。可还没等领导发表意见，阿明又接着说："所以呢，我决定包一辆车去！"汇报完毕，阿明发现领导的脸不知道什么时候黑了下来。他生硬地说："是吗？可是我认为这个方案不太好，你们还是买票坐长途车去吧！"阿明愣住了，他没想到，一个如此合情合理的建议竟然被打了"回票"。

阿明凡事都向老板汇报的意识是很可贵的，但错就错在措辞不当，因为阿明说的是："我决定包一辆车！"在老板面前，说"我决定如何如何"是最犯忌讳的。

如果阿明这样说："领导，现在我们有三个选择，各有利弊。我认为包车比较可行，但我做不了主，您经验丰富，帮我做个决定行吗？"领导听到这样的话，也许就会顺水推舟，答应这个请求。

在职场中，聪明人永远不会代替领导做决定，而是让领导帮他做决定。

假设你正在为一家小公司处理雇员关系。这家公司接受了大量订货任务，为了完成任务，公司已增加了劳动力，一度宽敞的公司停车场现已变得拥挤不堪。雇员们为了有限的停车位开始激烈地争夺，而且所用言语十分恶毒，甚至两个雇员为争夺停车位发生口角，导致动手打架。你觉得这个问题应当引起上级的重视，因为你所能想到的任何一个解决方法，都超出了你的职责范围。但你要列出一些可供选择的方案，而不是把这件事情往上级身上一推了事，或者提出一个拟定好的方法劝他采纳。

这些可供选择的方案大致包括：扩大停车场；租车接送工人；停车收费，并把这项盈利作为雇员的娱乐基金；组织汽车联营，等等。当然，所有这些方案各有利弊，拟订方案时，你要仔细但简要地说明这些利弊。当你希望这个问题能引起上级注意的时候，再提交这个方案，然后不动声色等待领导自己做决定，这会让领导觉得自己被重视，同时也可以增加领导的成就感。这种方法也能够促使你更全面、深入地思考问题。从这个角度来说，这个方法对上下级都是有利的。

第八章

销售谈判口才

🌱 第75课　四种有效的开场白

【核心提示】 在销售过程中，客户听第一句话要比听后面的话认真得多。听完第一句话，许多客户就会不自觉地决定是打发销售人员走还是继续谈下去。因此，销售人员在开场时要尽快抓住顾客的注意力，这样才能保证销售顺利进行。

【理论指导】

世界著名的销售专家戈德曼博士强调："在面对面的销售中，说好第一句话是十分重要的。"因此，打动人心的开场白是销售成功的关键。

如何做好开场白对于每一个销售人员来说都是一个不小的挑战。在与客户交谈时，不仅仅是简单地向客户介绍一个产品，而是要先和客户建立起良好的人际关系，因此，要求销售人员具备掌握有效开场白的语言能力。而建立轻松且能引起客户兴趣的开场白需要一些技巧。

1.激发客户好奇心和兴趣的开场白

利用这种开场白，把客户的好奇心和兴趣激发起来，就能抓住客户的全部注意力。

有一个空调销售人员开口对顾客这样说："您知道世界上最懒的东西是什么吗？"顾客感到迷惑，但也很好奇。

这位电话销售人员继续说："就是您藏起来不用的钱。它们本来可以购买我们的空调，让您度过一个凉爽的夏天。"

这位销售人员一开口就抓住了顾客的好奇心，然后在解答疑问时，很有技巧地把产品介绍给顾客。这是一种很有效的开

场白。

现代心理学表明，好奇是人类行为的基本动机之一。利用那些顾客不熟悉、不了解、不知道或与众不同的东西，来引起他们的注意。可以这样说："我相信你看到我的产品一定非常惊讶！"利用人人皆有的好奇心来引起顾客的注意，销售工作就能因此而展开。

2.巧设疑问，以促销开场

如果销售人员总是把客户的利益与自己的利益相结合，那么所提的问题对销售有很大作用。如果在销售伊始，就开始向客户灌输产品的基本情况，往往会让客户产生排斥心理，根本不易被接受。而如果以问题开场，反倒不容易被拒绝。人们不太容易接受冗长、烦琐的陈述，却不会拒绝回答一个简单的问题。

某个家居用品销售人员在做促销活动中，对潜在的顾客从容不迫地问这样的问题："如果我送给您一套我们的'厨房百事通'，您试用过后，发现很方便，您会期待继续使用下去吗？"

"如果在那时候公司给您一定的折扣优惠，您是否会花钱买下来？"

"如果您在试用中没有发现本产品与普通产品的不同之处，公司再来取回试用产品，您会同意吗？"

这种开场白利用人们贪小便宜的心理进行推销，很少有人会拒绝可以免费用的东西。而且这种设问的句式使问题简单明了，使客户根本没有说出"不"的理由。用赠品做敲门砖，既新鲜，又实用。

3.以赞美和感激作为开场白

在销售中与客户初次见面时，可以用赞美和感激作为开场白。

每个人都喜欢听好听的话，客户也不例外。赞美客户要具体和详细，赞美得越具体，就越能让客户感受到你的真诚。如"孙总，你的车子真漂亮""刘总，你的办公室装修得很有品位"，等等，能迅速拉近你与客户的距离。

在整个谈话过程中，不管客户为你做了些什么，都要认真地说声"谢谢"，比如："王先生，很荣幸能和你面对面地交谈，并十分感谢你在百忙之中抽给我几分钟的时间。我会很简要地进行说明。"作为一个销售人员，当你凡事都向人致谢，就会引起客户的自我肯定，这样会让客户更喜欢和尊重你，并对你留下不错的印象。

4.提及第三人的开场白

一个好的开场白，就应该像一个简洁而且吸引人的广告。通常，在拜访客户之前就要针对其客户做个全面了解，并按需求做好准备。如果对客户需求不是很了解，则可以通过第三人打开销售的局面。

提及第三人的开场白方式，其实算是一种迂回战术。因为每个人都会顾及自己各种各样的社会关系，所以大多数人对于朋友、亲戚等关系介绍过来的销售人员很客气。

这种打着别人的旗号来推介自己的方法很管用，但在实际运用中要保证确有其人、其事。否则，顾客一旦查对起来，就很难再取信于顾客。

总之，无论你使用哪种开场白，都要清晰自己的意图，客户才会愿意回答你提出的问题，从而愿意和你交流。

第76课　提问在销售中的七个作用

【核心提示】提问在销售中所起到的作用是十分巨大的，通过提问，你可以充分挖掘客户的需求。如果提问得好，不仅有利于接触了解客户，而且还能激发并引导客户思路。

【理论指导】

提问题通常要在顾客挑选物品之前，使他觉得他自己在自由地、独立地做出决断，这样可以免遭来自顾客的可能的防卫性反应。

具体来说，提问在销售中的作用主要表现在以下几个方面：

1.利用提问引起客户的注意

被客户拒绝最根本的原因在于你没有引起客户足够的兴趣。之所以采用提问激发购买兴趣，是因为提问给了客户足够的想象空间，让客户自己感动比你企图让客户感动更有效。例如，一个图书销售人员总是从容不迫、心平气和地向客户提出如下问题："要是我送你一套关于个人效率的书籍，你打开书后发现内容十分有趣，你能读一读吗？""如果读了以后非常喜欢这套书，你会买下吗？""若你没有发现其中的乐趣，你将书籍塞进这个包里给我寄回，行吗？"这位图书销售人员一连串的提问简单明了，使客户几乎找不到说"不"的机会。

2.利用提问获得自己所需要的信息

通常客户一开始说出的理由不是真正的理由，提问的好处在于你可以挖掘出更多的潜在信息，更加全面地做出正确的判断。而通常当你说出"除此之外"的一个提问之后，客户都会沉思一会，谨慎地思考之后，说出他拒绝或购买的真正原因。

3.利用提问向客户介绍产品

如果销售员一直在说，而没有问，那么，给客户的感觉是你在对他进行强迫式推销，一味地施加压力。客户愿意和你谈话，是期望你可以在你所擅长的专业方面给出建议。就像医生一样，对现状进行诊断，而诊断的最好方式就是有策略地提问。

在得到客户的相关信息后，一般不要直截了当地向客户介绍自己的产品，你可以利用提问的方式引导客户主动向你探询你的产品，然后再自然地介绍说明产品。

4.利用提问引发客户思考

利用提问的方式可以激发客户进行深入思考，例如："如果这样的问题不及时解决，对贵公司的发展有何影响？""为什么这个如此重要？"这样的问题一经提出，可以让客户意识到如果不购买你的产品，将会有无法解决这个问题的严重性，让他不敢怠慢。

5.利用提问赢得"进攻"的时间

在客户思考的过程中，你可以察言观色，从细微之处捕捉客户的心理变化，并及时制定新的销售策略，为下一次销售赢得宝贵的时间。

6.利用提问探测客户的态度

当你非常用心地向客户解释一番之后，迫切希望了解客户听进去了多少，听懂了多少，他的反应如何。一般的销售员通常在滔滔不绝一大堆之后，就马上停止，没有下文。这个时候客户的表现通常是"好，我知道了，改天再聊吧"或"我考虑一下再说"，等等。如果你在论述完之后，紧接着提问"您觉得怎么样呢"或"关于这一点，您清楚了吗"，效果会好很多，客户至少不会冷冰冰地拒绝你。提问给了客户阐述他的想法的机会，并借此了解客户的态度。

7 利用提问掌控沟通进程

对话的进程决定了销售的方向。如果你是一个善于提问的人，那么你就能有效掌控沟通进程，使销售的发展一直向自己预想中的方向进行。

❦ 第77课　正确使用促成话语

【核心提示】营销人员在和客户商谈的过程中，销售促成话语不是简简单单地拿出真诚与客户进行交涉，聪明的销售人员很会把握客户的心理，明白要根据实际情况进行，不能生搬硬套，知道从哪方面出击更容易打动客户。同时，还要注意看准时机，这样才能真正打动客户，顺利成交。

【理论指导】

在商品经济日益发达的当下，"顾客就是上帝"已成为许多商品生产者和经销者的座右铭，而对待"上帝"，当然不但要和颜悦色，还要客气周到才行。

要想真正得到顾客的认可，应该重视掌握和运用销售语言的技巧。在推销过程中，推销员所说的话及说话的方式、说话

的态度对顾客的影响都是很重要的。因此要注意，不论对方说什么，都先予以承认，即使对方说的不是事实，或是他个人的误解，也不必一口加以否定，同时对于他人的谈话要表现出足够的诚意和礼貌。

尤其是在商谈的促成阶段，更要注意说法一定要委婉，不要过于直接，要正确使用促成用语。下面介绍几种常用的促成方式：

1.二选一的方法

所谓二选一的销售方式，就是通过给客户设定特定的条件，让其从中做出选择，以达到商品成交的目的。比如："您是要这套红色的还是要蓝色的？""您喜欢哪种产品，这种还是那一种？""您是现金还是刷卡呢？"这种二选一的模式意在控制客户的选择范围，让其没有机会拒绝。在面对两种情况的时候，人的本能会主动选择其中认为较好的一个，而两个都不选择的情况则很少出现。因此，运用这种方式能大大提高促成的概率。

2.心理暗示

运用这种心理暗示的方式促成销售，应选择在客户的拒绝口气不是很坚决的情况下，其目的在于告诉客户，如果不选择这种商品或许是会后悔的，从而提升成交的成功率。

3.预设成交

这种方式在客户犹豫时，直接越过向客户征求成效意向的环节，直接跳到成效之后，即用跳跃式的话语，确认假定成交后的事宜。

4.打亲情牌

在某些时候，打亲情牌也不失为一种高明的促成话语。对于谨慎而固执的人，运用这种方式就得想办法为他准备一套理由："你买了这个按摩仪，不但你自己能用，家中其他人也可以用。"比如，一个卖化妆品的销售员正在向一个犹豫不决的女士说："你用了这套化妆品，一定会让你显得更年轻，你对于你的先生肯定更具吸引力，你的孩子也会为你而骄傲的。"这种促成话语让对方瞬间产生一种购买这种商品是为了全家的幸福快乐着想的高尚感，所以促成成交的概率大大提升。

5.激将法

有些人对商谈中的商品基本还满意，但又总觉得差点感觉而出现举棋不定的状态。对于这类人，给予适当的刺激，也许会有效果。比如："你不认为这个商品和你很相配吗？有的人没有这种眼光，你肯定不会没有这点见识的。"相信，再淡定的人也经不起这么一激。

总之，在使用以上促成话语时，一定要根据实际情况进行，切忌生搬硬套。同时，还要注意看准时机，这样才能真正打动客户，达到顺利成交的目的。

❦ 第78课　客户最关心的事，就是你成功的机会

【核心提示】该怎样选择接近客户的话题呢？告诉你一个秘诀，那就是和客户谈他最关心的事。

在销售活动中，销售员在与客户沟通时，应该选择合适的话题，缩短与客户之间的距离，使自己逐渐被客户接受，然后再把话题引向自己的产品，从而开始商谈，这才是成功销售的途径。

心理学研究表明，每个人的心里都很明白，在这个世界上，最重要、最亲近的人就是自己。因此，如果你想让客户喜欢你、接受你，使销售获得成功，就得多花些精力研究客户的一些基本情况，比如了解客户的喜好、品位，这样才能有效说服对方购买你的产品。

营销大师约翰逊在拜访客户时，总是先对客户的情况进行一番调查研究，有时候甚至提前花几个月的时间做准备。等到开始会见时，他已经知道了那个人的兴趣、爱好、消遣和欲望等基本情况。

现在，约翰逊已经成为美国最成功的营销高手之一，在全美营销界享有很高的声誉。人们普遍认为，约翰逊之所以能够取得今日的成就，其秘诀就在于他在推销之前，总是先做大量的准备工作，找到双方的共同话题，并投其所好地说服对方。

美国有一个叫伊尔斯的冠军销售人员，为了能够配合客户的爱好，在短短几年之内努力培养了二十多种不同的爱好。当然，伊尔斯不可能把这些爱好都做到样样精通，要知道，他是在了解到客户对钓鱼、下棋、保龄球等颇有研究之后，为配合与他们商谈时的话题而学习的。他的努力使他得到丰厚的回报——销售额节节攀升。而且，这些爱好一旦养成，还让他终身受益，使生活变得更有情趣了。

在产品销售的过程中，身为销售员的你要时刻记着：主角永远必须是买方、是客户，而卖方必须自始至终扮演配角。如果你在沟通过程中老是以自己为中心，只是扬扬自得地反复谈论自己的感情或只是自夸自己的产品，只管发表自己的看法，而不从买方的角度来考虑，这种说服必定引起客户的反感情绪——这家伙只会谈论自己。

最不愉快的反应恐怕会来自客户的逆反心理——谁听你的。照这种情形，当你终于结束你的高论而请求客户做出购买决定时，得到的反应只会是冷冷的拒绝。

你和你的顾客可能在许多问题上有不同的看法，但是在游说他时你所要强调的是你们的共同价值观、希望和抱负。换言之，很好地把握住客户最关心的事，就找到了成功的机会。

❀ 第79课　给顾客说话的机会

【核心提示】真正的销售高手，绝不会对顾客滔滔不绝，而是想办法让顾客开口说话。这样，既避免了自己言多必失，也可以从顾客的口中得知一些对销售有用的信息。

【理论指导】

现在有许多人，总是喜欢抢先，好像自己先说了，便可以压倒对方或者使对方觉得他不是一个平凡的人；还有好多人，一开始说话便滔滔不绝，自以为是个长于口才者，殊不知别人早已对他有一个恶劣的印象，事实上他已经失败，这根本不是

交谈，完全是他说给人听。

　　在和客户交流的时候，销售人员一定要给客户说话的机会。因为你的话不是说给自己听，而是说给顾客听。所以，不能只顾自己说话，而忽视顾客的感受。如果不听顾客的反馈，不给顾客说话的机会，即使你说得再好听也全是废话。

　　给顾客说话的机会，一方面是表示你的谦逊，使别人感到高兴；一方面是可以借此机会，观察对方的语气神色，给你一个思考的机会。这是个两全其美的方法。

　　一个商店的售货员，拼命地称赞他的产品怎样好，而不给顾客说话的机会，就很难做成这位顾客的生意。因为顾客对你巧舌如簧、天花乱坠的说话，顶多将其看作生意经。反过来，你只有给顾客说话的余地，使他对产品有询问或批评的机会，双方形成讨论和商谈，才有机会做成你的生意。

世界著名记者麦开逊说："不肯留神去听别人说话，是不受人欢迎的第一表现。"想要使交谈促进产品销售，销售员首先要学会做一个有耐心的听众，给顾客说话的机会。这是一种尊重他人的表现。无论对方的地位和身份比你高还是低，你都必须这样做，因为每个人都有自己的表达欲。

换个角度想一下，假如是自己作为顾客，面对滔滔不绝的销售人员，是不是也有一种本能的排斥心理？因此真正的销售高手，绝不会对顾客滔滔不绝，而是会想办法让顾客开口说话。这样，既避免了自己言多必失，也可以从顾客的口中得知一些对销售有用的信息。

如果顾客不喜欢谈论产品，不喜欢谈论工作，那就试着谈论他喜欢说的吧！只要让顾客开口说话，你就可以和他交谈起来，业务的往来也就成为自然而然的事情了。

🌼 第80课　不可不知的**销售忌语**

【核心提示】在和客户沟通时，销售人员应该注意与顾客交谈时的一些忌语，以免引起顾客不满，从而失去进一步沟通的可能。

【理论指导】

在和客户沟通时，销售人员应该注意与顾客交谈时的一些忌语，以免引起顾客不满，从而失去进一步沟通的可能。

说话很容易，张开嘴巴话就出来了，但说好话并不是人人都可以做到的。尤其是对于从事销售行业的人来说，如何说话是一门学问，需要好好学习和实践。以下几个禁忌需要销售人员多加注意：

1.不谈隐私问题

我们要体会客户的心理，而不是去了解客户的隐私，更不是把自己的隐私作为和客户谈话的谈资。大谈隐私是很多推销员常犯的一个错误："我谈的都是自己的隐私问题，这有什么关系？"错！就算你只谈自己的隐私，把你的婚姻、生活、财务等和盘托出，这些对你的销售也没有任何实质性的意义。

所以，无论你多么好奇，都不要主动询问客户的婚姻、财产等隐私问题，问这些问题是不礼貌的表现。即使客户勉强给你一个答案，这个答案也很难保证是真实的。关键问题是就算你知道了这些问题的答案，对销售来说根本就没有任何作用，你又何苦冒着被拒绝的危险去问这样一个毫无用处的问题呢？隐私问题是禁谈的话题，这是必须时刻多加注意的。有不少销售人员都喜欢谈这方面的内容，这是很不好的。

2.少问质疑性话题

在和客户谈话的时候，你是不是会不断地问客户一些诸如"你懂吗""你知道吗""你明白我的意思吗"等问题？如果你担心客户听不懂你说话，不断地以一种老师的口吻质疑他们的话，客户肯定会反感。从销售心理学来讲，总是质疑客户的理解力，客户必定会产生不满，会让客户感觉得不到最起码的尊重，进而产生逆反心理，这样的谈话可以说是销售中的大忌！

请不要质疑客户。你必须明白一点，客户不需要你来教他怎么做，也很反感你怀疑他没有用心听你的解释。喜欢质疑客户的销售人员往往很难取得成功，相反，那些抱着谦虚的态度

向客户求教的人往往能大获成功。

如果你实在担心客户不太明白你的讲解，不妨用试探的口吻去了解对方："您有没有需要我再详细说明的地方？"这样说，会让客户更好地接受你。

3.回避不雅之言

不雅之言，不但顾客不爱听，而且销售人员的个人形象也会因此大打折扣，这是销售过程中必须避免的话。每个人都希望和那些有涵养、有水平的人相处，不愿意和那些"出口成脏"的人交往。在销售过程中，一定要注意语言的优化，不要用一些不雅的言辞。

4.敏感话题不谈

销售成败的标准其实很简单，关键看交易行为是否发生。一次交易行为的顺利完成，往往需要你费很多唇舌，找大家感兴趣的话题。但要注意的是，在商言商，和销售没有多大关系的话题最好别谈论，尤其是一些敏感话题。

5.少用或不用专业术语

在接受培训时，你要很好地掌握专业术语，但在面对客户时，你最好禁用专业术语，因为专业术语往往会影响沟通的顺利进行。有些销售人员通过培训掌握了大量的专业术语，便认为自己学到了很多东西，这些东西必须向别人说明，于是面对客户时，便开口闭口都是术语，好像自己懂得很多，殊不知这样做只会影响双方的沟通。掌握专业术语的目的是为了企业内部的沟通，而不是向客户传达术语。

6.禁说批评性话语

作为一名销售人员，永远没有理由批评自己的客户。如果你见到客户的第一句话便说"你家这楼真难爬"，或告诉对方"你这件衣服真老土"，客户就会很反感。

7.不说夸大不实之词

不要夸大产品的功能，因为客户在以后的日子里，终究会印证你所说的话是真是假。销售人员不能为了一时的销售业绩而去夸大产品的功能和价值，这样的结果就像一颗"定时炸弹"，一旦爆炸，后果将不堪设想。任何产品都存在着不足的一面，销售员要客观清晰地帮助客户分析你的产品的优势和劣势，帮助客户熟悉产品和市场，让客户心服口服。要知道，任何欺骗和谎言都是销售的天敌。

🌷 第81课 布下"最后通牒"的陷阱

【核心提示】谈判中发"最后通牒"一定要注意一些语言上的技巧,要把话说到点子上。

【理论指导】

在谈判中,有些谈判者摆出架势准备进行艰难的拉锯战,而且他们也完全抛开了谈判的截止期。此时,你的最佳防守兼进攻策略就是出其不意,发出最后通牒并提出时间限制。这一策略的主要内容是,在谈判桌上要给对方一个突然袭击——改变态度,使对手在毫无准备且无法预料的形势下不知所措。对方本来认为时间挺宽裕,但突然听到一个要终止谈判的最后期限,而这个谈判成功与否又与自己关系重大,不可能不感到手足无措。由于他们很可能在资料、条件、精力、思想、时间上都没有充分准备,在经济利益和时间限制的双重驱动下,会不得不屈服,在协议上签字。

美国汽车王亚科卡在接管濒临倒闭的克莱斯勒公司后,觉得第一步必须先压低工人工资。他首先降低了高级职员工资的10%,自己也从年薪36万美元减为10万美元。随后他对工会领导人说:"17元一小时的活有的是,20元一小时的活一种也没有。"

这种强制威吓且毫无策略的话语当然不会奏效,工会当即拒绝了他的要求。双方僵持了一年,始终没有进展。后来亚科卡心生一计,一日他突然对工会代表们说:"你们这种间断性罢工,使公司无法正常运转。我已跟劳工输出中心通过电话,如果明天上午8点你们还未开工的话，将会有一批人顶替你们的工作。"

工会谈判代表一下傻眼了，他们本想通过再次谈判，从而在工薪问题上取得新的进展，因此他们也只在这方面做了资料和思想上的准备。没曾料到，亚科卡竟会来这么一招！被解聘，意味着他们将失业，这可不是闹着玩的。工会经过短暂的讨论之后，基本上完全接受了亚科卡的要求。

亚科卡经过一年旷日持久的拖延战都未打赢工会，而出其不意的一招竟然奏效了，而且解决得干净利落。

所谓"最后通牒"，常常是在谈判双方争执不下、陷入僵持阶段，对方不愿做出让步以接受交易条件时所采用的一种策

略。事实证明，如果一方根据谈判内容限定了时间，发出了最后通牒，另一方就必须考虑是否准备放弃机会，牺牲前面已投入的巨大谈判成本。

但是，该方法并非屡试不爽，一旦被对方识破机关，最后通牒的威力可能会反作用到自己身上来。

美国通用电器公司与工会的谈判中采用"提出时间限制"的谈判术长达20年。这家大公司在谈判开始的时候，使用这一方法屡屡奏效。但到1969年，电气工人的挫败感终于爆发。他们料到谈判的最后结果肯定又是故技重演，又是提出时间限制相要挟，在做了应变准备之后，他们放弃了妥协，促成了一场超越经济利益的罢工。

因此，在谈判中发"最后通牒"一定要注意一些语言上的技巧，要把话说到点子上。

🌷 第82课　牢牢掌握谈判的主动权

【核心提示】在谈判过程中，谁占据主动，谁就可能获得较多的利益。所以多掌握一些制约对方的技巧，谈判的胜算才会大一些。

【理论指导】

有人说谈判场就是战场，谈判的过程就是两军交锋的过程，而要想牢牢地控制战局的发展，就需要谈判手具备超前的眼光、敏锐的洞察力，把握好每一次战机，才能彻底地、干净地、坚决地"消灭敌人"。

在谈判过程中，谁占据主动，谁就可能获得较多的利益。所以多掌握一些制约对方的技巧，谈判的胜算才会大一些。

娜拉被某汽车公司制造的一辆卡车撞倒。当时司机踩了刹车，但是卡车还是把娜拉卷入车下，导致其被迫截去了下肢，骨盆也被碾碎。娜拉自己也说不清楚是在冰上滑倒摔入车下，还是被卡车卷入车下的，汽车公司的委托律师尼桑则巧妙地利用了各种证据，驳倒了几名目击证人的证词，娜拉小姐因此败诉，没有获得应得的赔偿。

陷入生活困境中的娜拉小姐向斯蒂芬律师求助，斯蒂芬通过调查掌握了该汽车公司的产品近6年来曾发生了几十次车祸，其原因都是因为汽车的制动系统有问题，急刹车时车子后部会打转，并把受害者卷入车底。

胸有成竹的斯蒂芬对尼桑说："卡车制动装置有问题，你隐瞒了它。我希望汽车公司拿出600万美元来给那位姑娘，否则，我们将会提出控告。"

尼桑回答道："好吧。不过，我明天要去伦敦，一个星期后回来，届时我们研究一下，做出适当的安排。"

一个星期后，尼桑却没有露面。斯蒂芬感到自己上当了，但又不知道为什么上当，他的目光扫到了日历上——斯蒂芬恍然大悟，诉讼时效已经到期了。

斯蒂芬连忙给尼桑打电话，尼桑在电话中得意扬扬地放声大笑："先生，诉讼时效今天过期了，谁也不能控告我们了！希望你下一次变得聪明些！"

斯蒂芬愤怒了，他问秘书："准备好这份案卷要多少时间？"

秘书回答："需要约4个小时。现在是下午1点钟，即使我们用最快的速度草拟好文件，再找到一家律师事务所，由他们草拟出一份新文件交到法院，那也来不及了。"

"时间！时间！该死的时间！"斯蒂芬在屋中团团转，突然，一道灵光在他的脑海中闪现，"肇事的那家汽车公司在美国各地都有分公司，为什么不把起诉地点往西移呢？隔一个时区就差一个小时啊！位于太平洋上的夏威夷在西十区，与纽约时差整整5个小时！对，就在夏威夷起诉！"

斯蒂芬赢得了至关重要的几个小时。当他以雄辩的事实、催人泪下的语言陈述事实时，陪审团的成员们大为感动。陪审团一致裁决：斯蒂芬胜诉，肇事汽车所在的公司赔偿娜拉600万美元损失费！

由此可见，决定谈判成功的关键不是多么会耍小花招，多么会钻法律的空子，而是要敏锐地掌握先机，把握好时间，这样才能夺取最后的胜利。

谈判双方中失去主动权的一方必然就要失去较多的利益。所以，在谈判中必须利用一切可以利用的手段和智慧掌握谈判主动权。

🌷 第83课　逼迫对方接受你的条件

【核心提示】威胁策略的好处就在于，即使对方很不情愿，他也不得不权衡利弊，以重新做出有利于自己的选择。而这个选择，可能就是你对他的要求。

【理论指导】

商务谈判中有很多复杂的、成功的谈判，就是在一方的威胁下，甚至是双方的相互威胁下才达成的协议。

谈判威胁是指在谈判过程中，当谈判双方就所谈问题存在意见分歧时，一方逼迫另一方使其按照己方意愿行事，否则就要采取行动造成一个不利于对方的结果，受到威胁的一方往往会感到一种压力。谈判中的威胁对谈判双方均形成压力。

谈判中的威胁之所以能起到作用，就在于其中的一方（通常是在某些方面掌握主动权的一方）仰仗着自己的优势，以某种条件要挟，强硬地指出了对方的利益关系所在。假如对方不答应你方的要求，他们就必须为此承担相应的损失。为了避免损失太大，被威胁的一方就会权衡利弊，一方面要看答应了你方会造成什么后果，另一方面要看如果不答应你方会造成什么后果，如果相对来说后者的损失更大，那么权衡利弊后，他们当然要选择答应你方了。

原一平在做保险推销员时就曾经巧妙地利用了威胁策略使一个难缠的客户顺利签单。原一平知道山本完全有能力购买家庭保险，而且他也很关心自己的家人。可是当原一平劝他投保时，他总是用各种借口来推脱，并且进行了一些琐碎且毫无意义的反驳。原一平意识到，如果不用点什么好对策的话，这次谈判大概不会成功了。

于是，原一平说："山本先生，实际上您对自己购买家庭保险的要求已经十分明确，而且您也有足够的能力支付相关的保险费用，更重要的是，您比任何人都关爱家人的安全和健康。不过，您仍然不能下定决心购买保险，这可能是我此前向您介绍的保险方式不太适合您。也许我不应该让您签订这种方式的保险合同，而应该签订一种'29天保险合同'。"

山本立即被"29天保险合同"吸引住了，他马上问道："'29天保险合同'是一种什么保险方式？"

山本的疑问完全在原一平的意料之中，他向山本解释说："简单地说，'29天保险合同'与过去我向您介绍的合同保险金额是相同的。不同的是，'29天保险合同'还具有一个重要特点，那就是购买这种保险的人只需要花费常规保险合同50%的保险费用。从这方面来说，它似乎更符合您的要求。"

山本的确对这个条件很感兴趣，原一平从他吃惊而喜悦的神色中可以看出来。山本又问："既然它可以拥有与常规的保险合同同样的保险金额和保险条件，为什么只要花费50%的保险费用就可以了？这个'29天保险合同'应该还有一些特殊的要求吧？"

原一平知道这下才到了谈论实质问题的时候，不过他仍然用不紧不慢的语调说道："你这一问题的答案正是这种保险最独到的特点。所谓的'29天保险'就是指您每月受到保险的日子是29天。比如这个月是5月份，有31天，您可以得到29天的保险，只有两天除外，这两天您可以随意选择。您大概会考虑周末两天吧？因为这种休息时间您通常可以自由支配。"

稍微停顿了一下，原一平继续说道："不过，您打算如何支配您的休息时间呢？为了更有保障，您可能会选择待在家里。但其实有关统计数据表明，家庭是最容易发生危险的地方。"说着，原一平将一些统计资料交到山本手中。

刚才还出现在山本脸上的喜悦表情这时已经荡然无存了。原一平此时将声调提高了一点，说："山本先生，如果您现在马上让我从您家出去的话，我会认为那是情理之中的事情。因为我说了不应该说的事情，我提议的这种保险方式是对您和家人的不负责任，而您对家人的责任感却相当强烈。我在说明这种'29天保险'时说，您每月有一天或者两天没有保障，我担心您会想：如果我正是在这个时间里发生意外伤害怎么办？"

山本很诚恳地点了点头，表示认同原一平的说法。

原一平直视着山本说："山本先生，请您放心。刚才我提出的这种'29天保险合同'只是我冒昧地说说而已，目前我们公司并不认可这种保险方式。所以，您不必为刚才的想法担心。我相信，您早就意识到了常规保险的意义。有了这种保险，您一周7天之内的任何一天都有足够的安全保障，在一天24小时里的每一小时都不会被忽略。不管在什么地方，您都会享受到安全的保障，您的家人也会得到这样的保障。这一定正是您所希望的吧？"

此时的山本还有什么可说的呢？他高高兴兴地购买了费用最高的那种保险，因为他要保证自己和家人时刻都处于一种足够安全的保险体系当中。

没有人愿意被威胁，客户更是如此。这里所谓的"威胁"策略与恶意的恐吓没有任何关系，而是销售人员通过基于客户需求的认真分析，对客户进行的善意提醒。"威胁"策略应该与自身优势等正面说服方法相互结合，否则的话，反而会引起对方的不安，从而造成谈判中出现不愉快的局面。

威胁策略的好处就在于，即使对方很不情愿，他也不得不权衡利弊，以重新做出有利于自己的选择。而这个选择，可能就是你对他的要求。

当然，对方也可能采取相应的威胁策略，从而使谈判陷入僵局。当然陷入僵局也没什么可怕的，但关键是你的威胁对他还有没有用。所以，谈判者一定要掌握好威胁的技巧，才能在谈判中应用自如。

🌱 第84课　学会换位思考

【核心提示】只有从对方的角度出发，我们才能牢牢地把握主动权，或者投其所好，或者打其软肋，进可以攻，退可以守，从而应对自如，稳操胜券。

【理论指导】

在商业谈判的过程中，当有矛盾发生时，试着先将自己的想法放下，设身处地地站在对方的立场，仔细地为别人想一想，你会发现，许多事情的沟通并非想象的那样难。没有人会拒绝善意的提醒，对方一旦按照你的思路考虑问题，便能促成谈判。

有一家精密机械工厂生产某项新产品，将其部分部件委托某个小工厂制造。当小工厂将零件的半成品呈现给机械厂时，没想到，机械厂负责人说该小工厂生产出的产品完全不符合要求。可由于机械厂急需这项产品，形势迫在眉睫，负责人只得让那个小工厂尽快重新制造，但小工厂负责人认为他们完全是按机械厂的规格制造的，不想再重新制造。双方僵持了许久。

机械厂负责人见了这种局面，在问明原委后，便对小工厂负责人说："我想这件事完全是由于公司方面设计不周所致，而且还令你吃了亏，实在抱歉。今天幸好是由于你们帮忙，才让我们发现竟然有这样的缺点。只是事到如今，事情总是要完成的，你们不妨将它制造得更完美一点，这样对你我双方都是有好处的。"

那位小工厂负责人听完，欣然应允。之所以被说服，就在于说服方站在被说服方的立场上去考虑，这样很容易使对方接受。

换位思考是人对人的一种心理体验过程，它客观上要求我们将自己的内心世界，如情感体验、思维方式等与对方联系起来，站在对方的角度体验和思考问题，从而与对方在情感上得到沟通，为增进理解奠定基础。

在日常生活中，人们常常遇到这样一种情况：你在与别人争论某个问题，分明自己的观点是正确的，但就是不能说服对方，有时还会被对方"驳"得哑口无言。这是什么原因呢？心理学家认为，要争取别人赞同你的观点，光是观点正确还不够，还要学会换位思考。谈判中，只有考虑对方的利益才能达成交易，否则哪怕你说得再多，也徒劳无功。

汽车大王福特说过一句话：假如有什么成功秘诀的话，

就是设身处地替别人想想，了解别人的态度和观点。只有从对方的角度出发，抓住对方的利益点，我们才能牢牢地把握主动权，或者投其所好，或者打其软肋，进可以攻，退可以守，从而应对自如，稳操胜券。

丘吉尔说："我们没有永恒的朋友，也没有永恒的敌人，只有永恒的利益。"利益，永远是调动一切的积极因素。对于这一点，世界著名的富翁摩根领悟得非常透彻，他清楚如何利用利益来挣钱。

在摩根的一生中，曾经有过很多合作伙伴，各行各业争着想与他合伙做生意的大有人在。可就在这样有利的情况下，摩根还是给每一个合作伙伴非常优厚的条件。在通常情况下，摩根和合作伙伴的利润分成都是四六分成，摩根四成，别人六成。

有位朋友向他建议："既然有这么多人愿意和你合作，你拿六成也不过分！最少也要五五分成呀！"摩根笑着答道："我拿六成，没有多少人会和我合作；但我拿四成，几乎所有的人都抢着与我合作。单个看，我似乎吃了亏；但是，总体上看，我获得了多少个四成啊！"

因此，说服别人时，站在他人的立场上分析问题，会给他人一种为他着想的感觉，这种投其所好的技巧常常具有极强的说服力。所以，不管面对的是竞争对手，还是合作伙伴，我们都应该多站在对方的角度去考虑问题，多想想他们在想些什么、想得到什么、不想失去什么，然后制定自己的策略。只有这样，我们才能把握主动、因势利导，打开一扇扇通往成功的大门。

🌸 第85课　用幽默缓解紧张局势

【**核心提示**】幽默是商务谈判气氛的润滑剂和特定情况下一招制胜的"杀手锏"。在谈判中采用幽默姿态，可以缓和紧张形势，制造友好和谐的气氛，从而缩短双方的距离，淡化对立情绪。

【**理论指导**】

　　不同的谈判气氛，对于谈判有不同的影响。热烈的、积极的、合作的气氛会把谈判朝达成一致协议的合作方向推动，而冷淡的、对立的、紧张的气氛则会把谈判推向更为严峻的境地，很难真正解决问题。这种情况下，你可以运用幽默的方法来缓解紧张的气氛。

　　幽默能减少人们之间的紧张对立。因为双方代表各自利

益，恐怕很难轻易地让步，谈判期间必有一番唇枪舌剑的苦斗，有时甚至到了剑拔弩张的地步，如果此时某一方代表说句幽默的话，或讲个小笑话，大家一笑，紧张的气氛就可能化解，双方可以继续谈下去，直至取得成功。

幽默对于谈判具有十分重要的作用。很多时候谈判气氛形成后，并不是一成不变的。本来轻松和谐的气氛可能因双方在实质性问题上的争执而突然变得紧张，甚至剑拔弩张，一步就跨到谈判破裂的边缘。这时双方面临的最急迫问题并不是继续争个"鱼死网破"，而是应尽快使谈判气氛缓和下来。在这种情况下，诙谐幽默无疑是派上用场的最好武器。幽默在现代商务谈判中发挥着越来越重要的作用，被作为气氛的润滑剂和特定情况下一招制胜的"杀手锏"。幽默是人情感的自然流露，可以直接让对方卸下原有的防备，它甚至可以像润滑油一样，缓和原本僵持对立的气氛。

1959年，美国副总统尼克松访问苏联。在此之前，美国国会通过了一项控制与苏联经济往来国家的决议。赫鲁晓夫在与尼克松的会谈中激烈地抨击了这个决议，并且怒容满面地嚷道："这项决议很臭，臭得像马刚拉的屎，没什么东西比这玩意儿更臭了！"作为国家元首，这样的场合，这样的讲话有失体面。

尼克松曾认真地看过赫鲁晓夫的背景材料，得知他年幼时曾当过猪倌，于是盯着赫鲁晓夫，说："恐怕您说错了。还有一样东西比马屎更臭，那就是猪粪。"

赫鲁晓夫听了这话，不禁哈哈大笑。

谈判桌上，赫鲁晓夫无所顾忌，出言不逊，好在尼克松幽默诙谐，暗藏讥讽。在谈判中采用幽默姿态，可以缓和紧张形势，制造友好和谐的气氛，从而缩短双方的距离，淡化对立情绪。

适度的幽默对缓解谈判气氛有两大好处：让大家精神放松，并进一步密切双边关系。这样就可以营造一个友好、轻松、诚挚、认真的合作氛围。对谈判双方来说，这些都是具有实质性意义的。

一般人认为，谈判是很正式与严肃的。其实在谈判中运用幽默技巧，可以缓和紧张形势，形成友好和谐的气氛，缩短双方的心理距离，钝化对立感。因此，幽默能使你在谈判中左右逢源，常常在"山重水复疑无路"时变得"柳暗花明又一村"。

❀ 第86课　重视合作性谈判的细节

【核心提示】追求双赢的合作型的谈判应该成为我们谈判中的主要形式。它体现了人与人之间关系的和谐与融洽。

【理论指导】

睿智的谈判高手很善于在一些细枝末节上下功夫。他们在谈判过程中思维非常活跃，谈论的话题也非常广泛，有时还很风趣幽默，但当对手稍一分心，注意力不够集中时，他们便会立刻单刀直入，直奔主题，让对手措手不及。

谈判时，我们要重视细节方面的问题。因为小事情更能体现出大智慧，从小事着眼，更能看出对方的态度、人格、品行……与人打交道，或许是一个不经意间的小动作、一句话就暴露了你的一切。

正式谈判时，穿着十分讲究，衣服要干净合适，符合礼仪。尽量避免穿奇装异服，给对方造成花里胡哨、不够稳重的感觉。鞋子也应注意保持光亮。袜子也不可忽视，有人穿着松松垮垮的袜子，都落到脚跟上了，实在是不雅观。

除此之外，谈判的时间、地点、出席人员等细节问题也不可忽视。细小的地方，有时候也会影响谈判的结果。

除了这些礼节性的问题，在谈判过程中，言谈举止一定要文明有修养，说话要机智幽默，粗话脏话千万不可出口。剔牙、抓痒、上厕所等事都要格外小心，千万不要有什么笑柄留给对方。这些都是礼节问题，做不好只能说明你的谈判能力有限，只能说明你不是一个真正合格的谈判者。

作为一个谈判者，在谈判时要注意各个细节，只有这样，才能在谈判过程中不出一些不必要的差错，从而使谈判更顺利地进行。商业谈判中，最易引起关注的往往是价钱因素，而其他一些因素，诸如服务、产地、质量、包装之类，却往往容易被忽略，或顾此失彼。其实，这些也构成了商品的需求因素。

为此，在谈判中，不宜把自己的目的规定得过于单一。因为若把焦点只定在一个点上（如价钱），就会出现你死我活、无法协调的情况。有时，最后谈成的结果虽然没有达到预定要求，但可能为以后的谈判和扩大合作打下了基础。

第87课 有的放矢，谈判必须有明确的目标

【核心提示】目标是谈判的前提，只有在明确、具体、可行的目标指引下，谈判才能有目的、高效地进行。

【理论指导】

有的放矢是谈判语言表达针对性原则的实际应用。然而，面对着不同的谈判对象，谈判者要真正娴熟、有效地运用却并非易事。要知道，纸上谈兵终不如人们在谈判实践中的体会来得真切与深刻。谈判语言表达的方法与技巧更需要人们在谈判实践的过程中进一步去总结、思考、提高。

我们以话剧《陈毅市长》中陈毅与原国民党的上海代理市长、化学家齐仰之的一场成功对话来进行分析。剧中的齐仰之因被国民党搞得心灰意冷，闭门谢客，并规定了"闲谈不得超过三分钟"的禁令。身为新中国成立后上海新任市长的陈毅，为动员这位试图与世隔绝的老化学家参加新中国的建设，下了很大的决心并费了不少周折才敲开齐仰之的家门。下面是他们的对话：

陈毅："齐仰之先生虽是海内闻名的化学家，可是对有一门化学，齐先生也许一窍不通！"

对于潜心研究化学的齐仰之来说，他所关心的莫过于化学了，现在听说还有一门化学他一窍不通，便要问个明白，他自己先解除了三分钟禁令。

齐仰之："今日可破此一例，请陈市长尽情尽意言之。"

当陈毅向他说明了中国共产党的"化学"之后，齐仰之："这种化学，与我何干，不知亦不为耻！"

陈毅："先生之言差矣！孟子说：'大而化谓之圣。'社会若不起革命变化，实验室里也无法进行化学变化。齐先生自己也说嘛，致力于化学40余年，而建树不多，啥子道理哟？齐先生从海外学成归国，雄心勃勃，一心想振兴中国的医药工业，可是国民党政府腐败无能，毫不重视。齐先生奔走呼吁，尽遭冷遇，以致心灰意冷，躲进书斋，闭门研究学问以自娱，从此不再过问世事。齐先生之所以英雄无用武之地，岂不是当时腐败的社会造成的吗？"

齐仰之："是啊，归国之后，看到偌大的一个中国，举目皆是外商所开设的药厂、药店，所有药品几乎全靠进口……这真叫我痛心疾首。我也曾找宋子文谈过兴办中国医药工业之事，可他竟说外国药用也用不完，再搞中国药岂不多此一举？我几乎气昏了……"

陈毅："可如今不一样了！……如今建国伊始，百废待举，这不正是齐先生实现多年梦想、大有作为之时吗？"

齐仰之："你们真的要办药厂？"

陈毅："人民非常需要！"

齐仰之："希望我也……"

陈毅："否则我怎么会深夜来访？"

此时齐仰之才如梦初醒，承认自己一是"对共产党的革命'化学'毫无所知"，二是"自己身上还有不少'酸性'"。

陈毅："我的身上倒有不少碱性，你我碰到一起，不就中和了吗？"

齐仰之："妙，妙！陈市长真不愧是共产党人的化学家，没有想到你的光临使我这个多年不问政治、不问世事的老朽也起了化学变化！"

陈毅："我哪里是什么化学家呀！我只是一个剂，是个催化剂！"

大家熟知，陈毅是行伍出身，又是中国共产党的高级干部，一向以坦率耿直的风格著称。为实现说服齐仰之的"谈判目的"，就要克服重重障碍，包括转变自身传统语言表达风格。对此，陈毅确实需要下很大的决心。

这场谈判的成功，主要因为两点：一是在于陈毅针对齐仰之的职业特点，以"化学"话题作为突破口，使齐先生自动地取消了自己设置的"禁令"；二是陈毅针对齐先生作为传统文人一生中一再碰壁的身份和经历，在谈论用词上都极富针对性，例如陈毅使用了"差矣""孟子说"等词，以及"碱性""中和""催化剂"等化学名词。

陈毅这种有的放矢的语言表达技巧，终于使原本拒不见客、心灰意冷的老化学家重新燃起已冷却多年的事业心，投身到新中国建设事业的行列中来。陈毅的"谈判目的"通过运用有的放矢的语言技巧，最终顺利获得了实现。

谈判就像其他许多活动一样，"如果你不知道自己将要去哪里，你就会很容易在别的地方停留下来"。目标是谈判的前提，只有在明确、具体、可行的目标指引下，谈判才能有目的、高效地进行。

第九章

拒绝口才

🌱 第88课　先发制人，堵住对方的嘴

【核心提示】对于有经验的人来说，在知道别人将要说一些对你不利的话，或让你办一些你不想办的事情时，不妨抢先开口，从其他不相关的话题开始，坚决不给对方提出请求的机会，利用这种明确的暗示，让对方识趣地把要求堵在嘴里，从而达到拒绝的目的。

【理论指导】

当别人向你提出邀请或其他请求时，总是希望能够被顺利接受。一旦话说出来，你再直接拒绝，会使对方误解你"不给面子"，因而对你产生不满的情绪。

面对这一情形，以守为攻、先发制人是拒绝别人的一个上策。在对方尚未张口前已猜到对方的意思时，你先表达自己在这方面有所不便，以堵住对方之口。因为对方并未明说他的意愿，所以这种拒绝不至于让双方难堪或尴尬。

小张负责某项目的招投标工作，小张的一个朋友来到小张家，这位朋友正有意参加相关工程投标。

小张明知其意，于是灵机一动，在朋友刚进家门还来不及开口时，就立刻说："你看，你好不容易来玩一玩，我都没有空陪你，最近实在太忙了，连吃饭的时间都抽不出。"对方一听这话，赶紧搪塞几句，再也不好意思开口。

由此看来，运用先发制人这一招，重在掌握"先"机，自己已经深知对方将要说的话或事情，就应抢先开口，把对方的意思提前封锁在开口之前。这样就能牢牢掌握在交际中的主动

权，达到巧妙拒绝对方的目的。

再比如接到一个经常找你帮忙的朋友的电话，如果他一开口便问你："最近忙不忙？"如果此时回答"不忙"或"还好"，那么他的下一句自然就会转到正题上来。此时你可以这样回答："忙啊！最近忙得连休息的时间都没有了，每天加班到凌晨，快累垮了。"

听你这么一说，对方自然清楚你是帮不上忙了。而且因为你采取的是提前声明的方法，所以根本不存在拒绝一说，对自己、对对方来说，都不会存在面子过不去的问题。

总之，当你无法满足别人的请求，而又不能或无须找任何借口时，就用"先发制人"的方式，堵住对方说出请你帮忙的话，这样一来，你也就不用为如何拒绝而苦恼了。

🌷 第89课　说"不"是一门学问

【核心提示】当我们想拒绝别人时，心里总是想："不，不行，不能这样做，不能答应！"可是，嘴上却含糊不清地说："这个……好吧……可是……"这种口不应心的做法，一方面是怕得罪人；另一方面，过于直率地拒绝也不利于待人接物。

【理论指导】

在生活中，对于大多数人来说，张口拒绝别人是一件很棘手的事情。面对别人的请求，大都担心拒绝对方会使其感情受到伤害而迟迟不愿张口。但不拒绝又会使自己处于两难境地，对方提出的事情或者对你来说有难度，或者会因此造成自己不小的损失。

相信许多人都会因此而苦恼不已。怎么才能让自己的措辞既能清晰地表达意思，又不会伤及所有人的情感和自尊，甚至即使在拒绝他人时都能让对方愉悦地接受，也是一门高深的学问。

东汉末年，华歆在孙权手下时，名声很大。曹操知道后，便请皇帝下诏召华歆觐见。华歆启程的时候，亲朋好友千余人前来相送，赠送了他几百两黄金和礼物。华歆不想接受这些礼物，但是如果当面谢绝肯定会使朋友们扫兴，伤害朋友之间的感情。于是他便暂时来者不拒，将礼物统统收下来，并在所收的礼物上偷偷记下送礼人的名字，以备原物奉还。

华歆设宴款待众多亲友，酒宴即将结束的时候，华歆站起来对朋友们说："我本来不想拒绝各位的好意，却没想到收到这么多的礼物。但是，匹夫无罪，怀璧其罪。想我坐车远行，有这么多贵重之物在身，诸位想想我是否有点太危险了呢？"朋友们听出了华歆的意思，知道他不想收受礼物，又不好明说，使大家都没面子。他们内心里对华歆的敬意油然而生，便各自取回了自己的东西。

华歆在拒绝朋友时，并没有直言拒绝，而是找了一个这些物品会造成自己人身安全的困扰的理由。纵然大家很清楚他故意推辞，却不会以此为意，因为他给了大家收回礼物的台阶——那是朋友出于对他的爱护才收回去的。这样一来，既不伤害彼此间的感情，还让众人无言可辩、心悦诚服。

华歆短短几句话，给了我们一个启示：在拒绝别人的时候

应该注意维护对方的颜面，让对方非常体面地接受拒绝，对方不但不会忌恨或尴尬，还会因此对你更加信服。因此，当他人的请求你无能为力时，就要学会说"不"。

🌱第90课　得体地拒绝下属的不合理要求

【核心提示】领导者对下属说"不"时，既要坚持自己的原则，又要维护下属的自尊心，激发下属工作的积极性，充分展现自己作为领导的风度。

【理论指导】

对于任何人来说，拒绝别人都是件很棘手的事情。作为上司也一样，对于下属所提出的无理要求如果给予直接拒绝，恐怕会伤害下属的自尊心，并且从另一个方面来看，过于直率地拒绝，也不利于自己待人接物。

有这样一个笑话。一个员工经常请假，领导很不高兴。一次这位员工又向领导请假，领导对员工说："你想请一天假？看看你在向公司要求什么：一年里有365天你可以工作。一年52个星期，你已经每星期休息2天，一共104天，剩下261天工作。你每天有16小时不在工作，去掉174天，剩下87天。每天你至少花30分钟时间上网，加起来每年23天，剩下64天。每天午饭时间你花掉1小时，又用掉46天，还有18天。通常你每年请2天病假，这样你的工作时间只有16天。每年有5个节假日公司休息不上班，你只干11天。每年公司还慷慨地给你10天假期，算下来你就工作1天，而你还要请这一天假！"

当然这只是一个笑话罢了，但该领导拒绝他人的思路却是非常值得我们借鉴的。身为领导，一方面你要对下属的合理要求给予满足，使他们认识到你总是尽量地在帮助他们，应该办的事情都会给他们办；另一方面，对于某些下属所提出的不合理要求，你要在坚持原则的情况下，在委婉地提出不能办的各种原因之后，巧妙地劝阻他们不要得陇望蜀。

也就是说，领导者对下属说"不"时，既要坚持自己的原则，又要维护下属的自尊心，激发下属工作的积极性，充分展现自己作为领导的风度。

🌱 第91课 怎样拒绝领导又不会让其生气

【核心提示】当领导提出一件让你难以做到的事时，如果你直言答复做不到时，可能会有损领导颜面，这时不妨说出一件与此类似的事情，让领导自觉问题的难度而自动放弃这个要求。

【理论指导】

在生活中，常常会被领导安排做一些事情，但有些事情你无法胜任或不合常理，这时你不得不拒绝领导，但又怕直接回绝令领导生气，给自己的职场前途带来障碍。此时，你应该怎么办呢？

当然，拒绝领导是要讲究方法的，领导有可能影响你一生的前程，不可轻易得罪。但如果你能采取一些巧妙而又行之有效的拒绝方法，领导就会谅解你。

1.设法尽力迫使领导自动放弃

当领导提出某种要求而你又无法满足时，设法造成你已尽全力的错觉，让领导自动放弃自己的要求，也是一种好方法。

比如，当领导提出无法满足的要求后，你可以先答复："您的意见我懂了，请放心，我保证全力以赴去做。"过几天，你及时主动向领导汇报："这几天王经理因有急事出差，等下星期回来我再去找他。"

又过几天，再告诉领导："您的要求我已转告王经理了，他答应在公司董事会上认真讨论。"尽管事情最后不了了之，但你也会给领导留下好印象，因为你已尽力而为，领导也就不会怪罪你了。

一般情况下，人们总是念念不忘自己提出的要求，但如果长时间得不到回音，就会认为对方不重视你的问题。所以，即使不能满足领导的要求，只要能做出些样子，对方就不会抱怨，甚至会对你心存感激，主动撤回让你为难的要求。

2.依靠群体替你拒绝

领导要求你做某一件事时，其实你很想拒绝，可是又说不出口，这时候，你不妨拜托其他两位同事和你一起到领导那里去，这并非所谓的三人战术，而是依靠群体替你做掩护来说"不"。

你们可以先商量好谁是赞成的那一方，谁是反对的那一方，然后在领导面前争论。等到争论一会儿后，你再出面委婉地说"原来如此，那可能太牵强了"，而转向反对的那一方。这样一来，你可以不必直接向领导说"不"，就能表明自己的态度。

这种方法会给领导"你们是经过激烈讨论后，绞尽脑汁才下的结论"的印象，而所有的人都不会有哪一方受到伤害的感觉，从而领导会很自然地自动放弃对你的要求或命令。

3.思考后再决定

领导要求你做事时，你要认真思考：这件事自己能否胜任？是否违背自己的良心？然后再做决定。如果只是为了一时的面子，把无法做到的事答应下来，那就是"心太软"。即使这位领导平时很关照你，当他托你办事时，若觉得实在无法做到，就应该很明确地表明态度并向他说声对不起。否则，不仅事情没办成，还会因此得罪领导。

当然，拒绝领导的方法有许多，一定要看好时机，用最自然的形式将你的本意暗示出来。不要惧怕，只要方法得当，和领导也能有商量。

🌷 第92课　借用别人的意思巧妙说"不"

【核心提示】有的时候，你根本不用绞尽脑汁去想那些拐弯抹角的拒绝方式，就能把"不"字直接说出口，并且切断所有后路，让对方无法采取别的方式再对你进攻。不过，在这时，你要借用别人的意思。

【理论指导】

有的时候，你根本不用绞尽脑汁去想那些拐弯抹角的拒绝方式，就能把"不"字直接说出口，并且切断所有后路，让对方无法采取别的方式再对你进攻。不过，在这时，你要借用别人的意思。

某造纸厂的推销员小赵到一个大学推销纸张，找到他熟悉的这个大学的总务处长，恳求他订货。总务处长彬彬有礼地说："实在对不起，我们学校已同某国营造纸厂签了长期购买合同，学校规定不再向其他任何单位购买纸张了，我也应按照规定办。"

这里的"拒绝"表面看来并不是总务处长的意思，因为他把责任已经全部推到学校那里，学校的规定谁也无法反

抗，事情就这么简单。借别人的意思表示拒绝，这种方法看似推卸责任，却很容易被人理解：既然爱莫能助，也就不便勉强。

如果有人求你办事，假如你是领导成员之一，你可以说："这件事我一人说了不算，毕竟我们单位是集体领导，像刚才的事，需要大家讨论才能决定。但是这件事恐怕很难通过，最好还是别抱什么希望，如果你实在要坚持的话，也要等大家讨论后再说。"这样一来，就把矛盾引向了另外的地方，意思是说，不是我不想给你办，而是我决定不了。请求者听到这样的话，一般都会明白。

一个年轻的业务员经常与客户在酒桌上打交道，长此以往，他觉得自己的身体每况愈下，实在不能再像以前那样喝太多酒了。可应酬中又免不了要喝酒，怎么办呢？后来他想到一个办法。每当客户劝他多喝点的时候，他便笑着说："诸位可能不知道，我家里那位可是一个母老虎，我酒气熏天地回去，万一她河东狮吼起来，我还不得跪搓衣板啊？"

业务员这么一说，客户觉得他既诚恳又可爱，自然就不再多劝了。

借用别人的意思拒绝，你也可以虚构一个"后台领导"，把自己的意愿都归到他身上，适当地弱化自己的地位，表现出一种对决策的无权控制，从而全身而退，拒绝的效果立竿见影，对方也无法进一步提要求。

需要提醒的是，利用别人的意思来拒绝也要注意使用方式。最好对方不认识你说的这个人，你借用的这个人跟你的关系又很密切，这样才能把拒绝做好。

因此，借用别人的意思拒绝时，最好是用来拒绝陌生人或者不是很熟悉的人，比如某个推销员或者刚认识的一个还不清楚底细的朋友。但如果是很熟悉的朋友你也借用别人的意思来拒绝，让朋友知道了，会觉得你不够真诚，从而令你的形象大打折扣。

🌷第93课　拒绝要选择适当的时机和场合

【核心提示】向熟人表示拒绝或反对，你一定要有充分的理由，还要注意适当的时机和场合。

【理论指导】

现实生活中，如果是朋友请你帮忙，你在拒绝时，除了要有充分的理由之外，还必须注意拒绝的时机和场合。从时机来说，拒绝要趁早，切忌一味拖延。

小姗逛街时，偶遇一个大姐，对方是小姗从前的邻居，大姐拉着小姗的手问长问短，然后像发现了新大陆似的，指着她的脸说："年纪轻轻的，可不能光为了赚钱，忽略了对皮肤的保养。看你啊，眼角都有皱纹了，皮肤也没有光泽……"

大姐的一番话，让小姗感觉脸上火烧火燎的，恨不能一头扎进美容院，来个脱胎换骨。这时，大姐变魔术似的拿出一沓资料，笑眯眯地说："不如试试这个产品，效果特别好，现在搞活动，价格也优惠不少呢！"

再看看递过来的名片，小姗明白过来，原来这位大姐在搞化妆品推销。小姗本来对这些东西没兴趣，但碍于老邻居的面子，只好接过来，说要拿回去好好看看。

回到家，小姗把资料扔到一边，根本没放在心上。不料，第二天，这位大姐竟拿着两张碟片找到小姗的公司，小姗只好硬着头皮接下来。又过了几天，大姐再次打来电话问："怎么样，选好了吗？"

说实话，小姗根本没时间看碟片，花几千元买套化妆品，她的经济实力也负担不起。后来，她挨不过大姐的催促，只好说："不好意思，我决定暂时不买。"结果这位大姐第二天就一脸阴沉地过来把碟片拿走了，好像小姗欠了她一大笔钱似的。

通常而言，拒绝的时间，一般是早拒比晚拒好，因为及早拒绝，可以让对方抓住时机争取别的出路。无目的地拖拉，则是一种不负责任的态度。

　　小姗在这件事上考虑到面子，没有及时拒绝，但后来却影响了自己与老邻居的关系。所以，在向熟人表示拒绝时一定要趁早，一味拖延反而使事情更糟，对方觉得你连最基本的礼节都不懂。

　　很多人在拒绝对方的时候，因为感到不好意思，而不敢据实言明，支支吾吾，这样会使对方摸不清你的真正意思，而产生许多不必要的误会。其实，在人际交往上，不得不拒绝是常有的事情，因此搞坏交情的并不多；倒是有些人说话语意暧昧、模棱两可，容易引起对方误会，甚至导致关系破裂。

当然，不管你怎样"委婉"地及早拒绝，对方遭到拒绝总归是不愉快的。怎样才能使对方的这种不愉快减少到最低限度，或者反而使双方的关系更进一步呢？这就要求你的态度要诚恳，不要在公共场合当着其他人的面拒绝人。

拒绝他人的时候，一定要考虑周全，让对方不过于难堪。切不可不管不顾，在众人的面前直接拒绝对方的好意，这样会使对方伤得很深。尤其是拒绝熟人时，从时间来说最好趁早，从场合上来说，最好没有第三人在场，这样可以顾及被拒绝人的颜面和自尊，将伤害降到最低。

🌷 第94课　拒绝他人要委婉含蓄

【核心提示】我们不能避免拒绝，但却可以在拒绝时采取委婉含蓄的方法，最大程度地避免因为拒绝而四面树敌。

【理论指导】

如果某人向你提出的要求是不符合原则的，该拒绝的一定要拒绝，同时要讲究说话方式的灵活性。讲究灵活性，很重要的一点是委婉含蓄。

其实，有时我们拒绝的人之所以与我们反目成仇，并非完全是因为我们拒绝了他，更多的是因为拒绝他的语言和方式伤害了他。

张飞在辅佐刘备前，曾经卖过肉。有一次，一个朋友向他打听猪肉的进货价格。这是商业机密，张飞当然不想告诉朋友，但又不想得罪朋友。

于是，张飞神秘地向四周看了看，压低声音问道："你能保密吗？""当然能。""那么，"张飞微笑地看着他，"我也能。"

张飞采用的是委婉含蓄的拒绝方式，其语言具有轻松幽默的情趣，表现了他说话的高超艺术，这让他在朋友面前既坚持了不能泄露的原则立场，又没有使朋友陷入难堪，取得了极好的语言交际效果。相反，如果张飞表情严肃、义正词严地加以拒绝，甚至心怀疑虑，认真询问对方为什么打听这个、有什么目的、是不是也想做卖肉的生意……岂不是小题大做，大煞风景。

我们不能避免拒绝，但却可以在拒绝时采取委婉含蓄的方法，最大程度地避免因为拒绝而尴尬或者四面树敌。巧妙拒绝违反原则的请求，很重要的一点是委婉含蓄，切忌太过直白。

在人际交往中，如果你的朋友提出的要求违反了你的处世原则，这时你既没必要给予他强烈的批评，也没必要直接回绝他。最好的方法就是让对方知难而退，这样既不伤朋友间的和气，也不违反自己的为人处世原则。

有人想让庄子去做官，庄子不想做官，但他并未直接拒绝，而是打了一个比方，说："你看到太庙里被当作供品的牛马吗？当它尚未被宰杀时，披着华丽的布料，吃着最好的饲料，确实很风光，但一到了太庙，被宰杀成为牺品，再想自由自在地活着，可能吗？"这里，庄子虽没有正面回答，但一个很贴切的比喻已经含蓄地表示了让他去做官是不可能的。

315

办任何事都有一个原则问题，不符合原则、违反规定的事情坚决不能办。如果朋友向你提出的要求是违背原则的，那么你就不能答应他，这叫坚持原则。聪明的人不会为保持一团和气而丧失立场，该拒绝的时候一定要坚决拒绝。但要根据双方交往的内容、场合和时间等的不同，采取灵活的策略。

🌱 第95课　记住，拒绝是你的权利

【核心提示】如果面对别人的不合理要求，明明自己做不到，却又违心地答应，这样的结果只能既造成了对方的困扰，又失去了别人对你的信任。所以，说"不"没什么开不了口的，只要站得住立场且对自己有益，就请勇敢地向别人说"不"吧。

【理论指导】

对于大多数人来说，说"不"是一件十分棘手的事。配偶、朋友、孩子、老板、同事总有可能向你提出一些要求或请你帮忙。但是，如果有些事情超出了你的能力范围，而你却碍于脸面，硬着头皮答应了下来，为难的是你自己。其实，你完全有权利对别人说"不"。

拒绝别人不是一件什么罪大恶极的事情，也不要把说"不"当成是要与人决裂。是否把"不"说出口，应该是在衡量了自己的能力之后，做出的明确回应。虽然说"不"难免会让对方生气，但与其答应了对方却做不到，还不如表明自己拒绝的原因，相信对方也会体谅你的立场。

雪莉·茜是好莱坞第一个主持一家大制片公司的女士，她

在30岁就当上了著名电影公司的董事长。为什么她有如此能耐呢？主要原因是：她言出必践，办事果断，懂得拒绝。

好莱坞经理人欧文·保罗·拉札谈到雪莉时，认为与她一起工作过的人，都非常敬佩她。欧文说，每当她请雪莉看一个电影脚本时，她总是立即就看，很快就给答复。不像其他的一些领导，如果给他看个脚本，即便不喜欢，也不表明态度，根本就不回话，而让你傻等。但是雪莉看了给她送去的脚本，都会有一个明确的回答，即使是她说"不"的时候，也还是把你当成朋友来对待。这么多年以来，好莱坞作家最喜欢的人就是她。

通常情况下，如果是遇到一些不好办的事情，很多人总是以沉默来回答，事实上这种不明朗的拖延并不好，让对方感觉不到诚意。其实学会委婉的拒绝同样可以赢得周围人对你的尊敬。

如果面对别人的不合理要求，明明知道自己做不到，却又违心地答应，这样的结果只能既造成对方的困扰，又失去别人对你的信任。所以，说"不"没什么开不了口的，只要站得住立场且对自己有益，就请勇敢地向别人和自己说"不"吧。

🌸 第96课　不好回答的问题，就把球踢给对方

【核心提示】拒绝不一定非要表明自己的意思，许多时候，利用对方的话来拒绝他，是更聪明的选择。只要合理地从对方的话语里引出一个合乎逻辑的相同问题，巧踢"回旋球"，让对方"哑巴吃黄连——有苦说不出"。

【理论指导】

当对方的问题很难回答，问的角度很刁，你回答肯定、否定都可能出错时，那就不要回答，把问题再还给对方，从哪个地方踢来的球，再踢回到哪儿，将对方一军。这是谈话中可运用的一个很普遍、很实用的技巧。

有时候，回绝他人不一定非要表明自己的意思，如果能利用对方的话来拒绝他，是更聪明的选择。只要合理地从对方的话语里引出一个合乎逻辑的相同问题，巧踢"回旋球"，让对

方"哑巴吃黄连——有苦说不出"。

军阀吴佩孚的势力日渐强大，成为权倾一方的实力人物。

一天，他的一位同乡来投靠他，想托他找个差事。吴佩孚知道那位同乡才能平平，但碍于情面，还是给他安排了一个上校副官的闲职。

不久，那位同乡嫌官微职小，再次请求想当个县长，要求派往河南。吴佩孚听了，便在他的申请书上批了"豫民何辜"四个大字，断绝了他的念头。

谁知过了一段时间，那人又请求调任旅长，并在申请书上说："我愿率一旅之师，讨平两广，将来班师凯旋，一定解甲归田，以种树自娱。"看到同乡的要求，吴佩孚简直又好气又好笑，于是提笔批了"先种树再说"五个大字。

面对同乡的无理要求，吴佩孚用对方的言语"将来班师凯旋，一定解甲归田，以种树自娱"为借口，批示让同乡"先种树再说"而拒绝了他。

也许有很多人会有这样的想法：难道我们在现实生活中非要拒绝别人不可吗？我们在拒绝他人时都要采用这些委婉的方法吗？其实，在现实生活中，关于拒绝他人，我们还要注意以下问题：

1.在日常生活中，我们应该真诚地对待朋友和同学，积极地帮助他们。每个人都应该明白一个简单的道理——"平时帮人，拒人才不难"，这种方法主要应用于那些的确违背我们意愿的事情。

2.如果是由于自己能力或客观原因，我们应该坦诚相对，说明自己的实际情况，同时要积极帮对方想办法。

3. 对于某些情况，直接说"不"的效果更好，特别是对于那些违法乱纪的事情，应持坚决的态度来拒绝。对于那些可能引起误解的事情，也应该明确自己的态度，否则会"当断不断，反受其乱"。此外，由于拒绝不明可能会影响对方，也影响事情的发展方向，应该直截了当地拒绝它。

4. 即使我们掌握了一些比较好的方法，在一般的拒绝中，我们也应该语气委婉，最好还能面带微笑，这样既达到了自己拒绝他人的目的，又消除了由于拒绝给对方带来的不快。

第十章

辩论口才

第97课　拐弯抹角，巧设“圈套”

【核心提示】在论辩中，人们有时故意设置种种“陷阱”，诱使对手落入他的“陷阱”之中，进而将对手制服。

【理论指导】

在论辩中，人们有时故意设置种种“陷阱”，诱使对手落入他的“陷阱”之中，进而将对手制服。所谓设置圈套，就是在论辩时让对方不知不觉地随着你设计的路走，以便达到你的目的的一种技巧。体现在社交场合中，即根据当时的情景设置圈套，在对方毫无戒备和觉察的情况下出奇制胜。

一名法国著名演员和一名颇负盛名的剧作家就“是演技重要还是剧本重要”这件事展开了激烈的争论。这场争论发生在一次宴会席上，由于他俩争执得面红耳赤，使其他宾客亦对这件事产生了巨大的兴趣。争论双方你一句我一句，互不相让，不知道争执何时才能停下来。

这时，那位著名演员想出一个解决办法。他说：“你说剧本比演员的演技重要，而我却一直相信演技比剧本重要得多。但是，我们这样争执下去是没有结果的。我看就这样办吧！你不妨利用一张菜单来考验我的演技。”

这么一来，剧作家可高兴了：“哈……菜单上面又没有剧情，想必你是要以一种奇怪的方式把它读出来，博得宾客们一笑，以便收场而已。”于是，同意他如此做。然而，事情却出人意料地往下发展。

这位演员以极凄惨的语调把该菜单朗读了出来，宴会席上的宾客皆受到深刻的感动，每个人都涕泪满面，忍不住哭出声来。

这个例子中，演员巧设圈套，骗取剧作家的"信任"，从而使剧作家为其提供了一个表演的好机会，再充分地发挥了自己的演技特长，不战而胜，可谓心机巧妙。

设置论辩圈套时，必须根据对方在活动中对客观事物的不同的情绪反应，不断地转换语言，调节自己的表情、语调、音色、手势，而不能按照预先准备好的话语，照本宣科，一成不变。因此，只有精心设置语言环境，在对方思想麻痹时，冷不防地发动攻击，他才会落入圈套之中。

❦ 第98课　用比喻增加论辩的说服力

【核心提示】在论辩过程中，如果无法直接反驳对方的质问，不妨采用比喻论辩的方法，形象地说明问题，让对方哑口无言。

【理论指导】

运用比喻来说明事理、论辩是非，不仅言简意赅、增强说服力，而且还能显得幽默生动。

加里宁是俄国布尔什维克的一个杰出的宣传家。一次，他向某地农民代表讲解工农联盟的重要性，尽管他做了详尽的严谨的论证，但听众始终茫然而不得要领。有人问："什么对苏维埃政权来说更珍贵，是工人还是农民？"

加里宁乘机反问："那么对一个人来说，什么更珍贵，是右脚还是左脚？"

　　全场静默片刻，突然爆发出雷鸣般的掌声。农民代表们都笑了。

　　一大篇抽象论证没能说服农民，一个浅显的比喻却说尽其深蕴之理。使用比喻的方法，有时可以直接用喻体代替本体出现，这就是借喻。使用借喻的方法，由于本体并未出现，更能给人们以广阔的想象与联想的天地，增强我们论辩语言的感染力。

　　比喻论证就是运用一些本质不同而又有相似之处的事物来做比方。一个生动形象的比喻，能化深奥为浅显、化抽象为具体、化生僻为通俗，同时能启发人们丰富的联想，使自己的论证如虎添翼，效果倍增。

　　罗斯福第四次连任美国总统时，许多记者都抢着采访他，请他谈谈连任四次的感想。一个年轻记者破例得到罗斯福总统的接待。他没有正面回答青年记者提出的问题，而是先请他吃一块蛋糕。

记者获得这个殊荣，十分高兴，他很快便把蛋糕吃下去了。接着，总统又请他吃了一块。当他刚要开口请总统谈谈时，总统又请他吃第三块蛋糕。青年记者受宠若惊，肚子虽饱了，还是盛情难却，勉强吃了下去。

记者正在抹嘴之时，只见罗斯福总统微笑着对他说："请再吃一块吧！"

记者实在吃不下去了，便向总统说明。

罗斯福总统笑着对他说："不需要我再谈第四次连任的感想吧？刚才您已经亲身体验到了。"

有时候语言确实很苍白，不足以表达你心里的感受。案例中罗斯福没有直接告诉记者他自己的感受，而是让他通过连吃四块蛋糕的感受，体验自己连任四次总统的感想，可谓高明之极。

论辩过程中往往会出现这样的情况，一方固守自己的道理，对对方的论据听而不纳。这个时候，一味地穷追猛打或是急于解释都无济于事，很难使对方心甘情愿地承认你的观点，搞不好还会使得双方僵持不下，适得其反。而实际上你的观点是正确的，只是对方一时还没有理解过来。一旦遇到这种问题时，使用恰当的比喻往往会收到意想不到的效果。

总之，在论辩过程中，如果无法直接反驳对方的质问，不妨采用比喻论辩的方法，形象地说明问题，让对方哑口无言。

🌱 第99课　釜底抽薪，直逼要害

【核心提示】在辩论时，难免面对咄咄逼人或气势汹汹的对手，其语言攻势如同锅中的热水，往往达到了沸沸扬扬的程度。面对这种情况，舌战的当务之急就是抑制住对方逐渐高涨的气势，而抑制的最佳方法就是抽去"锅下的柴火"，从根本上解决问题。

【理论指导】

论辩双方所持的论题都是由一定的论据支持的，如果将一个论题的根据突然抽掉，那么，论题这座大厦就会轰然倒塌。这即是论辩中釜底抽薪、直击要害的方法。

釜底抽薪是一种通过论证对方论据的虚假，来反驳对方论点的方法，也是一种最基本的论辩技巧。因为，论点来自论据，论据包含论点。论据真实，则论点正确；论据虚假，则论点谬误。所以，驳倒了论据，犹如釜底抽薪，刨根倒树，是从根本上对对方论点的反驳。运用釜底抽薪、攻其要害的论辩技巧，一定要紧扣论据与论点之间辩证统一的逻辑关系。如果论据与论点之间并没有内在联系，反驳论据必然落空。

美国第十六任总统亚伯拉罕·林肯年轻时曾经是一个律师，一次，他得知朋友的儿子小阿姆斯特朗被控为谋财害命，已初步判定有罪。他以被告律师的身份，到法院查阅了全部案卷，他发现全案的关键在于原告方面的一个证人福尔逊。因为证人发誓说在案发当日的月光下，清楚地目击了小阿姆斯特朗用枪击毙了死者。对此，林肯要求复审。在这场精彩的复审中，有以下一段对话：

林肯问证人："你发誓说看清了小阿姆斯特朗？"

福尔逊："是的。"

林肯："你在草堆后，小阿姆斯特朗在大树下，两处之间有二三十米，能看清吗？"

福尔逊："我看得很清楚，因为月光很亮。"

林肯："你肯定不是从衣着方面看清楚他的吗？"

福尔逊："不是的，我能确定看清了他的脸。"

林肯："你能认定时间是在11时吗？"

福尔逊："充分肯定，因为我回屋看了钟，那时是11时15分。"

林肯问到这就转过身来，发表了一席惊人的谈话："我可以肯定地告诉大家，这个证人是一个彻头彻尾的骗子。他一口咬定案发当日晚11时在月光下看清了被告的脸。请大家想想，案发当日那天是上弦月，晚上11时月亮已经下山，哪里还有月光？退一步说，就算他对时间记得不十分精确，时间稍有提前，但那时月光应该是从西往东照，草堆在东，大树在西，如果被告的脸面对草堆，脸上是不可能有月光的！"

大家先是一阵沉默，紧接着掌声、欢呼声一起迸发出来。福尔逊傻了眼。

在这里，林肯运用了釜底抽薪的反驳技巧，戳穿了福尔逊的谎言，澄清了事实，彻底驳倒了福尔逊的论点，还小阿姆斯特朗以清白。

釜底抽薪法其实就是要找出对方言论中赖以存在的论据之

虚假处，然后用确凿的事实来论证其虚假性，这样，对方精心构筑的言论布局就会因基础瓦解而全面崩盘。

🌱 第100课　利用正反逻辑进行论辩

【核心提示】如果论辩时不注意逻辑，就会漏洞百出，一旦被对手抓住破绽，很容易不攻自破。

【理论指导】

从逻辑的意义上看，所有的事物都符合自己的逻辑发展规律，所有事物的发展规律都包含在逻辑之内。论辩所使用的语言要符合逻辑才能理顺意通，进而才能话如泉涌，滔滔不绝。古往今来，许多哲学家都很善于利用逻辑来进行诡辩。

汉武帝晚年的时候很迷信，希望自己能够长生不老，于是到处派人搜寻不死药。一天，有人献上不死丹药一丸。当时东方朔正在武帝身边，他上前拿起丹药后，故意好奇地问武帝："陛下，这药可以吃吗？"武帝回答："当然可以吃了。"

东方朔闻听此话，马上把药塞进嘴里，嚼了两下咽进肚里。武帝阻止不及，气得脸色发青，暴跳如雷，就要下令把东方朔拉下去砍头。

东方朔连忙跪下，胸有成竹地说道："陛下，且慢，臣有话要说。"

武帝其实本意并不想杀东方朔，问道："你还有什么话要说的？"

东方朔从容地回答道："陛下，我刚才吃下的可是那传说中的'不死丹药'，可现在我却要被陛下砍头了。如果这药能使人不死，那我为什么要身首异处了呢？可见那'不死丹药'是假的。如果这药确实是那'不死丹药'，陛下应该杀不死我啊。如果杀得死我，就证明了献药之人是在蒙骗陛下。况且我在吃药之前已问过陛下药是否可以吃，陛下已经准许，所以臣才吃了此药。倘若未经陛下允许，臣怎么敢吃呢？若陛下今天杀了我，只会向天下证明陛下被人蒙骗了，恐怕有损于陛下的圣明，而且今后百姓又怎么敢相信您的话呢？"武帝一听，转怒为喜，立刻赦免了东方朔。

在这里，东方朔运用了逻辑手段进行诡辩。他先是吃掉了药，以此为前提，然后在回复武帝时，从不死之药出发，逐步演绎推理。逻辑关系：不死之药——吃了可以不死——东方朔吃了不死之药——所以东方朔可以不死。这时武帝如果杀了东

方朔——不死之药是假的——东方朔吃了也无罪；而如果不死之药是真的，那么武帝杀不死东方朔，杀他也没有用。

如果论敌用正反比较进行诡辩，要反驳这种诡辩，就必须注意对方的材料是否真实、标准是否合理、分析是否全面等。

论辩中常用的逻辑多是指事物、思维的规律以及推理的原则。同样，如果论辩时不注意逻辑，就会漏洞百出，一旦被对手抓住破绽，很容易不攻自破。

🌱 第101课　运用对比进行论辩

【核心提示】在论辩中，正反比照法往往发挥着神奇的作用，它好比一磅重型炸弹，有着巨大的杀伤力。但要特别注意比较事物的强烈反差，制造鲜明的对比，这样才能收到良好的效果。

【理论指导】

俗话说："不怕不识货，只怕货比货。"运用对比，能使事物的特征和本质很容易地显露出来，给人留下极深刻的印象。

春秋时期，齐国大夫宁戚去宋国见宋桓公。行大礼后，宋桓公却不动声色，置若罔闻，非常傲慢。宁戚见此情景，抬起头，长长地吸了口气，说："宋国真危险啊！"

宋桓公不解地问道："你这话什么意思？"

宁戚问："你和周公相比，谁更贤明？"

"周公是圣人，我怎敢和圣人相比？"宋桓公肯定地答道。

宁戚接着说："在周最强盛的时候，如果周公听说有人来见他，即使他嘴里正在嚼着饭，也会匆忙把饭吐出来，先会见客人，即使这样，他还怕失礼。可是您怎么做的呢？宋国如今这样衰落，国内接连发生杀死人的事情，您的王位并不可靠。就算您能像周公那样礼贤下士，有本事的人恐怕也不愿意到您这儿来，何况您如此傲慢呢！宋国的处境还不危险吗？"

宋桓公赶忙道歉说："我没有治国经验，先生请不要介意。"

宁戚将宋的衰落与周的鼎盛、宋桓公的傲慢与周公的谦逊放在一起，制造了一种鲜明的对比，使对方受到强烈的震撼。

在论辩中，正反比照法往往发挥着神奇的作用，它好比一磅重型炸弹，有着巨大的杀伤力。在论辩过程中，将正反两方面的事实加以对照、比较，从而推出正确的结论来，这就是正反比照的雄辩技巧。

对比可以是正反两类事物的比较，也可以是相关相似的两类事物的比较。通过相关或相似的两类事物的比较，能使人们提高对某一事物的认识，提高明辨是非曲直的能力，进而达到我们论辩取胜的目的。

论辩中运用对比法，可以比较同类事物，也可以比较异类事物；可以比较同一对象的不同方面，也可以比较不同对象的同一方面；可以是纵向的比较、横向的比较、现状的比较、历史的比较，也可兼而有之。但不管哪种比较，都应特别注意比较事物的强烈反差，制造鲜明对比。

🌱 第102课　怪问怪答，巧破刁难

【核心提示】要想使用怪问怪答术取得最佳的论辩效果，就必须根据当时的具体环境，选择最独特的角度，运用最贴切的语句来答辩。只有这样，才能取得有力、生动、幽默的效果。

【理论指导】

在论辩中，当对方提出一些奇怪荒谬的问题，如果按正常的方法或从正面回答是难以奏效的，这时，我们可以把对方的话作为背景，采用同样奇怪的语句回答，以怪答制怪问，这就是怪问怪答术。

在1935年的巴黎大学博士论文答辩会上，法国主考官在进行了正常的考试之后，突然向中国年轻的博士生陆侃如提出

了一个奇怪的问题："《孔雀东南飞》这首诗里，为什么不说'孔雀西北飞'？"

陆侃如应声而答："西北有高楼。"

法国主考官的这一问题提得突然又意外，而且提得刁钻古怪，还真难回答。如果陆侃如按常理作答，即使是费尽口舌也不可能令对方满意，因此他便来个怪答，但有根有据："西北有高楼，上与浮云齐。"（《古诗十九首》）既然西北方向有高耸入云的高楼阻挡，孔雀飞不过，只好东南飞了。他的这种怪答，歪打正着，回答得天衣无缝、恰到好处。

施用怪问怪答术，对于论敌的怪问，应根据问话内容而随机应变，以歪对歪，不必拘泥于常理，只要能自圆其说就行。对于论敌荒谬的怪问，使用巧设条件的方法也可以有效地给予解答。

有时候，我们甚至可以直接借用对方制造怪问的内容来回答。

1982年秋，在美国洛杉矶举行了一次中美作家会议。在一次宴会上，美国诗人艾伦·金斯伯格请我国作家蒋子龙解个怪谜："把一只五斤重的鸡装进一个只能装一斤水的瓶子里，您用什么办法把它拿出来？"

蒋子龙略加思索，便回答说："您怎么放进去的，我就怎么拿出来。您显然只凭嘴一说，就把鸡装进了瓶子，那么，我就用语言这个工具，再把鸡拿出来。"金斯伯格说："您是第一个猜中这个谜语的人。"

使用怪问怪答术必须注意的是，并不是杜撰一句话就可达到怪答的目的。要取得最佳论辩效果，就必须根据当时的具体环境，选择最独特的角度，运用最贴切的语句来答辩。只有这样，才能取得有力、生动、幽默的效果。

❦ 第103课　就地取证，现炒现卖

【核心提示】在具体的事实面前，即使再能狡辩的人，也不能置事实于不顾，睁着眼睛说瞎话。

【理论指导】

就地取证术就是论辩者及时抓住论辩现场的某些事物，用作论据，现炒现卖，来反击论敌的方法。由于这些事物都是论辩者在现场的所见所闻所感，也是大家有目共睹的，生动具体，直观性好，一点就明，一说就透，因此往往具有很强的雄辩力量。

大家一定还记得那个关于著名科学家爱因斯坦的"板凳"故事：

爱因斯坦小时候被老师认为是一个不聪明的孩子。在一次手工课，爱因斯坦决定制作一个小板凳。

下课铃响了，同学们都争先恐后地交上了自己的手工作品。只有爱因斯坦没有交上来，他急得满头大汗。那位漂亮而又严厉的女老师用期待的眼神看着爱因斯坦，相信他会交上一件好作品。

过了一会儿，爱因斯坦把自己"制造"的一张很不像样的"板凳"交给了老师。那是一个相当"丑陋"的板凳，一条腿

还歪着，钉子还没有完全钉进去。"就是这个吗？"满心期望的老师非常失望，她举着"板凳"问孩子们："你们见过比这更糟糕的凳子吗？"同学们都一个劲地摇头表示"没见过"。

这位女老师又看了爱因斯坦一眼，挖苦道："我想，世界上没有比这更丑陋的凳子了。"教室里一阵哄笑。

正在这时，爱因斯坦脸红红地说："比这更糟糕的凳子还是有的。"只见他从课桌里拿出了另外两张"板凳"，接着说："这是我第一次和第二次制作的。刚才交的是第三张板凳了，虽然它做得并不好，但比这两张好多了。"

结果，老师被说得哑口无言。

这就是摆事实最直接的办法——示物助说。在具体的事实面前，即使再能狡辩的人，也不能置事实于不顾，睁着眼睛说瞎话。

但如果从现场找来的例证缺乏说服力，那还是别把时间白白搭在这方面为好。所以说，作为一个成熟的辩手，善于挖掘例证是非常关键的。大凡好的例证都能感化别人。爱因斯坦就是让老师在具体的事实面前，自觉惭愧。

运用就地取证术还必须善于洞察事态的发展，思维敏捷，随机应变，及时捕捉机遇，把可利用的现场情况作为我们论辩的武器。

在一次以"做好商业服务工作要顾客理解"为题的论辩赛中，由于双方实力相当，对抗性特强，反方的一名队员不够冷静，言辞不当，带有人身攻击的味道，主持人及时给予提醒。正方的一名队员立刻抓住这个论辩中的小插曲作为论据，进一步阐述自己的观点："我们说，做好商业服务工作主要靠服务员的事业心、责任感，不能靠顾客是否理解来决定我们的服务态度。就像我们今天来参加这场论辩赛一样，不能因为对方的态度不好、不理解，我们就不认认真真地把比赛进行下去。如果像对方所说的观点那样，只有顾客理解才能把工作做好，那么我们的论辩赛不就无法进行了吗？"

由于正方队员反应迅速，及时捕捉对方的一点失误，巧妙地应用到自己的论辩辞中，因而这段机敏的辩辞赢得了观众的热烈掌声。

另外，运用就地取证的方法还必须善于把握对手言论行动中的矛盾。

在辩论中，你可以抓住现场的某些事物用作例证反击对手，采用就地取证的方法。因为这些事物是辩论者在现场的所见所闻，都是大家有目共睹的，具体、直观，一说就透，一点就明，具有很强的论辩力度。

第104课　"绵里藏针"，软中带硬

【核心提示】使用绵里藏针的方法，关键在于你的"针"既要硬，又要扎得准，真正击中对方的要害，使其有所顾忌，便会知难而退。

【理论指导】

论辩中，针锋相对有时候只会让局面变得更加尴尬，而绵里藏针却能在关键时刻起到扭转乾坤的作用。所谓绵里藏

针，用一句明白易懂的话说，就是"软中带硬"。"软"是说话时的语气和态度都比较和缓，"硬"是其中表达的内容有比较强硬的成分。

春秋时期，秦国准备袭击郑国，走到渭国时，这个消息被郑国的一个商人弦高知道了。弦高原打算去周国做买卖，但他不忍心自己的国家遭受战争和灾难，便打算劝秦国主将改变主意。

弦高知道，如果以硬碰硬，肯定会适得其反。于是，他带着4张熟牛皮做礼物，又赶了12头牛去犒赏秦军。他故作恭敬地说："我国的国君听说您将行军经过敝国，特地派我来犒劳您的随从。"

弦高这番话说得非常客气，虽然像丝绵那样软，但丝绵中藏的针却很硬。其弦外之音是：你们要偷袭郑国，但这个消息已经走漏出去了，我国国君已有了防备。由于秦强郑弱，郑国才派出使者慰劳秦军，以尽礼节。如果秦国不识相，那就只好兵刃相见了。

先说软的，可以在强敌面前取得进一步论辩的机会；再说硬的，就可以显示一些威慑的力量。软的为绵，硬的为针。日常生活中，我们在说话时也应学会绵里藏针、软硬兼施。

使用绵里藏针的方法，关键在于你的"针"既要硬，又要扎得准，真正击中对方的要害，使其有所顾忌，便会知难而退。

我们在使用这种技巧时，要注意用敬语、委婉语，以"绵"争取人心，又要适当使用反问句等，阐明自己的观点，不忘"藏针"。

论辩中使用绵里藏针的方法有两个要点：一是能够听出对方的弦外之音，否则只能让自己沦为他人的笑柄；二是语言表达要委婉含蓄，话要说得巧妙，让对方心领神会，明白你话中藏针之处。

🌱 第105课　把握进与退的时机

【核心提示】论辩中，面对不利于自己的情况，避其锋芒，"退"也是另一种方式的"进"。因而在论辩和反论辩过程中，一个雄辩的人就必须审时度势，把握进与退的时机，才能立于不败之地。

【理论指导】

人们习惯认为，论辩时似乎只有针锋相对才能压制住对方的气势，其实不然。适时退却更有利于取得论辩的主动地位。在一些论辩高手眼中，退一步并不是消极避让的"逃跑主义"，而是为了先看出矛盾所在，然后从容出击强敌，问题自然可以得到更好的解决。

人们一般都有这样的常识：要用拳头击倒对方，如果先缩回了胳膊再撞击出去，一定会重重击倒对方。以退为进，比只进不退好，因为通过退可以积蓄更大的进的优势，最后取得的效果更大。

《艺文类聚》中有这样的故事：

晋文公有一次吃烤肉，端上桌时，竟发现肉的外边缠绕着头发，便大发雷霆，唤来烤肉的厨子。

厨子知道烤肉上有头发是对晋文公的大不敬，是失职，要判死罪，就连忙跪下"认罪"说："臣该死！臣的罪有三条：其一，我切肉的刀锋利得如宝剑一样，切断了肉却没有切断肉里的头发；其二，我用铁叉串起烤肉，反复翻动，却未看见肉上有头发；其三，肉被烤得焦红直到被烤熟，可是缠在肉外面的头发却不焦。"最后他又提醒文公说："是不是有人嫉妒我呢？"晋文公听了这一番话，猛然醒悟，马上派人调查，果然是有人陷害厨子，于是严惩了那个家伙。

厨子以清醒的头脑和巧妙的辩解，为自己开脱了死罪，并且使陷害他的人自食其果。聪明的厨子用"以退为进法"，表示自己"认罪"，以稳定晋文公情绪。因为封建专制君主操纵着生杀大权，出现烤肉上有头发的事故，厨子如不认罪，或认罪的话讲得不好，身家性命就可能毁于一旦。其次他利用事实具体解释，从而为自己辩解：如果烤肉上有头发的话，难道快刀切不断头发，翻动看不见头发，烤肉烤不焦头发？全此，厨子引出"是不是有人嫉妒我呢"的结论。通过调查，终于找到并且处置了元凶。

论辩过程中，当你发现形势对自己不利时，就必须明智地撤退。退却看起来是软弱的表现，但这正好可以用来麻痹对手，消除对方的戒备，掩盖自己准备进攻的意图。

以退为进是一种有效的论辩策略。它表面是退缩，实质是为了更好地进。就像拉弓箭一样，先把弓箭向后拉，目的是为了把箭射出去。论辩中，面对不利于自己的情况，避其锋芒，"退"也是另一种方式的"进"。因而在论辩和反论辩过程中，一个雄辩的人就必须审时度势，把握进与退的时机，才能立于不败之地。

运用这种方法要注意的是：知己知彼，方能百战百胜；退要适度，进要有力，犹如拉弓，过度拉弓弦易断，拉弓不够则不能把箭射远。此外，生拉硬扯是不能取得好结果的，只有顺应对方的话题和心态，自然而然，顺理成章，才能退得巧妙、进得有力。

第十一章

领导口才

🌱 第106课 提问胜于执行

【核心提示】 过去的领导者可能是一个知道如何解答问题的人，但未来的领导者必将是一个知道如何提问的人。

【理论指导】

美国创新领导中心曾经对191位企业成功领袖做了深入的探讨，他们发现这些人成功的关键在于：他们善于制造发问的机会，并且懂得如何提问。管理大师以及成功的企业经理人一致认为：提问是最重要和最有力量的管理工具。

的确，一句"为什么"可以引发人们的思考，当人们开始思考的时候，对问题的认知将更加深刻。领导在与下属的沟通中，一句"为什么"通常能将他们敷衍的回答打消掉，而进入一个思考的过程，这个时候他们的回答才更接近真实。

因此，我们可以说，通过提问可以管理下属，可以鼓励员工开发创新性思维，可以引导员工积极主动地解决问题，可以

帮助员工快速成长。

美国国务卿基辛格，他不仅在外交工作中有着出色的政治手腕，而且在处理白宫内部事务工作上，也是一个巧于借用提问来管理下属的智慧能手。

基辛格有一个习惯，凡是下级呈报来的工作方案或议案，他先不看，压它三五天后，把提出方案或议案的人叫来，问他："这是你最成熟的方案吗？"这时，对方通常会思考一下，一般不敢肯定是最成熟的，只好答说："也许还有不足之处。"基辛格即会叫他拿回去再思考和修改得完善些。过了一些时间后，提案者又一次送来修改过的方案，此时基辛格再认真看，然后问对方："这是你最好的方案吗？还有没有比这更好的方案？"这时，提案者进入更深层次的思考，把方案拿回去再研究。就是这样反复让别人深入思考研究，用尽最佳的智慧，达到自己所需要的目的，这不愧为基辛格的一大高招。

管理者要做到全程掌控，是做下属没法做成或没有权利和能力做的事情，而不是整日为琐碎事务而忙碌。优秀的管理者，可以通过提问的形式充分调动下属发挥主观能动性，让所有的下属都尽职尽责。

现代管理学之父彼得·德鲁克非常赞同提问的重要作用，他曾经说过：过去的领导者可能是一个知道如何解答问题的人，但未来的领导者必将是一个知道如何提问的人。被誉为世界第一CEO的杰克·韦尔奇也认为：真正问最多问题和最好问题的那些人，才是领导者。

事实上，优秀的领导者还可以通过提问来提高团队的工作效率、活跃会议气氛、解决存在的问题、帮助团队克服困难、协调各种矛盾，从而提升整个组织的整体实力，强化其整体战略、愿景、价值观等。

然而什么才算是有效的提问呢？关键在于不应该只将问题和答案视为单独的一个点，而是要在问题与可能的答案之间间隔一条虚拟的路径，借由它整理思绪激发创意，一点一滴地完成一个具体而且崭新的方向。

看准对象、机会的问话，可以使你获得所需要的信息、知识和利益，帮助你了解对方的需要和追求，从而达到人与人之间的交流和互助，促成交往的成功。

🌷 第107课　领导者要善于用提问来解决难题

【核心提示】如果有些难题运用正常的策略无法解决，用迂回的方式提问也许会得到意想不到的效果。

【理论指导】

生活中，每个人都会遇到一些很棘手的难题，但又不得不解决，领导也不例外。这时，你可以用提问的方式来巧妙解决难题。英国军事理论家利德尔·哈特在《间接路线战略》一书中说："从战略上说，最漫长的迂回道路，常常又是达到目的的最短途径。"如果这些难题运用正常的策略无法解决时，用迂回的方式提问也许会得到意想不到的效果。

提问是激发人们主动思考的重要工具，不过前提是问对问题。在提问之前，领导者要深入了解被提问者的现状、目标和背景。

十月革命取得胜利，意味着沙皇统治的皇宫被革命军占领了。当时，愤怒的俄国农民们拿起火把准备点燃这座举世闻名的建筑。愤怒之火把皇宫付之一炬，好像也无法表达他们对沙皇的仇恨。

在场的也有一些知识分子，他们深知皇宫的价值，纷纷出来劝说，但这对义愤填膺的农民们来说没有任何说服力，依旧坚决要火烧皇宫。

危急时刻，有人向列宁报告，列宁得到消息后很快赶到现场。看到现场的紧张气氛，列宁知道硬劝不行，于是就用委婉的口气恳切地说："亲爱的农民兄弟们，皇宫是可以烧的。但在点燃它之前，我有几句话要说，你们看可不可以呢？"

农民们一听列宁并不反对他们烧皇宫，就异口同声地说："当然可以了。"

"请问，以前是谁住在这座房子里？"列宁问。

"是万恶的沙皇统治者！"农民们大声地回答。

"那房子又是谁修建起来的呢？"列宁又问。

"是我们人民群众！"农民们坚定地说。

"那么，既然是我们人民修建的，现在就让我们的人民代表住，你们说可不可以呀？"

农民们开始点头。

"那你们还要烧掉人民住的房子吗？"列宁再问。

"不烧了！"农民们齐声答道。

就这样，皇宫终于保住了。

可以想象，如果列宁一上来就不让农民烧皇宫，能不能保住皇宫暂且不论，愤怒的人们甚至还会迁怒于他。所幸列宁没有只讲大道理，而是循循善诱地、有策略地将道理讲得具体而生动，引人思索，让人们觉得是这么个道理，从而达到了目的。

事实证明，迂回提问的方法是有效解决问题的一个上佳策略。作为领导要善用提问的方式解决难题。当下属对某些问题比较敏感、有所忌讳而不便直接询问时，就需要迂回曲折、委婉含蓄地提问。

🌷 第108课　领导怎样说话才会有权威

【核心提示】领导话语的权威，并不是靠呵斥、发脾气所树立起来的，而是靠与员工之间的亲和力建立起来的。

【理论指导】

身为领导，要想让自己的命令得到贯彻执行，说话就得有权威。虽然你不必过于矜持，但要让你的下属意识到：你是领导。这样，即使是活泼、轻佻的职员也不至于去拍你的肩膀，或拿你的缺点肆意开玩笑，否则你将是一个失败的领导。

领导要保持自己的威严，在无形中造成员工对你的尊敬之意，这样，会为你的工作顺利开展创造条件，员工会处处——至少在表面上尊重你的意见，当他们执行任务有困难时，会与你商量，而不会自作主张、自行其是。

身为领导要想有权威，就要特别注意自己讲话的分寸。在办公室里跟员工讲话，要亲切自然，不能让员工过于紧张，以便更好地让员工领会你的意见；但是在公开场合讲话，要威严有力，有震慑力。

领导话语的权威，并不是靠呵斥、发脾气所树立起来的，而是靠与员工之间的亲和力建立起来的。那么作为一名优秀的领导，该怎样说话才能树立自己的权威呢？

1.要言简意赅，长话短说

领导讲话时，不可滔滔不绝、没完没了，不管你有多能说，也要抓住关键问题，突出重点，这样既能使人牢记于心，易于接受，又能为自己增添几分权威感。例如某人写了很多封应征信，填了很多张申请表，一一寄出，均石沉大海，不料得

到了一张回邮的明信片，仅有"某时面谈"简简单单几个字，他一定终身忘不了这张短短的回邮。

2.要最后出场讲话

说话时愈将重点放在后面，愈能显出所说的话的重要性。"重点置之于后"，中国人最具有代表性。例如舞台上的角儿露脸，最后出场的角儿必定是最重要、最顶尖的了。

3.可以采用幽默的讲话风格

幽默的话易于记忆，又能予人以深刻印象，领导用幽默的语言来自我标榜，必定会使你的话语更深刻地留在他人心中。

4.话要说得有条理

领导讲话要有顺序，选择什么线索来整理说话内容，可看需要而定。要注意通俗易懂，忌讳古词语、专业用语。当然还要注意吐字清晰、语速适当。

5.句子要简短

短句子说起来轻松，听起来省力，吸引力也强。最好一句话一个意义，一句话的含义过于复杂，听者费力，交流就多了一层障碍。

🌷 第109课　主持会议要善于引导

【核心提示】主持人打开局面、引导会议进行的说话技巧，取决于他的认识水平和良好的思维能力。

【理论指导】

会议的目的就是讨论和解决问题，领导在做会议主持人时，要积极引导，使会场呈现出轻松活泼、毫不拘谨的局面，让与会者畅所欲言。只有这样，才有可能从各种角度发现问题、提出问题、分析问题、解决问题，从而达到开会的目的。

领导在主持会议的时候，要想顺利打开局面，维持会议的正常进行，引导会议朝预想的方向发展，取决于领导的认识水平和良好的思维能力。

这就要求主持人要能够洞察现场情势，抓住众人共同关心的话题，广开言路。可以带头发言，为他人做好铺垫；也可以言语诙谐，吸引与会者的注意力，使那些态度漠然者也能积极投入；还可以层层设问，启迪思考，借助"头脑风暴"倾听更多意见。

主持会议的一项重要职责就是搭桥连接、过渡照应、承上启下，把整个会议连成一个有机的整体。主持者在这个过程中，可以通过机敏的反应、良好的口才、高超的组织概括水平，有条不紊地完成各项任务。

当然，由于会议类型不同，连接话语长还是短，要根据具体情况而定，不能生搬硬套。若需要连接语，既可顺带，也可反推；可以借言，也可直说；可以设疑，也可问答。总之，要使其别开生面，恰到好处。

当会议出现沉默的时候，主持者首先可以试试激将法："老张向来能说会道，今天怎么会甘拜下风呢？"这样一激，老张还能不一吐宏论吗？或者可采用迂回方式使人开口："小王，你一直保持沉默，是不是身体不舒服？"对方可能会予以反驳，你正好顺水推舟："那你就是有不同意见了，说出来让大家听听嘛。"有时也可以就某人的发言因势利导，引导大家顺此深入讨论："老杨认为我校提高教学质量的关键，在于联系实际改进教学方法。大家对此议论一下吧！"这对老杨是个鼓励，大家的讨论也有了方向。

主持会议时，如遇到冷场，要善于启发，或选择思想敏锐、外向型的人率先发言。有时可以提出有趣的话题或事例，活跃一下气氛，以引起与会者的兴趣，使之乐于发言。遇有离题情况，可根据具体情况，接过议论中的某一句话，或插上一句话做转接，巧妙柔和地使议论顺势回到议题上来。

生动的语言对于活跃会议气氛、打破沉默局面、调动与会者情绪具有重要作用。幽默型的领导主持会议，会议气氛一般比较活跃，与会者参与的积极性较高。在主持会议时，适当插入幽默语言，能增强讲话的生动性、趣味性，使与会人员在紧张的会议中获得放松，促使大家在轻松愉快的氛围中完成会议任务。

主持人在引导会议讨论时应有较高的认识水平以及良好的思维能力。在会议上，要善于提问、积极引导，能够从不同层面上发现问题和提出问题，进行辩证式思维、逆向式思维、发散性思维，对问题的看法不仅从质上去认识，而且还能从量上进行分析、界定。

当会议进行中发生争执时，如果因事实不清，主持人可让与会者补充事实。如事实仍不甚清，可暂停该问题的争执。主持者应设法缓和冲突，而不能激化矛盾，更不能直接参与无休止的争吵。

　　会议进行到最后，主持人发言时，要先对前面的发言或讲话中最精华的东西给予概括和肯定，画龙点睛，做好铺垫；然后根据会议议题的内容，渲染蓄势，让听众感到贴切自然、顺理成章。

　　总之，主持会议局面有赖于领导者的引导能力，但在根本上还在于领导者较好的素质。这就要求主持者善于观察与会者的性格、气质、素质和特点，并根据各类人员特点，区别对待，因势利导，牢牢掌握会议进程。

🌱 第110课　下达命令多使用建议口气

【核心提示】工作中，作为领导者，对下属下达任务、发号施令是很常见的事情。领导者注重下达命令的艺术，不仅可以消除下属的逆反心理，提高执行效率，而且有助于团结下属，鼓舞团队的士气。

说到命令，人们可能会想到在战争中"军令如山"，领导下了命令，下级不得不赶紧执行，于是认为以命令方式去指挥下属办事的效率最高。但在实际工作中却不尽如此。

一些领导颐指气使，有事就大嗓门地命令下属去做。他们认为只有雷厉风行才能产生最佳效果，命令别人去做事的时候也不看人家的意见如何，反正一句话："做了再说！"一般来说，这样的领导比较有能力，在下达命令之前是经过一番深思熟虑的。但久而久之，下属对领导产生了依赖，什么都不问就照领导说的去做，反倒失去了积极性和创造性，成为一个只会办事的机器。而有些下属面对领导铺天盖地的命令，连问一句为什么的机会都没有，自己想不通当然就不愿去做了，而不愿做的事要被迫去做是很难做好的。

李先生经营着一个有五六百名员工的企业。不管是在业务上还是在管理上，李先生的努力都有相当的成效。他运筹帷幄，指挥若定，威风八面，宛如领军千万的大将，好不神气。可是，李先生却拿他儿子没办法，每次一见面，没讲三句话就会争吵。

这天，他又和儿子因为一点小事吵了起来。就在双方面红耳赤之际，儿子突然间就住了口，然后一字一字地说："爸，再这样吵下去也不是办法，能不能请你以后不要用命令的口气跟我讲话？我是你儿子，而不是你的下属。"

"你是我儿子，我命令你又怎么了？"李先生理直气壮地说。

"你可以命令，但我也可以不服从你的命令。整天一副教训人的口气，真不知道你的下属怎么受得了你？"儿子说完，直接打开家门出去了。

儿子走后，李先生冷静一想，他竟然没有意识到自己处处以命令的口吻和人说话。怪不得，员工很少跟他沟通，甚至有人遇到了他还想躲着走。这天晚上，他开始反思。

一觉醒来，李先生一大早就到了公司。因为早上要开一个重要的采购会议，讨论的是采购一种新型机器，到底是用国货好还是日本货好。依采购部的报价，日本制的价格便宜，东西也不差，可是工程师却主张买国货。

会场上，李先生让总工程师发表意见。这是一种表面上的礼貌，总工程师也知道，老板对这件事情早就心有定见，问他只是个形式，因此他说不到五分钟就说没意见了。若是往常，李老板这时通常会直接说："不用再说，这就是我的决定。"

但今天竟然是："总工程师，你的意思是不是这样：日本制的机器，价格虽然便宜，东西也不错，可是将来如果出了毛病，要他们来做售后服务，问题就来了，他们的人因为语言问题无法跟我们直接沟通，找来的翻译对精密仪器又是外行，机器坏在哪里，我们无法充分了解，下次再发生同样的问题，还是要请他们的人来，说不定还会耽误生产时间，如此算下来，还是买国货比较便宜！"

看到李先生今天的态度不同往日，总工程师的眼睛渐渐亮了起来。他打起精神，再次补充。就这么你一言我一语，大家滔滔不绝地讨论了起来。

权力在手是一件好事，同时对下属发布命令也是一种满足，但领导者一定要把握好分寸。试想如果下属听到"不用多问，这是命令"，或者"上级就是这样指示的，照着做就可以了"之类的话，心里会怎样想呢？这样能让他心甘情愿地去做事吗？像这种不顾实际情况，不管下属的感受，而只管发布强制式命令的做法应该尽可能地避免。因为这样布置工作只会引起下属的反抗心理，而不会收到预期的效果。

要吩咐下属去办一件事，命令的方式是不可少的，特别是在事情紧急的情况下，一分一秒都是宝贵的，没有时间给你详细地解释。但更多的时候，最好还是以建议的方式。

领导如果采用商量或建议的口气说话，下属就会把心中的想法讲出来，如果领导认为说得有道理，就不妨说："我明白了，你说得很有道理，关于这一点，你看这样行不行？"诸如此类，一面吸收对方的想法和建议，一面推进工作。这让下属觉得既然自己的意见被采用了，就会把这件事当作自己的事去认真做，自然也会产生良好的效果。

事实证明，多用"建议"而不用"命令"，往往会收到意想不到的效果。因为这样做能维护对方的人格尊严，使他有一种被尊重的感觉，执行任务时总是会尽心尽力。

✿ 第111课　说话语调要优美

【核心提示】如果说话没有声调，就不能感染人，不同的声调可以表达不同的感情。平时我们说话，要想吸引和感染别人，就一定要感情充沛、以情动人。如果我们说话冷冰冰的，就如同饮一杯白开水，索然无味，也会因枯燥乏味而无法引起别人的兴趣。

【理论指导】

　　语调的优美可以增强领导魅力。声音作为一种语言形式，影响着所要表达的内容。即使你天生音质不太好，也一定要学会如何让语言抑扬顿挫。声音优美、停顿有力还不够，我们还要把握好说话的音量。

　　什么情况该用多大的声音说话，吐字清不清晰，这都决定了我们的语言是否能够感染别人。

　　在某次会议上，因发电影票问题，引起了与会者的不满，有几个人怒气冲冲地来到会务组兴师问罪。会务组组长是位语言心理战老手，他向对方解释时的声音越来越小，嘴巴也越来越靠近对方的耳朵，最后简直是贴在对方的耳朵上说悄悄话。对方的脸色也由阴转多云，多云转晴。最后，组长拍拍对方的肩膀，亲热地问了一句："明白了吧？"

对方点了点头，微笑着告辞了。

事后，有人询问组长："组长，您跟他说了些什么，这么见效？"

组长的回答令人大吃一惊："其实我什么也没说！"

"那对方为什么消了怒气呢？"

"因为我跟他说话的方式使他消了气。"

中国有句俗话：有理不在声高。如果你天生就是大嗓门，那就只有尽量降低自己的音量，每个人的耳朵都有一定的承受能力。

同样，身为领导，如果你说话声音微弱低沉、吞吞吐吐，往往给人一种怯懦的感觉，有损于领导形象，也不利于内容的正常表达。说话是一门艺术，一段话出自演讲家的口中和出于一个没有文化的人口中，对受众所产生的效果绝对是不一样的。因为演讲家懂得用最适当的语速、最优美的声调、最清晰的吐字来吸引听众。

在日常的语言表达中，你是否存在着以下这些缺点呢？

口头语太多，而且总是把一句话重复一遍又一遍；一说话就摆官腔，一股居高临下的官方语气和作风；语调酸味十足，拿腔拿调；与人交谈总是前不搭言后不搭语，含糊其词……

这些缺点常常会给人以最直接、最明显的感觉，因此需要你在工作实践中不断磨炼自己的嘴皮子，改正这些缺点，逐步提高。当然，这不是轻而易举能够做到的，一定要有耐心，不断努力。

第112课 领导讲话要有吸引力

【核心提示】 高超的讲话艺术是一个领导形象的展示。优秀的领导者永远能够吸引下属的注意力，能够明确表达自己的观点，能够在适当的时机把适当的信息传达给下属。

【理论指导】

古话说，"文如其人"，其实很多时候"话"也如人。作为领导，下属当面接触你的机会可能不太多。他们了解你，主要通过你在各种场合发表的讲话。身为领导，经常抛头露面，成为各种场合和各种活动的焦点和中心，如果讲话足够有吸引力，也有利于提升在下属心中的形象。

一个领导者讲话的精彩程度，会直接关系到下属对他的信赖程度。一个只会念稿，讲话如念经文，或云天雾地、不着边际神侃的人，是不会有太多人喜欢的。

高超的讲话艺术是一个领导形象的展示。一个优秀的领导者永远能够时时吸引下属的注意力，能够十分明确地表达自己的观点，能够在适当的时机把适当的信息传达给下属。

目前很多领导者讲话水平在不断提高，有时没有讲稿也能滔滔不绝，如数家珍，一口气讲上两三个小时不成问题。不得不承认有人确实讲得很精彩，但也有一些讲话，我们实在不敢恭维。有的领导讲话，枯燥无味，让人听起来实在难受，很多人深受听会之苦，甚至有人为躲避听领导讲话，请假、会上打瞌睡、玩手机游戏、频频借故出入会场，等等。

某单位在开会时，该领导在主席台上口若悬河讲了半天，结束时，台下掌声四起，讲话者以为是讲话精彩所致，不料听到下面有人长出一口气说："总算讲完了。"原来，大家是为结束而鼓掌！

还有一个与此类似的事例。

据说，某地召开"×××动员大会"，为了"强行"让与会者坚持听完会议，会议组织者不得不紧锁会场大门，会议没结束时谁也别想"溜会"。有的甚至采取会场内外录像、会议结束后点名等方式，限制逃会者。

这些都说明了这些讲话者的高谈阔论何等不受人欢迎。由此可见，一个人讲话空洞乏味、没有思想、没有与众不同的见解，只能在公众面前丢面子、掉链子。

西方有位哲人说过："世间有一种成就可以使人很快完成伟业，并获得世人的认识，那就是讲话令人喜悦的能力。"

第十二章

演讲口才

🌱 第113课 追求"演"与"讲"的和谐统一

【核心提示】 "演"和"讲"二者缺一不可，相辅相成。但是，"演"与"讲"的和谐必须是以"讲"为主，以"演"为辅，"演"必须建立在"讲"的基础上，否则便失去了演讲的意义。

【理论指导】

演讲是演讲者在特定的环境中，借助有声语言和态势语言的艺术手段，针对社会的现实和未来，面对广大听众发表意见，抒发情感，从而达到感召听众并促使其行动的一种现实的信息交流活动。

需要指出的是，演讲如果只有"讲"没有"演"，只作用于听众的听觉器官而不作用于听众的视觉器官，只注重演讲的实用性而忽略了演讲的艺术性，会使演讲不伦不类、干巴枯燥，因而削弱演讲的效果；如果只有"演"而没有"讲"，只作用于听众的视觉器官而不作用于听众的听觉器官，就会冲淡演讲的现实性、实用性和严肃性，显得滑稽、夹生，起不到演讲应有的作用。

演员出身的里根，刚刚当上总统时，外界很多人不相信他具有领导才能。然而事实证明，正是由于曾经当过演员的缘故，里根每次演讲都会把"演"和"讲"完美结合，每次当众演讲都非常精彩，深得公众的喜爱。也许这也是他在总统的位置上做得出色的原因之一，并赢得了总统连任。

所以，"演"和"讲"二者相辅相成。但是，"演"与

"讲"的和谐必须是以"讲"为主，以"演"为辅，"演"必须建立在"讲"的基础上，否则便失去了演讲的意义。

演讲作为人类的一种社会实践活动，它具备几个条件：演讲者、听众、沟通二者的媒介以及时间、环境。离开其中任何一个条件都构不成演讲。在演讲过程中，为了追求"演"和"讲"的统一，我们需要了解演讲的几个显著特征：

1.现实性

演讲属于现实活动范畴，不属于艺术活动范畴，它是演讲者通过对社会现实的判断和评价，直接向广大听众公开陈述自己主张和看法的现实活动。

2.艺术性

这里的艺术性是现实活动的艺术。它的艺术性在于它具有

统一的整体感和协调感，即演讲中的各种因素（语言、声音、表演、形象、时间、环境）形成一种相互依存、相互协调的美感。同时，演讲不仅仅是现实活动，还具备着戏剧、曲艺、舞蹈、雕塑等艺术门类的某些特点，并将其与演讲融为一体，形成具有独立特征的演讲活动。

3.鼓动性

演讲者要有鲜明的观点、自己独到的见解和看法以及深刻的思想等，要善于用流畅生动、深刻风趣的语言和恰当的修辞打动听众。没有鼓动性，就不成为演讲。政治演讲也好，学术演讲也好，都必须具备强烈的鼓动性。

4.工具性

演讲是一门科学，更是一个工具，是人们交流思想的工具。任何思想、任何学识、任何发明和创造，都可以借助演讲这个工具来传播。可以说，演讲是最经济、最实用、最方便的传播工具，任何人都可以利用它。

❦ 第114课　演讲语言务必简洁

【核心提示】"言不在多，达意而灵。"讲话要语不烦精，字字珠玑，简练有力，使人不减兴味。若冗词赘语，唠叨啰唆，不得要领，必令人生厌。

【理论指导】

一般来说，演讲要短，要精辟，长了没人听。精练，是所有著名口才家的共同特色。即使是历史上许多具有重大意义的著名演讲，虽然内容博大精深，却大多以短小精悍制胜。

1863年7月1日，美国南北战争中的一场决定性战役，在华盛顿附近的葛底斯堡打响了。经过3天的鏖战，北方部队大获全胜。战后，宾夕法尼亚等几个州决定合资在葛底斯堡建立国家烈士公墓，公葬在此牺牲的全体将士。

1863年11月19日，公墓举行落成典礼，美国总统林肯应邀到会演讲。这对林肯来说有很大难度，因为这次仪式的主讲人是艾弗雷特，他不仅是个著名的政治家和教授，而且当时被公认为美国最有演说能力的人，尤其擅长在纪念仪式上的演讲。林肯只是由于总统的身份，才被邀请在他之后"随便讲几句适当的话"。

在当天典礼上，艾弗雷特长达两个小时的演讲确实精彩。在这种情况下，怎样讲才能和观众建立良好的交往关系，并最终赢得他们的喜欢呢？林肯决定以简洁取胜，结果大获成功。

尽管林肯的演讲只有10句话，从上台到下台不过两分钟，可掌声却持续了10分钟。林肯的演讲不仅受到了在场一万多名听众的热烈欢迎，而且轰动了全国。

当时的报纸评论说："这篇短小精悍的演说是无价之宝，感情深厚，思想集中，措辞精练，字字句句都很朴实、优雅，行文毫无瑕疵，完全出乎人们的意料。"艾弗雷特本人第二天也写信给林肯道："我用了两个小时总算接触到了你所阐明的那个中心思想，而你只用了两分钟就说得明明白白。"后来，林肯这次精彩演讲的手稿被收藏到图书馆，演讲辞被铸成金文，存入牛津大学，作为英语演讲的最高典范。

林肯这次演讲获取了巨大的成功，给了我们一个启示：简洁精练的语言会使演讲更具魅力。简洁生动，一语中的，含义隽永，不仅是演讲口才的基本要求，也是演讲口才的最高境界。

其实，在人际交往中，要想得到较好的效果，语言必须简洁、精练，要能使听者在较短的时间里获取比较多而有用的信息。反之，空话连篇，言之无物，必然误人时光。历史上曾记载了一些冗长的演讲记录，这些演讲却并不能称为优秀。

"言不在多，达意则灵。"讲话要语不烦精，字字珠玑，简练有力，使人不减兴味。若冗词赘语，唠叨啰唆，不得要领，必令人生厌。不少演讲大师惜语如金，言简意赅，留下了

经典的演讲篇章，成为"善辩者寡言"的典型。

1793年华盛顿总统的演说，仅用135个字，便举世闻名。恩格斯在马克思墓前的演说只有1260个字。列宁在马克思、恩格斯纪念碑揭幕典礼上的讲话只有552个字。罗斯福的就职演说仅有985个字。

上述这些演讲大师们驾驭语言的功力都是非凡的。同时，这也说明了简洁精练在言语交际中的举足轻重。那么，怎样才能使演讲的语言精练呢？

·要在观察认识事物上下功夫。只有当你对事物的本质和规律了如指掌的时候，才可能一语道破。

·要学会摒弃无用信息、剩余信息，压缩次要信息，提高传递有效信息的时间利用率。为此，在演讲中应切实做到"四戒"：

1. 戒空话套话。有些人一开口就"穿靴戴帽"，少不了客套、谦虚，一分析问题就按老俗套念空口号，有效信息几乎等于零。

2. 戒重复累赘。有些有用的信息由说话人发出后，听众便接受并储存起来了；但如果说话人说话啰唆重复，以大同小异的形式多次输出，这些信息就成了不必要的剩余信息。

3. 戒节外生枝。说话人没有掌握好主题，因此在一些细枝末节上发挥太多，或意已尽而言不止。这些内容虽然也包括不少信息，但却不是主要信息，而是与主题关系不大的次要信息。次要信息太多，不但会降低时间利用率，而且会干扰主要信息的传送和储存，就会影响主题的表达，必须力戒。

4. 戒口头禅。有些人讲话脱不了"口头禅"，什么"啊""这个""那个""对不对""是吗""这个问题来说"，差不多句句不离口。虽然演讲者并非有意，可对听众来说，不但全是无用信息，而且令人生厌，所以也必须戒掉。

第115课　制造悬念以吸引听众

【核心提示】悬念的设置要注意：新奇，产生出人意料的结果；形象，处在听众情理之中；到位，表达圆满自然。

【理论指导】

精彩而吸引人的故事，总是离不开那些吊人胃口的悬念。演讲时巧设悬念，可以勾起听众的迫切期望和悬念意识，使听众产生浓厚的探究心理和倾听兴趣。

演讲时，如果一味平铺直叙，一本正经地讲下去，有时是很难吸引听众的，不妨吊一下听众的胃口，设置悬念以引起听众的兴趣。

对演讲的开场白来说，制造悬念是一种值得称赞的方法，它可以有效地吊起听众的胃口，并以此来吸引听众对演讲给予高度的关注。

悬念的设置要注意：新奇，产生出人意料的结果；形象，处在听众情理之中；到位，表达圆满自然。一般说来，悬念设置在演讲的开头，这利于它贯穿整个演讲，也可运用在中间和结尾处。

好的悬念不仅能够使演讲者成为听众注目的中心，而且能够活跃现场气氛，激发听众聆听与参与的兴趣。因此，在演讲中设置悬念，可以有效地吸引听众的注意力，使演讲内含的信息和情感得以准确传达。如果演讲者能在出现冷场的情况下，适时地制造一两个悬念，是重新吸引听众注意力的非常有效的办法。

设置悬念的方法很多：可以运用与演讲内容相联系的实物；可以运用突然发出与内容反差较大的情感；可以运用听众一时难以回答上来的串问；可以运用带有夸张色彩的动作。

🌱 第116课　培养应变和控场能力

【核心提示】对于现场出现的突发事件，大多是演讲者事前没有预料到的，这就需要演讲者临场发挥，化解尴尬或冷场局面。

【理论指导】

演讲者要想取得良好的演说效果，还应善于察言观色，以便把握住听众的心理变化、兴趣要求，及时修正补充自己的演说内容。实际上，这就是应变与控场能力。

现场出现的突发事件，大多是演讲者事前没有预料到的，这就需要演讲者临场发挥，化解尴尬或冷场局面。

著名节目主持人杨澜曾在广州主持过一场文艺晚会，她上场的时候，却因一脚踩空了台阶，落到台下。一时间，观众席哗然，有的观众还吹起了口哨。

然而，杨澜镇定自若，重新上台后说道："真是人有失足，马有失蹄啊，我刚才的'狮子滚绣球'滚得还不够熟练吧？看来这次演出的台阶不那么好下啊，但台上的节目会很精彩。不信你们瞧他们……"

登台亮相时一脚踏空，可以说是主持人遭遇的最大尴尬，因为意外摔倒带给观众的滑稽感破坏了晚会的演出气氛，也有损主持人的公众形象。然而杨澜却能随机应变，瞬间控制了现场。她并没有刻意回避尴尬，而是用风趣机智幽默的话语巧妙地摆脱了困境，并巧妙地利用下台和台上的关联，顺势引出精彩节目，把观众注意力转移到节目中来。杨澜的精彩应变，不得不让我们叫绝。

在意外发生的时候，只有随机应变才能稳定现场，化解危机。那么一个成功的演讲者需要哪些应变与控场能力呢？

1.控制感情，掌握分寸

当发生意外情况时，要镇静，要有好的心理素质，能控制感情，掌握分寸。不要在讲台上惊慌失措，不要因急躁而冲动行事。赫鲁晓夫1959年在联合国大会上的一次演讲中，场内发生喧闹，赫鲁晓夫被激怒了，情不自禁地脱下自己的一只皮鞋，用鞋跟敲打讲台，想以此制止喧闹。然而，这不但没收到预想的效果，反而暴露了他缺乏涵养、不能制怒的性格弱点。

2.从容回答问题

演讲时，常有听众提些较尖锐的问题，欲"将你一军"，这时候该怎么办呢？要学会从容地回答听众提出的问题，特别是那些乍看起来十分棘手的问题。有的人采取压制的方法，发火批评，喊"别吵了，安静下来"，这样只会使自己陷入窘境；有的人不这样，而是采用以诚相待、妙语解脱的办法，变被动为主动。

有一次刘吉给学生做报告，接到一个条子，问："有人认为思想工作者是五官科——摆官架子，口腔科——耍嘴皮子，小儿科——骗小孩子，你认为恰如其分吗？"又问："你怎样对待你的顶头上司？"这两个问题都颇有锋芒。

刘吉妙语解答，对第一个问题回答说："今天的思想工作者，我认为是理疗科——以理服人，潜移默化，增进健康。"对第二个问题回答说："三不主义——不阿谀奉承，不溜须拍马，也不背后说领导坏话。"

3.巧妙穿插，活跃气氛

如果会场气氛沉闷，要有巧妙穿插、活跃气氛的技巧。

演讲者使用穿插的方法，除了把事理说得更形象、更深刻外，还可调整现场气氛，增加听众兴趣。比如，讲个笑话，讲个故事，谈点趣闻，唱支歌，等等。

穿插时要注意：穿插进来的内容一定要与话题有关，能够起到说明、交代、补充的作用；穿插的内容务必适度，不可过多过滥，造成喧宾夺主、中心旁移；衔接务必自然得当，切不可让人觉得勉强或节外生枝。

第117课　消除当众讲话的恐惧心理

【核心提示】如果自己有过成功的经历，胸中就会鼓起"定能获得成功"的信心和胜利的希望，并产生强烈的说话欲望。

【理论指导】

演讲的时候，由于面对众多的听众，身处特殊的环境之中，表达者都会产生一种胆怯害怕的心理，以致失去自控能力。之所以出现这些情况，主要是由于演讲者渴望表达成功，又担心说错话致使演讲失败而"有失面子"，因此越想越害怕，越想越紧张。

其实，演讲者越担心，越容易出错，以至于出现不能整体把握、前后不协调、语句贫乏、思维混乱等情况；要么是对表达环境适应不过来，在掌声、笑声或光线的压抑下不知所措。

大戏剧家萧伯纳才华横溢，并且以幽默的演讲才能著称于世。但是，萧伯纳年轻时，胆子很小，很害怕开口讲话。初到伦敦，他上朋友家做客，总是先在朋友门前忐忑不安地徘徊良久。

一次，一个朋友邀请他参加一个辩论会，他在会上非常紧张地站了起来，做了有生以来的第一次公开演讲。当他讲完时，迎接他的不是掌声，而是喝倒彩和讥笑。萧伯纳蒙受了莫大的耻辱。

但是，萧伯纳并没有从此不在公开场合演讲，而是鼓足勇气，面对挑战。他参加了许多社团辩论，并且在社团辩论中积极参与发言，据理力争。他找机会当众公开演讲，在市场、在教堂、在公园、在码头，无论是面对成千上万的听众还是寥寥无几的听众，都慷慨陈词。终于，他成了一名世界级的演说家。

连萧伯纳这样的大人物也有过当众讲话的恐惧，何况我们芸芸众生中的普通一员呢？

其实，当众讲话时具有恐惧心理是人类的通病。它是一种普遍的心理现象。这样说来，如果演讲时一点也不害怕，丝毫没有压力感与紧迫感，反而不正常了。

美国心理学家曾在3000人当中做过一次心理测验：你最担心的是什么？答案是漫无边际的：死亡、双目失明、丧失亲

人、疾病、面容被毁、离婚、面对大庭广众讲话等。令人吃惊的是，约占40%的人认为最令人担心也是最令人痛苦的事是面对大庭广众讲话，死亡仅排在第六位。

既然大多数人有这种心态，那么，对此不妨泰然处之。

🌱 第118课 言之有物，让听众获得真切实在的感受

【核心提示】精彩的演讲既能准确地表情达意，又让听众觉得生动感人。也就是说，演讲要做到言之有物，让听众获得真切实在的感受。

【理论指导】

一个使用通俗语言，让听众听得懂、能理解的演讲，还不能称作是精彩而成功的演讲。精彩的演讲既能准确地表情达意，又让听众觉得生动感人。也就是说，演讲要做到言之有物，让听众获得真切实在的感受。

不论是写文章，还是说话，一个最基本的要求就是言之有物，也就是说，与别人说话要有内容，不要说空话、套话、废话。只有这样，才能让与你交谈的对象最大程度地理解你的意图，而且不会产生厌烦情绪。

一个习惯于让语言变得具体而又有趣的人，总能引起别人强烈的倾听兴趣。如果能够将自己想要表达的重点内容用形象化的语言表达出来，那么，你就已经抓住了对方的心。

俞敏洪在成都西华大学"激情成就梦想"的演讲会上讲

到自己的创业经历，他这样说："从最开始的一只土鳖带着一群海龟干活，到一群海龟拉着一只土鳖干活，再到一只土鳖和一群海龟共同干活，这就是新东方的发展，而我就是那只土鳖！"如此形象化的语言怎能不吸引听众？

因此，在演讲过程中，要少用枯燥的理论和不明确的语言，尽量多用一些生动的事例，这样才能让演讲听起来内容充实。很多人在某一方面都有类似的经历，如果我们找出两个典型的事例，把它们讲出来，就很容易引起对方的共鸣，使他们同意你的意见。

演讲要言之有物，但物从何来？这往往是困扰演讲者和影响听众接受程度的一个重要因素。成功的演讲实践表明，恰当地联系自身能给演讲者和听众带来诸多好处。在演讲的酝酿和构思过程中，演讲者总是眼睛向外，苦苦寻觅，而对"自身"这一自己最熟悉的信息源常常视而不见。

写文章最忌"八股"，因为八股文千篇一律，没有新意和生气。演讲也是如此，一旦陷入某种不变的程式，形成死气沉沉的"铁板"结构，就会使听众感到生硬、寡味和难以接受。你可以"从我说起"，即叙述自己的经历、描述自己的感受、抒发自己的情感、论述自己的观点，等等。这种方法是改善演讲结构，使之灵活多变、摇曳生姿的有效方法。

以麦克阿瑟的著名演讲《责任·荣誉·国家》的开头为例，他说："今天早晨，我走出旅馆的时候，看门人问我：'将军，您上哪儿去？'一听说我到西点去，他说：'那是一个好地方，您从前去过吗？'这样的荣誉是没有人不深受感动的。长期以来，我从事这个职业，我又如此热爱这个民族，我无法用语言来表达我的感情。"

这篇演讲是麦克阿瑟以82岁高龄回到阔别多年的母校——西点军校接受勋章时所作。一个"从我说起"的开头，看似随手拈来，平淡无奇，其实却蕴含着演讲者深厚的情感，并由此引出"责任·荣誉·国家"这个庄严的主题，感情由淡而浓，意旨由浅入深，正可谓"情至不能已""清水出芙蓉"。

"从我说起"可以在演讲的开头、中间、结尾等任何一个部分里出现。它不但可以在构思演讲的时候正式构成演讲的组成部分，而且还可以根据演讲现场的变化和需要灵活穿插，从而使演讲与环境水乳交融，更富现场感，更易为听众所理解和接受。

在与别人交谈的时候，如果害怕自己不能做到言之有物，不妨通过列数字、打比方、做比较、详细地描述细节等手段来陈述，从而把抽象变为具体，把深奥讲得浅显，使枯燥变得有趣，使人有身临其境之感，这样就能使演讲的内容更加精彩。

🌱 第119课　适度停顿可以使演讲更吸引人

【核心提示】停顿，绝不是思想表达的终止，而是力量的积蓄。停顿是为了更好地连接和贯通。演讲中运用停顿可以产生一种骤然紧张的气氛，停顿以后，听众绷紧的心弦也会突然放开，得到一种快感，并彻悟到演讲的内容和感情。

【理论指导】

优秀的演讲者特别注重运用适度停顿的技巧，撼动人心的演讲通常不是一气呵成的，而是适当地停顿、静默，然后多转折、多变化地引人入胜。所以，不懂得运用适度沉默的演讲者，演讲通常不会精彩。

一个人在演讲时，如果像打开水龙头般，任凭它流个不停，听众的注意力就无法集中；但是像霏雨般淅淅沥沥、无精打采的说法，也会使听众精神松懈，分散他们的注意力。因此，适当停顿是心灵传递信息的一种方式，沉默是说服人、震慑人的重要手段，是征服人心的有力武器。

林肯经常在谈话途中停顿。当他说到一项要点，而且希望他的听众在脑中留下极为深刻的印象时，他会倾身向前，直接望着对方的眼睛，足足有一分钟之久，但却一句话也不说。

这种突然而来的沉默，和突然而来的嘈杂声有相同的效果：可以使每个人提高注意力，警觉起来，注意倾听对方下一句话将说些什么。

在林肯和著名法官道格拉斯著名的辩论接近尾声之际，所有的迹象都表明他会失败。但他那痛苦的老病不时地折磨着他，为他的演说增添了不少感人的气氛。

在最后一次辩说词中，林肯突然停顿下来，默默站了一分钟，望着他面前那些半是朋友半是旁观者的群众的面孔，他那深陷下去的忧郁的眼睛跟平常一样，似乎满含着未曾流下来的眼泪。他把自己的双手紧紧握在一起，仿佛它们已经太疲劳了，已无力应付眼前这场无助的战斗。

然后，林肯以他那独特的单调声音说道："朋友们，不管是道格拉斯法官还是我自己被选入美国参议院，都是无关紧要的，一点关系也没有；但是我们今天向大家提出的这个重大问题才是最重要的，远胜过任何个人的利益和任何人的政治前途。朋友们……"

说到这儿，林肯又停了下来，听众们屏息等待，唯恐漏掉了一个字。"即使在道格拉斯法官和我自己的那根可怜、脆弱、无用的舌头已经安息在坟墓中时，这个问题仍将继续存在、呼吸及燃烧。"

替他写传记的一个作者指出："就是这些看似简单的话，在运用了沉默的技巧之后，加上林肯真诚的态度，深深打动了

每个人的内心。"

停顿，绝不是思想表达的终止，而是力量的积蓄。停顿是为了更好地连接和贯通。演讲中运用停顿可以产生一种骤然紧张的气氛，停顿以后，听众绷紧的心弦也会突然放开，得到一种快感，并彻悟到演讲的内容和感情。

需要强调的是，停顿的时间要适可而止。如果太短，紧张的气氛难以形成，高潮难以产生；如果太长，听众会琢磨到你适度停顿的原因，从而能理解到你停顿后高潮的意义，削弱适度停顿的效果。

下列一些场合可运用适度停顿手法：

1.上台站定演讲之前与演讲完了下台之前。此时可做较长时间的停顿，且停顿时要配合态势进行。

2.赞叹、悲伤、惊讶、愤怒之时。

3.反问、设问之后。

4.举例、述说另一内容之前。

5.段落之间。

6.当你的演讲受到干扰或得到赞美时。尤其是由于你精彩的演讲，听众对你报以热烈的掌声时，你一定要停下来，微笑着看着听众。如果听众的掌声是建立在你严肃的幽默之上，你也可以"严肃"地看着听众。

🌱 第120课　演讲突然"卡壳"怎么办

【核心提示】演讲出现"卡壳"现象，如果不能及时有效地续接演讲，就可能使自己陷入无法摆脱的窘境。如果能采取一些有效措施，就能摆脱这种处境。

【理论指导】

在演讲的过程中，由于演讲者心理紧张或遇到某种突发状况，思维突然中断，一下子讲不出话来，出现"卡壳"现象。在这种情况下，如果你不能及时有效地续接演讲，就可能使自己陷入无法摆脱的窘境，并由此而导致整个演讲的失败。

曾经有一个演讲者走上讲台，站在话筒前一句话也说不出来，连自己讲什么都忘了，站了足足三分钟，红着脸又一言不发地走下台。这着实让台下听众惊讶得目瞪口呆。

同样一个有名的演说家，有一次也遇到了这种难堪的情形，他立刻向台下的听众问："我的声音够不够高？后排的听众能不能听清楚？"

其实，他知道他的声音已够高了，用不着再去征询听众的意见。他只是借此机会，思索十几秒钟，然后继续讲下去罢了。有时碰到这种急难，也可以这样挽救：利用自己刚才讲过的最后一句话，或是一个概念，作为下句的开头，就不难由此引出另一段滔滔不绝的话语来了。

当许多演说家不幸而陷入遗忘的窘境时，这个方法真是一服"救急圣水"！

造成"卡壳"的原因是比较复杂的，它涉及主观和客观两个方面的因素，如自己的文化素养、理论水平、心理素质和表达能力等。当然造成这种情况的原因主要是缺乏信心。

此外，准备不够充分，对听众、环境不够熟悉，也会使演讲者感到十分紧张，不知不觉背上害怕的思想包袱。

那么，面对"卡壳"，有哪些应急处置技巧呢？不妨试试以下几种对策，也许会帮助你从演讲的"卡壳"中解脱出来。

1.避开"盲点"

演讲的"卡壳"，往往是由于暂时性遗忘造成的，这种遗忘点通常是我们记忆中所谓的"盲点"。一旦出现"盲点"，如果你执意与它周旋，非得把它想出来不可，这种尝试在一般情况下没有任何意义。

最明智的办法是避开"盲点"，跳过"卡壳"的地方，继续讲后面的内容。这样做，听众也许会感到一些不连贯，你大可不必担心，记起了之后还可以补充。再说，即使想不起来，也不会从根本上影响听众对你演讲的整体印象。不管怎样，总比在各种眼光的注视下落荒而逃要好得多。

2.即兴插说

如果你的演讲"卡壳"了，不要紧，你可以观察一下现场和听众，即兴插说几句无伤大雅的话。这种即兴插说，实际上就是现场交流，而且它很有可能就会成为你解脱"卡壳"的契机：一来能为你调节思维赢得宝贵时间；二来也许听众的某一句话会成为你想起演讲下文的最好提示。比如，你可以说："我想，在座的各位也许就有人经历过这样的事，有着与我相同的感受。"你也可以说："讲到这里，我发现有人在下面小声议论，我很想听听大家的高见，还请大家多多指教！"

3.联想题目

演讲出现"卡壳"，真的一点都讲不下去了，你索性就应当机立断，联系自己演讲的题目想一想还可以讲讲哪些内容。题目是演讲内容的核心，它往往能够触发你的灵感，调动你脑中相关的信息，让你有话能继续讲下去。

4.提出问题

在演讲过程中，你在讲述某一事情，刚说完一层意思，就被卡住了。其实，你可以承接语意，巧妙地提出一个有针对性的问题，以这种方式调整思维指向，往往能够达到续接演讲的目的。比如，你讲了"青年应当善于抓住机遇"的道理之后，一下无话可说了，那就设个问："那么，我们应当怎样做，才能抓住机遇呢？"这样，思路一打开，讲下去也就很容易了。

第十三章

电话口才

🌸 第121课　让声音传递你的形象

【核心提示】接打电话的声音与态度有可能代表着一个人乃至整个公司的形象。

【理论指导】

在高速发展的现代社会，越来越多的人际交流是通过电话进行的。在未见面的情况下，人们通过你接电话的方式以及在电话中的表现，对你的形象、性格进行了无限的描述、想象。

尽管电话线另一端根本看不见你，但你的声音却能为对方描绘出你的形象。如果你愁眉苦脸，电话中的声音也不可能温暖热情；同样，如果你说话时面带微笑，那么电波就会把微笑传递过去。

电话这种传递身体表情的能力相当惊人。你在电话中的声音能够清楚地告诉对方：你的嘴角是在向上翘，还是向下撇。你越是态度友好，你的声音听起来就越亲切。而友好的态度，无论在社交界还是在商业场合中，都是有效的交流工具。请把镜子放在电话旁，一面打电话一面观察自己的表情。

尽管打电话时互相看不见，但闻其声，便可猜其人。因此，你要考虑一下，在打电话的时间里，你会给对方留下什么印象。所以给人打电话的时候，永远不要心存侥幸，比如偷吃东西或一副懒洋洋的样子，甚至把腿翘到了桌上，而要心存敬意、面带微笑。你要相信，当你微笑的时候，电话另一头的人是能"看到"的。

刚刚买了新房的李玲想买一台空调，经人推荐，她打通了某空调公司在该城市代理商的电话，第一次电话响了七八声，没有应答。"这个公司为什么中午不安排人值班？看样子代理商是一个不规范的小公司。"李玲想。

到了下午，她又拨通了电话，电话铃响了五六声，终于有人不紧不慢地接了电话。"喂！"对方懒洋洋地回答，没有报自己公司名称。"您好，请问这里是××空调代理吗？"李玲问。"什么事？""你好，我想买一个××牌的30平方米客厅空调，请您介绍一些合适的型号。""我们的空调分好几种，你想要哪种？"对方冷淡地问。"先生，我不明白空调分什么种类。不就是按房间大小来分种类吗？"空调的技术问题使李玲困惑了。"当然要分，有的能加热，有的不能加热。"电话的那一方传来吃东西的声音。"那么，等我想想再决定吧。"李玲失望地挂了电话。第二天，她去商场买了海尔空调。

事后李玲向朋友诉说这家公司的看法："从电话中，我感到这个公司缺乏最基本的规范性，对于找上门来的顾客既不积极又不主动，不主动介绍自己，让我以为自己打错了号码。一个公司的职员怎么能够用'喂！'的方式回答电话呢？工作人员没有商业的活力，不积极地介绍自己的产品，而是被动地一问一答，他并不想积极地销售自己公司的产品。还如此不礼貌地在接电话时吃东西，可见这个公司的职员素质。如果空调公司选用这样不懂得商业规范的小公司做代理，可以让我想象这家公司产品的质量，如同他们所选用的职员一样不让人愉快和放心。"

电话中传递的信息如此微妙，你无法捕捉自己在对方的心中留下了什么样的印象。接打电话的声音与态度有可能代表着一个人乃至整个公司的形象，因此，接电话时要注意细节。

🌱 第122课　让对方感受到你的表情

【核心提示】打电话时一定要心存敬意、面带微笑，你要相信，就算隔着电话，对方也能感受到你对他的尊重。

【理论指导】

在打电话的过程中，很多人会觉得，反正对方看不见我在干什么，所以随便一点也无所谓。其实，这样的想法是错误的。哪怕隔着电话，你这头如果心不在焉，手边同时做着别的事情，那么，你是什么样的状态，对方都能感受得到。

因此，打电话时一定要心存敬意、面带微笑，你要相信，就算隔着电话，对方也能感受到你对他的尊重。

在工作中，我们不难发现那些资深职员在和生意伙伴或客户打电话时，虽然看不见对方，却仍然行礼如仪，说一些感谢或客气的话。或许有人认为这是多此一举的行为，但这却是电话交谈中相当重要的心理建设。

夏目志郎是日本著名的人际沟通训练师。有一天晚上11点多，他正准备休息，突然想起有一通电话没有打给客户。他马上起身，准备打电话给那位客户。

他太太觉得很纳闷："你这么晚了，还起来去干什么？"

"我只是要给客户打一个电话，打完就睡觉。"他说。

他太太问："打电话，床边不是有电话吗？你干吗不在床边打，还要起来干什么呢？"

夏目志郎说："我打完电话再给你解释。"

夏目志郎起床之后，走到衣柜前面，脱掉睡袍，穿上衬衣，打上领带，穿上西服、袜子和鞋子，而且走到洗手间，把头发整理好。他站在镜子面前，非常细心地给自己一个微笑，然后走回床边把电话拿起来。他告诉该客户，在他们合作的课程里面应准备的用具、资料以及课程的讲义。在电话结束时，他非常真诚地感谢对方这么晚还要为他的课程付出时间。他的太太觉得不可理解，说："作为培训专家应该注重效率，加强时间管理，可是我发现你一点都没时间效率。"

夏目志郎解释道："我的客户虽然看不见我是穿着睡衣给他打电话，可是我自己可以看得到。我个人觉得教育训练工作者最高贵的品质在于说到做到、表里如一。我应该尊重我的客户，就像跟他直接见面一样。我的客户认为我在办公桌旁工作，我就不可以躺在床上打电话。因为我相信我接通和拨出的每一通电话都是最重要的电话，所以我觉得应该以这样的态度和精神去服务我的顾客。"

我们有时候会单纯地以为，电话只是个工具，充当传声筒，然而，

电话也能传达我们的感情。我们微笑着说话和表情呆板地说话所发出的声音是不一样的。举个简单的例子，在谈恋爱时打电话给恋人或给爸妈打电话的时候，你可能只是一时情绪不佳或是在偷吃东西，对方却能感觉出你有些异样。

🌱 第123课　巧妙地控制通话时间

【核心提示】为了取得较高的工作效率，人们都希望能够用最短的时间做最多的事情。因此，在进行电话交谈时，应学会巧妙地控制通话时间。

【理论指导】

随着时代的发展，人们的时间显得越来越宝贵。为了取得较高的工作效率，人们都希望能够用最短的时间做最多的事情。因此，在进行电话交谈时，应学会巧妙地控制通话时间。

斯雷特诺有一次在白宫与富兰克林·罗斯福总统在一起时，恰好遇到丘吉尔从英国打来一个电话。一会儿，斯雷特诺惊奇地听到总统在说："好了，温斯顿，你的3分钟时间到了。挂了吧，否则你要付超时的费用了。"

可见，电话交谈中，通话时间不宜过短，同样也不宜过长。一般的通话最好在3分钟以内完成，即打电话时要遵守"3分钟原则"，牢记长话短说。有些公司的通话系统只有一条外线，如果占线时间太久，很可能造成其他对外通讯被迫中断，甚至耽误其他重要事情的联络工作。

为了既节省时间，又能明确传递信息、有效拨打电话，你应做好如下几方面的准备工作：

1.准备与谈话内容相关的资料

如果谈话内容很重要，可以先将谈话的内容资料邮寄或电传给对方，让对方详尽考虑，以便在电话交谈中简明扼要，更有针对性地沟通，而不必再在电话里向对方解释每个细节，以节省时间。

一般来说，打电话之前一定要做好充分的准备工作，尽量收集充分的材料。如果谈到一半才想起需要谈话的相关资料在某一个角落，需要对方等待一段时间才能将材料取来，这不仅浪费了对方的时间，也破坏了交谈气氛。打电话前没有准备相关的资料，还常会使所表达的内容要点不全面，东一件事西一件事，让对方搞不明白究竟哪件事才是最重要的。如果提前做好准备，那么一切都会有条不紊，"我给你打电话，有三件事需要和您商量，首先是……其次是……最后是……我来总结一下，看我们能否达成共识。第一件事，我们认为……第二件事是……最后是……是这样吗？"

当你准备好所有的材料后，最好在打电话之前列出一份简单的提纲，然后按照拟定的提纲全面、有条理、重点突出地介绍相关情况，力争给受话人留下深刻的印象。

2.设想对方要提出的问题

当我们拿起电话和对方交谈时，对方肯定会提一些问题，因此控制电话时间就需要事先设想对方可能会提出的问题，并且拟定合理的回答。如下面这个例子：

销售部打电话给生产部，要求生产部派人协助向在场的客

户解释产品的生产流程，以增加客户对产品的信任度。

销售部经理给生产部打了电话："帮我叫吴师傅到销售部办公室来一下。"

生产部的同事说："为什么要吴师傅到销售部去？有什么事吗？"

销售部经理说："来了就知道！"

由于生产部正在召开一个会议，见对方如此说，觉得不像是急事，于是就让吴师傅先开完会再说，如此一来便失去了向客户解释的机会。这主要是由于销售经理只知叫吴师傅来，却没有回答对方提出的问题而误了事。

3.交谈要简明扼要

通话内容一定要简明扼要。通话时，最忌讳吞吞吐吐、含糊不清、东拉西扯。经过简短的寒暄之后，就应当直奔主题，力戒讲空话、说废话、无话找话和短话长说。

交谈时根据事先列出的要点，拨通电话后做简单的问候就进入正题，说的时候要简明扼要。这样做不仅让自己节约了时间，还让对方觉得我们是在尊重他，因为对方可能有其他事情要处理，或因为和我们通电话而占线，其他重要的电话无法拨打进来。如果你知道通话会需要一段较长的时间，一个好的办法是在你开始谈话时，对对方说："陈先生，现在说话方便吗？"或"你有时间说话吗？"如果人人都采用这种方式，对电话打扰的抱怨就会减少许多。

第124课　如何代接电话

【核心提示】倘若被找的人不在，应在接电话之初立即相告，先说不在，再问来电话者系何人、所为何事、是否需要转告。切勿本末倒置，让打电话者疑心：他要找的人正在旁边，可就是不想理他。

【理论指导】

生活中，我们都会接到不是找自己的电话，这些电话可能是找你的上司或同事，但他们却不在，这时你得代接电话。代接电话也有讲究，尤其要注意态度。

刘芸是公司新来的总经理助理，上班第二天就遇到一件非常麻烦的事情。刘芸打电话请示总经理，没想到手机提示不在服务区，情急之下，只得将电话打到总经理家去了，接电话的是总经理的家人。对话如下：

刘芸："你好，总经理家吗？我是他的助理小刘。"

接电话人："对。你找总经理什么事？"

刘芸："现在有一件特别着急的事情，我要向他请示。"

接电话人："你是谁？我怎么不认识你？"

刘芸只好又把自己的情况介绍了一下，对方听完后又问找总经理什么事，刘芸又把事情经过说了一遍。接电话的人却说"总经理不在家"，然后就把电话挂了。

这个代接电话的人真是没礼貌，态度也不友好。倘若被找的人不在，应在接电话之初立即相告，先说不在，再问来电话者系何人、所为何事、是否需要转告，并记录。切勿本末倒置，让打电话者疑心：他要找的人正在旁边，可就是不想理他。

每个人都会为同事代接、代转电话。代接、代转电话的时候，尤其需要注意礼尚往来、尊重隐私、记忆准确、传达及时等四个方面的问题。

1.礼尚往来

接电话的时候，假如对方所找的不是你，不要表现出失望和不乐意的情绪，也不要拒绝对方代找别人的请求，尤其是不要对对方所要找的人有微词，更不能因为个人感情就强硬地说"没有这个人"。同事之间互相代接电话，也是互利互助的事情，所以要讲究礼尚往来、有来有往。

2.尊重隐私

代接电话时，不要充当"包打听"的角色，不要向来电者追问对方和他所找之人的关系。当打电话的人有求于己，要求转达某事给某人的时候，要诚实守信、不曲解意思地转告，而且没必要对不相干的人提及。在没有授权的情况下，不要随便说出对方所要找的人的行踪、私人手机号码。

当所要找的人就在旁边，不要大呼小叫而闹得满城风雨，让他人的隐私"公开化"。当别人来接电话的时候，不要"旁听"，更不要插嘴。

3.准确记录

如果要找的人不在，要先向来电者说明，再问对方需不需要帮忙转达。对于来电者要求转达的具体内容，最好认真做好笔录。在对方讲完之后，还要重复一遍，以确认自己的记录是否正确无误。记录别人电话，要认真记下包括通话者单位、姓名、通话时间、通话要点、是否要求回电话、回电话时间等几项内容。

4.及时传达

当接到寻找别人的电话，要弄明白"对方是谁""对方找谁"这两个问题。如果对方不愿讲第一个问题，也不必勉强；如果对方要找的人不在，应该先以实相告，再询问对方有什么事情。

代接电话时，讲话要有板有眼。被找的人如果就在身旁，应告诉打电话者"请稍候"，然后立即转交电话，不要抱着恶作剧或不信任的态度，先对对方"调查一番"，尤其是不允许将这类通话扩音出来。被打的人如果尚在别处，应迅速寻找，不要懒于行动，更不要连这点"举手之劳"都不愿意做就蒙骗对方说"人不在"。

🌱 第125课　热情地接听电话

【核心提示】接听电话一定要采用文明、礼貌的语言，保持热情、友好的态度，这样更容易唤起客户的信任和好感。

【理论指导】

　　除了打电话之外，接电话也是一种不可忽视的艺术。接听电话一定要采用文明、礼貌的语言，保持热情、友好的态度，这样更容易唤起客户的信任和好感。世界著名推销大师齐格拉说得好："你会由于过分热情而失去某一笔交易，但也会因为不够热情失去一百次交易。"正如人们常说，热情的人朋友更多、人缘更好。

　　在进行电话沟通时，应该让每一个与你通话的人都感受到你的亲切与热情，没有人愿意在电话里听到冷冰冰的、有气无力的声音。接电话时热情地与对方交谈，不仅可以促使沟通的成功，还会使你的事业更上一个台阶。

　　一天下午，在日本某百货公司，售货员彬彬有礼地接待了一个来买电视机的女顾客。售货员为她挑了一台电视机。事后，售货员清理商品时发现，错将一个换下来的样品电视机卖给了那位女顾客，于是立即向公司做了报告。

　　百货公司派出人员四处寻找那位女顾客，但不见踪影。公司经理认为事关顾客利益和公司信誉，非同小可，马上召集有关人员研究。当时只知道那位女顾客叫依斯莉，是一个法国记者，还有她留下的一张"法国快递公司"的名片。

　　据此仅有的线索，日本百货公司公关部连夜开展了一连

串查询，可是毫无结果，后来又打国际长途，向"法国快递公司"总部咨询，深夜接到回话，得知依斯莉家人在法国的电话号码。接着百货公司又给法国打国际长途，找到了其本人的电话号码。几个人忙了一夜，总共打了35个紧急电话。

第二天一早，东京百货公司立即给依斯莉打了道歉电话。几十分钟后，东京百货公司的经理和相关人员带着一台新电视机赶到依斯莉的住处，见到依斯莉就深深鞠躬，并带上一束鲜花，表示歉意，另外还赠送一个蛋糕。

了解到事情的来龙去脉后，依斯莉深受感动，她坦率地说，事实上她还没有来得及打开包装，原本是准备作为见面礼送别人的。没想到，东京百货公司如此迅速发现了错误，并主动上门致歉。这让她深为敬佩，她决定写一篇题为《35次紧急电话》的特写稿。

《35次紧急电话》稿件见报后，反响强烈，东京百货公司因一心为顾客而声名鹊起，门庭若市。

在电话沟通中，你要用热情来对待你的客户。哲学家爱默生说："热情是事业成功的基础。"热情像发动机，能使一个人充满自信、激励斗志、鼓足勇气、发挥潜能、超越自我。热情会使悲观主义者变成乐观主义者，使懒惰的人变成积极向上的人。

🌱 第126课　电话交谈语气要谦和

【核心提示】在与人进行电话交谈时，语气要比面对面交谈时更谦和才对。

【理论指导】

在电话交谈中，语言是影响形象的一个重要方面。你想给对方留下好的印象，就必须谦和地和他人进行亲切交谈。语气的好坏直接影响着电话交谈的效果，如果你语气不好，不仅影响双方的交流，还会让对方产生反感。

电话交谈，接打电话的双方都希望在一个轻松的沟通氛围中谈双方都感兴趣的话题。只有这样，谈话双方才能保持好心情，进行有效交流和沟通。要想达到这一效果，除了交谈内容以外，交谈的语气也非常重要。

钱诚是某公司的业务员。一天，经理让他给一个大客户打电话联系一笔业务。没想到对方一接到电话就问："什么事？"当钱诚说出真正意图，对方不是"嗯"就是"哦"，明显是在敷衍。钱诚没办法只好挂掉电话，经理对钱诚说："那你就别打电话了，直接去找他当面谈吧。"令钱诚意外的是，这笔生意竟然很顺利地面谈成了。

其实这个客户也是一个很爽快的人，只是接电话时的语气生硬了些，钱诚就以为他不好说话，但一见面才发现对方和在电话中那个语气生硬的人完全不同。

在电话交谈中，如果不注意自己说话的语气，很容易伤了两方之间的和气。由此可见，使用电话交谈时是要讲究方式的。电话交谈与面对面交谈有很大的不同，任何表情或动作都不能替代电话交谈时的语言沟通，电话交谈的语气往往决定着你留给对方的印象。

大多数人在用电话沟通时，往往没有意识到非语言信息的重要性。因为打电话的时候，你的语气、语调不仅能表达出你的感情和情绪，还能表达出你对通话人的态度。所以要记住："语调不是指你说了些什么，而是指你说话的方法。"

电话交谈要注意说话的内容。如果要说的内容太多，可以先打一个腹稿，尤其是给陌生人、名人、重要人物、上司打电话时，要让对方感觉到你的沉着与思路清晰。在确认自己接通的电话号码准确无误后，应立即简要报上自己的身份、姓名及要找的人的名字。当对方答应你"稍候"时，应握着话筒静候，不要离开话筒；假如对方告诉你，要找的人不在，切不可鲁莽地将话筒挂断，应先说一声"谢谢"再挂。

在交谈过程中，应该多使用礼貌用语，比如"您好，请问您找谁……""感谢你在百忙之中接听我的电话……""真不好意思，请您再给我几分钟时间……""真不好意思，麻烦您了""拜托你了，请多关照"等。

如果只是朋友间的闲聊，说话内容应以双方共同的兴趣以及需要商量的事为主，对对方不愿谈及的事或容易引起对方伤心的事尽量不谈。如果不得已提及，语言应婉转含蓄，并适当安慰一下对方。最好不要提到对方身体或生理上的缺陷。不要把长者和名人的私生活当作谈话的内容，否则会给人留下浅薄无聊的印象。如果不小心刺到对方的痛处，应立即向对方道歉，请求原谅。

❁ 第127课　适当的语调能给人留下好印象

【核心提示】在进行电话交谈时，传到电话那端的必须是一个清晰、生动、中肯、让人感兴趣的声音，音量适中，不能过高或过低；吐字还要清晰、准确，千万不要让对方听起来劳心费神。这样可以在短短的几分钟之内，紧抓对方的心。

【理论指导】

打电话时，人们只能靠声音，不可能用微笑或眼神来弥补声音的缺陷。既然电话中只能依赖声音，就应该让它表现出最佳状态。

电话交谈时，必须弄清楚对方是否真正明白你的意思。尽管电话线另一端的人看不见你，但声音却能为他描绘出你的形象。如果你愁眉不展，电话中的声音也不可能表现出热情来；如果你面带微笑，电波就能把你的这种好心情传递给对方。

李明是一家公司的电话销售员，一天，他刚上班就接到一个电话，由于想好好表现，争取拿到订单，所以他在匆忙之中抓起了话筒，激动地一口气说了下面一堆话：

李明："您好，我是宏图公司的李明，能帮你做点什么吗？您知道，我们公司……"

客户："我找的是宏图公司，不是黄图公司！"

李明："是宏图啊，没错，你们在这个城市绝对找不出第二家来……"

客户："什么呀，骗子！"

对方"啪"的一声挂断了电话。

李明之所以失去了一个客户，就是因为他在接听电话时太过急躁和匆忙，不能用适当的语调与客户交流，致使口齿不清，给客户留下了不好的印象。

在彼此看不到的电话交谈中，声音是传达心情和心理状态的最佳桥梁，也是最自然、最直接的传送声波，不管怎样掩饰，当时的心情和肢体语言都能微妙地表现在你的通话声调当中。因此，为了把诚意真心地传给双方，在语言中虚伪掩饰并非良方，重要的是姿态的自然表露。即使是在电话里向对方道歉或致谢时，也要诚心诚意，声音自然会蕴含感情，把心意传给对方。

使用电话交谈，声音是你唯一的使者。因此，你要态度友好，通话时不要大喊大叫、震耳欲聋。恰到好处的语调，才会给人悦耳的感觉。

有些人打电话，分贝就会在无形中提高，殊不知对方早已把听筒拿到离耳朵十几二十厘米远的地方；而有些人的声音又如猫叫，总会令人不断地反问："什么？再说一次！"所以接打电话时适中的音量才能给对方留下好印象。

因此，在进行电话交谈时，传到电话那端的必须是一个清晰、生动、中肯、让人感兴趣的声音，音量适中，不能过高或过低；吐字还要清晰、准确，千万不要让对方听起来劳心费神。这样可以在短短的几分钟之内，紧抓对方的心。

第十四章

情感口才

♀ 第128课　掌握与恋人交谈的诀窍

【核心提示】因为异性之间的关系非常微妙，也很难处理，稍有不慎，就有可能导致恋爱失败。因此，与恋人交谈时，言语要说得巧妙又谨慎。

【理论指导】

同恋人交谈是需要技巧的，这直接决定你们以后感情的发展。交谈能使你丰富的思想、微妙的心声用妥帖的话语表达出来，和对方的情感碰撞，擦出爱情的火花，享受甜蜜而美好的爱情。

但是男女交往是一门复杂的学问，也是一个难题，正如恋爱没有固定的模式。异性之间的关系非常微妙，也很难处理，稍有不慎，就有可能导致恋爱失败。因此，与恋人交谈时，言语要说得巧妙又谨慎。

张东和女朋友认识不久，两人的关系正处于朦胧阶段，很多话不能直接说。因此，张东每次想约会女朋友时，总是说："你要回家，还是去吃宵夜？"他绝不会说："你要去吃宵夜，还是回家？"

张东的确很了解女性的心理。若头一句话是"你要去吃宵夜吗"，她就会有警戒心。接着再说："还是要回家？"万一对方保持沉默，不就等于要回家嘛。大部分女性都不好意思说："我愿意去吃宵夜。"

因为当女性听到"你要回家吗"就会有安全感，同时也会有轻微的失望感。因为，她潜意识里会期待对方有别的提议，

因此再添上一句"还是要去吃宵夜",刹那间,失望感全失。假定她不回答,而保持沉默,便是答应的一种表示。

男女交往只有了解了对方的想法,才能自如地交谈,从频繁的交谈和接触中察言观行,相互间一定会有更深的了解,从而进入热恋的阶段。

常言说得好:"女人心,海底针。"确实,女人的心变化多,让人捉摸不透,使大多数男性追求者无从下手,错失良机,或半途而废,功亏一篑。在恋爱期间的男人,应细心洞察女孩的心理,运用高超的技巧,抓住女人的芳心,摘到诱人的爱情之花。

🌱 第129课　多肯定长辈的经验

【核心提示】俗话说:"不听老人言,吃亏在眼前。"这句话从一个侧面证明了人们对长辈经验的肯定。长辈一般都是阅历丰富的人，我们要多肯定长辈的经验，维护对方的身份，礼貌地称呼对方。尊敬长辈，自己也会受益匪浅。

【理论指导】

生活在大都市的很多年轻人总是在忙忙碌碌中错失了很多与长辈分享智慧和经验的大好时机。他们总认为，长辈说话太啰唆，或者觉得他们所说的话题陈旧，或者认为他们思想保守……于是，他们在与长辈的交谈中，不自觉地显示出不礼貌的样子。

长辈一般都是阅历丰富的人，与长辈交谈往往能给我们许多人生的体验和启示。也许你觉得在长辈面前容易出现别扭、言语不到位的现象，这样很难得到他们的认可。但只要我们的态度自然点，和长辈聊一些轻松的话题，他们就会很乐意和我们交谈。一般来说，长辈的生活方式、兴趣爱好、教育程度以及思想观念和我们相比有很大的差别，实在很难有共同志趣。在这种情况下，同情和了解可以产生良好的融合作用。

有一年的春节联欢晚会演过一个名叫《粮票的故事》的小品。小品中讲的是一个祖孙三代的故事，爷爷常给孙子讲他年轻时"粮票的故事"，每天都讲，反复地讲，唠唠叨叨，孙子就告诉他爸爸说自己实在是不想听了，听烦了，但他爸爸却说："孩子，你每天只需花十几分钟或者更短的时间来听爷爷讲故事，爷爷就能高兴一整天，你知道吗？"

的确，对于老年人来说，他们多半喜欢追忆往事。如果你能引导他谈谈自己的过去，不但让他感到很快乐，对你来说，也是一个增长见识、了解过去的机会。因为经过岁月的流逝，那些仍然深刻地留在老人们心中的，多半是一些印象深刻而生动有趣的故事。

另外，还有一些老年人也不甘心落后于时代，仍然关心着现在的社会，对报纸和网络上的新闻仍然有浓厚的兴趣。那么，最好是让他们把现在的事情和过去作个比较。这不但是他们最喜欢的，同时你也能因此而增长知识。

因此，同长辈聊天的时候，要注意方式和方法，不仅要学会聆听，而且还能配合并鼓励其讲下去。

🌷 第130课　不当的夸奖与不断斥责一样有害

【核心提示】正确教育孩子的方法，既不是不夸奖，也不是不指责，而是夸奖要有分寸，指责也要恰如其分，切不可变成诅咒。

【理论指导】

多年来，"好孩子是夸出来的"这个观念一直在世界各地的教育界盛行并被广大家长和教师付诸实践——孩子们通常每天都会得到肯定，稍有表现就可得到言语等方面的奖励。不过，任何观念都不能绝对化，不当的夸奖与不断斥责一样有害。

李雅是一所中学的音乐老师，她和丈夫都从事艺术工作，有时晚上会一起出去参与各种应酬或一些演出活动。

女儿3岁前，主要是由保姆照料生活，稍大一点后，为培养孩子的独立意识，他们辞掉了保姆，晚上外出应酬时就让女儿一人在家睡觉。每次出门前，他们都不忘夸奖女儿听话、勇敢，回来后也会去女儿房间看看，发现每次女儿都亮着灯在乖乖地睡觉。他们曾为自己的教育方式而庆幸，觉得女孩的独立离不开他们的有意培养。

最近，已去外地上大学的女儿，回家和她聊天时提到自己晚上睡不踏实。李雅很奇怪，因为孩子以前一直睡得很好。

女儿这才告诉她，自己其实从小都睡不安稳，每次父母出门后，她一个人在家都很害怕，有好多次她根本就没睡着，只是在父母回来后装睡而已。之所以没有说出真相，是因为每次父母出门前或回来后都会表扬她乖，这让她无法说出自己的真实感受。

听了女儿的话，李雅十分自责，后悔自己当初一味夸奖却没有察觉到女儿的真实想法。

赞美虽然被看作是教育孩子的营养剂，但不当的夸奖对孩子并非完全有利。心理学家伍德尔说："一个依赖于夸奖的孩子只追求父母满意而不是让自己满意，久而久之，哪怕是做一些日常的家务活，孩子都期望得到父母的夸奖。如果没有赞美作为动力，孩子就无法完成一项工作。"

做父母的必须明白这样一个事实，对孩子过分的指责也是十分有害的，如果你总是没完没了地专挑孩子的缺点去指责，那么"失败"可能真的要与他相伴了。心理学家指出，一般而言，赞美应超过批评二至三倍。如果你赞美得太多，就显得不够真诚或夸大其词；如果太少，就未免显得过于挑剔了。这都是不好的。

🌷 第131课　爱意该如何表达

【核心提示】向心上人表白是一种最甜蜜、最伤神，也是最微妙的过程。在表达爱意的过程中，你一定要把握好性别角色和情感，只要你大胆主动、锲而不舍，爱情之神就不会将你拒之门外。

【理论指导】

生活中有不少朋友，当爱情叩响心扉之时，虽然不乏兴趣和激动，但更多的是不知所措，想让心中的她（他）知道，却又不知如何表白，致使美好姻缘失之交臂，留下深深的遗憾。所以当你爱上一个人时，就应该不失时机地向对方表明自己的爱。

陀思妥耶夫斯基在1866年一下子失去了两位亲人——他的妻子玛丽亚和他的哥哥。为了还清债务，他为出版商赶写小说《赌徒》，为了加快写作的速度，他请了一个速记员——安娜·格利戈里耶夫娜。她是一个年仅20岁、性情善良又聪明活泼的少女。

安娜非常崇拜陀思妥耶夫斯基工作认真、一丝不苟的态度。书稿《赌徒》完成后，陀思妥耶夫斯基发现自己爱上了安娜，但他不知道安娜是否愿意和他一起生活。于是，他特意请安娜吃饭。其间，他说："我又在构思一部小说。""是一部有趣的小说吗？"安娜问。"是的。只是小说的结尾还不清楚，一个年轻姑娘的心理活动我把握不住，现在只有求助于你了。"他见安娜在认真聆听，继续说："小说的主人公是个艺术家，已经不年轻了……"

安娜忍不住打断他的话："你干吗折磨你的主人公呢？看来你好像同情他？"

"我非常同情，他有一颗善良的、充满爱的心。他遭受不幸，依然渴望爱情，热切期望获得幸福。"陀思妥耶夫斯基有些激动。他接着说："用作者的话说，主人公遇到的姑娘，温柔、聪明、善良、通达人情，算不上美人，但也相当不错，我很喜欢她。但很难结合，因为两人性格、年龄悬殊。年轻的姑娘会爱上艺术家吗？这是不是心理上的失真？我请你帮忙，听听你的意见。"他征求安娜的意见。

"怎么不可能！如果两人情投意合，她为什么不能爱艺术家？难道只有相貌和财富才值得去爱吗？只要她真正爱他，她就是最幸福的人，而且永远不会后悔。"

"你真的相信，她会爱他？而且爱一辈子？"陀思妥耶夫斯基有些激动，又有点犹豫不决，声音颤抖着，显得既窘迫又痛苦。

事实上，安娜从内心里也爱慕这位伟大的作家。突然，安娜怔住了，终于明白他们不仅仅是在谈文学，而且是在诉说他们之间的爱情故事。于是安娜激动地告诉他："我将回答，我爱你，并且，会爱一辈子。"

后来，他们结为伉俪。在安娜的帮助下，陀思妥耶夫斯基还清了压在身上的全部债务，并在后半生写出了许多不朽之作。陀思妥耶夫斯基向安娜求爱的妙计，后来被世人传为爱情佳话。

表达爱意是每个人的权利，鼓起勇气，大胆地说出自己的心意，才有可能获得对方的爱情。陀思妥耶夫斯基在不敢肯定对方是否也有意于他时，运用实话虚说的技巧，既能摸清楚对方的心理，又能避免在遭受拒绝时的尴尬。

向心上人表白是一种最甜蜜、最伤神，也是最微妙的过程。在表达爱意的过程中，你一定要把握好性别角色和情感，只要你大胆主动、锲而不舍，爱情之神就不会将你拒之门外。

🌷 第132课　约会时的说话禁忌

【核心提示】若是想要使恋爱成功，尤其是还处于交往初期阶段的情侣，如果在约会过程中不注意说话的禁忌，很可能会因为一两句话就给对方留下不好的印象。

【理论指导】

与异性交谈，你不要顾虑太多。有些女性在与男性刚开始交往时不愿多说话，仅用"是"或"不是"等答复，令男方陷入窘境。在这种情况下，男方应主动些，先找到话题，因为一问一答的谈话方式是很难打开局面、畅所欲言的。

也有的女性因为男方的一句无意的玩笑话认为冒犯了她，一句话不说便丢下对方扬长而去。这样做的结果，即使不是吹灯散伙，也会在双方心中留下阴影。因此，约会的成功与否，跟你会不会说话有很大的关系。

若想恋爱成功，尤其是还处于萌芽阶段的情侣，如果在约会过程中不注意说话的技巧，很可能会因为一两句话就给对方留下不好的印象。因此，了解约会时的几点语言禁忌，是维系双方感情的一条重要纽带。我们就来为您列举一些在情侣约会时不该说的话。

·约会语言禁忌一：你怎么不说话啊？

在约会时，当聊到你比较喜欢的话题时，通常会使你变得滔滔不绝起来，但当你把自己的话都说完时，有时候会突然发现对方并没有反应。此时，不要直接就问"你怎么不说话啊"，正确的方式是换种说法，如："你怎么看？"给对方创造一个发言的机会，或者转换话题，相信对方会注意到你对他的关心。

·约会语言禁忌二：你和我在一起不开心吗？

如果对方在约会时的表现和以往不同，或者看起来很不耐烦，不要直接说"你和我在一起不开心吗"之类指责或怪罪的话，这样很容易引发争吵。建议婉转一点地发问，如"你今天看起来和平时不太一样啊，怎么了？有什么事吗"。这不但表达了你的关心，而且还能让对方更愿意对你抒发心结。

• 约会语言禁忌三：没什么！

如果你的心情不好或情绪不高时，当对方主动表示关心时，你绝对不能直接回答："没什么！"更不能带着僵硬的口气。这样不仅会瞬间强行终止对话，更意味着你不想与对方继续再交流。往往此话一出，就让对方手足无措，不知该如何继续话题，也不知该如何讨你欢心，两人气氛即时冷场。如果不想向对方倾诉你的烦心事，不妨想个办法早点结束约会，否则坏情绪很容易让你不小心说错话。

• 约会语言禁忌四：随便！

当对方征询你的意见时，不要说"随便"二字。在约会时，无论是在进餐前，还是在讨论去哪里玩，抑或是一起做些什么的时候，都不应该用"随便"来打发对方。一定要适当地捃出一些自己的建议，如果实在没主意，可以说："我们一起找找好玩（好吃）的地方吧！"这样至少不会显得你没主见，让对方乏味。

❦ 第133课　怎样邀女孩出游

【核心提示】男生不要害怕太过主动，女生其实恰恰希望你能再多敲几次门，多说几次邀请她的话。只要做到情真意切、百折不挠，一般女生都不会拒绝你的邀请的。

【理论指导】

男方想要约女生出游，不是一件很容易的事，因为大多数女生都会出于害羞和矜持而拒绝邀请，而男生也会因为爱面子而害怕被拒绝。事实却恰恰相反，男生只要主动一些，在言语上略施小计，约女生出游也可以很容易做到。

在我国，自古以来，女人就被贴上"矜持""自爱"等标签，一个好女人必须做到"谨慎""谦恭"等。长期以来，在女性的心中就形成了这样的思维，对于男人的邀约等，总要考虑他人的眼光或陈旧的风俗习惯。所以，不管一个女人的内心多么软弱，她也不会表露在外。

也就是说，在情感特征上，女性更含蓄些，表现出自尊但又带着羞涩、执拗的特点。正是由于女性的这种心理，所以，当你要去邀请她时，不要用商量的口气问她"愿不愿意……"之类的话，而最好直接说"咱们一道去"。

因为用"愿意不愿意……"这种问法，乍看起来好像非常绅士，但事实上却给了对方说"好"或"不"的两种机会。警戒度高的女人，为了不节外生枝，干脆就摇头对你说"不"了。相反，如果你用单刀直入的问法，那就大不一样了。

如果能在你的言辞中加入更多的肯定语气，勾勒出更多的美好画面，那对方肯定会怦然心动，最终答应你的请求。下面这一段，是一位小伙子煞费苦心地劝说女朋友答应邀约的对话：

"你今天真漂亮，晚上6点钟我们出去吃个饭，聊聊天，好吗？"

"不行。"

"我们应该彼此进行深入的了解。就在6点钟好了，到时我来接你。"

"不行。"

"说不定我们可以遇到一个我们喜欢的人，或是一件有趣的事呢！就今晚6点钟吧！"

"不行。"

"6点钟见面以后，我们可以吃顿饭，看场电影，然后到咖啡厅去坐坐，我们会有一个非常美妙的夜晚，还是去吧！"

"是吗？"

"我感觉我越来越喜欢你，今天晚上一定要见到你，就6点钟，我来接你。"

"那好吧，6点钟见。"

可以看得出来，这个小伙子很聪明，肯定加引诱的语气，在这段邀请词中，他表现出了极大的信心，他确信"会有一个非常美妙的夜晚"，所描述的美丽场景已经钻进了女朋友的脑海里，她不得不"束手就擒"。

因此，不要害怕太过主动，女生其实恰恰希望你能再多敲几次门，多说几次邀请她的话。只要做到情真意切、百折不挠，一般女生都不会拒绝你的邀请的。当然，如果你能够抓住对方心理，找到合适的话题，引起对方的兴趣，同样也能达到邀女孩出行的目的。

李齐和女朋友刚见过一面，一天，他在电话中邀请女友去美术馆看画展。他们在电话中的对话如下：

李齐："听说你会绘画，你真是太有才了。"

女朋友："学过几年，还不够专业。"

李齐："为什么不继续学习了？"

女朋友："当时条件不允许。"

李齐："那如果现在给你一个学习绘画的机会，你愿意把握住吗？"

女朋友："当然，可哪有这么好的事情。"

李齐："有呀，我朋友送了两张美术馆看画展的票，不如这周末我们一起去吧！"

李齐先是通过了解对方的爱好，试探女方的心理，最后成功邀请一起出行。根据心理学家和社会学家的调查和分析，男青年求爱时一般都积极主动，女方则爱"马拉松"。因此，邀请女孩要耐心，只有充分地交谈，才能更加了解对方的爱好，从而引出对方最有兴趣的话题。

❦ 第134课　拒绝求爱要干脆而无伤害

【核心提示】假如你对求爱者不满意，拒绝时更要注意措辞，既要把自己的意思表达清楚，让对方没有心存幻想的余地，又不要太不近人情。

【理论指导】

每个人都有爱与被爱的权利，如果对方请人转告或暗示，希望与你建立恋爱关系，而你的心里对此人并不满意，那就当然要拒绝他。但是，拒绝求爱的语言要恰当，态度上要明确，语言要委婉，只有这样，才能做到干脆而无伤害。

假如你对求爱者不满意，拒绝时更要注意措辞，既要把自己的意思表达清楚，让对方没有心存幻想的余地，又不要太不近人情。尤其是对身边的同事或同学，如若你当时不加考虑生硬地说"不"，或许若干年以后，你会后悔当初拒绝的除了爱情，还有你并不应该失去的友情。因此，拒绝他人的求爱要干脆而且无伤害。

某医院的护士小刘长得文静而机灵，大家都很喜欢她。

这天下班，同科室刚从医学院分配来的郑医师对她说："小刘，一同去吃饭好吗？我想跟你说一件很重要的事。"

小刘一听，心里便明白了"重要"的含义。于是她笑着说："好哇！我正好找你帮个忙。"

郑医师一听高兴极了，放松心情说："行，只要是帮你的忙，我一定两肋插刀，在所不辞。"

小刘又笑了："可没那么严重。只不过是男朋友脸上生了几个痘痘，我想问你用什么药比较好。"

对于这样的推辞方法，通常情况下是一种比较有效的方式，因为谁都明白"强扭的瓜不甜"这个道理。再说，这样推辞大家都不伤面子，只不过心照不宣罢了，日后见面，彼此同

事还是同事，朋友还是朋友，并不会在心里设置障碍。

也许，世界上最不容易的事儿就是恋爱。这个搞不清是藤缠树还是树缠藤的事，恰如塞缪尔所言："它的成功取决于两个人，而一个人就可以使它失败。"当你受到自己不爱的人的求爱时，应当冷静地予以拒绝。

拒绝求爱是一件非常需要理性和智慧的事情，一方面不能因为对方的热情而一时心软，违背自己的意愿，另一方面又不能只顾自己的感受而不讲究态度、方法，以至于伤害对方的感情和自尊。

🌱 第135课　如何破解夫妻冷战

【核心提示】化解夫妻冷战时，只要一方能针对矛盾的具体情况，采取相应的沟通方式，巧用言语，就可以尽快打破僵局，让家庭生活恢复往日的欢乐与和谐。

【理论指导】

两口子过日子，免不了磕磕绊绊。当夫妻间发生矛盾时，有些人会大吵大闹、争论不休；还有些人沉默不语，不会大吵大闹，又不想主动认错，时常陷入冷战的局面，这是最令人感到压抑和难受的。

有对夫妻吵了一架，妻子一连几天不理丈夫，还写了离婚申请，要丈夫签字。丈夫感到事情闹大了，想打破僵局，但不知如何破解。这时，丈夫接到报社一封退稿信，里面有一张没填姓名的退稿笺："××同志，来稿收悉，经研究不拟采用，特此退还。谢谢。"他顿生灵感，在退稿笺上填上妻子的姓名，连同离婚申请书一并退给了她，妻子拆阅后，"扑哧"一笑，柔柔的拳头落在他身上："你这个鬼精灵！"

丈夫的这一举动，着实令人佩服。他灵机一动，运用如此高明的方式，化解了和妻子的矛盾。在处理各种夫妻矛盾的方式中，心理学认为用"冷战"来折磨对方最有杀伤力，很多婚姻因此破裂。"冷战"的危害如此大，那么我们应该如何破解呢？

1.主动认错求和

如果一方意识到发生矛盾的主要责任在自己，就应主动向对方认错，请求谅解。如："好了，这事是我不好，以后一定要注意。这件事是我考虑不周，责任在我，我赔不是，你就不要生气了，气出病来可不划算！"对方听了，一腔怒火也许立刻就烟消云散。退一步说，即使错误不在自己一方，也可以主动承担责任。

2.打电话向对方道歉

如果当面讲难以启齿，可以在电话里讲，双方都比较自然、方便，也可以通过其他话题进行沟通。夫妻生活在一起，家务事总是有的。上班时，你可打一个电话给对方，以有事相商来引发对话。此种方法既考虑对方乐意接受的内容，又给对方发表意见的机会。如果打电话也找不到话题，你也可以通过发短信主动向对方示好。

3.留下退路

小两口吵闹，妻子的绝招之一就是抓上几件衣服或抱上孩子回娘家。此时丈夫如果不冷静，在盛怒之下火上浇油，送上一句"快滚吧，永远不要回来"之类的伤人话，只会将争执进行到底，加深双方的冲突。

反之，当你觉得妻子的走已成定局时，可以施些补救之计，如追妻至大门外："你走了我怎么生活！""等一等，我去给你叫辆出租车！""就当今天是星期天吧，明天就回来！"如此等等，话说到点子上，常能打动对方的心，即便是她走了，但感觉总是不一样的，为她的回归留下了余地。

🌱 第136课　巧用幽默，接近梦中人

【核心提示】在异性面前展示幽默的时候，一定要牢记，幽默不是吹牛皮，不是故意卖弄聪明，更不是轻视讥笑、损人找乐。

【理论指导】

一直以来，爱情都是一个神圣而温馨的话题。爱情不是

苦苦追寻，不是强扭硬缠，而是心与心的交流，是情与情的互换。有的人"一见钟情"，婚姻美满；有的人"马拉松式"拍拖，最终却分道扬镳。赢得知音、赢得爱情需要一颗真诚的心、一种诚挚的情，更需要机智与幽默的表达。运用幽默可形成良好的第一印象，从而接近梦中人。

爱情需要感情做基础，但这并不说明爱情与说话能力毫无关系，感情的培养同说话有密切的联系。谈情说爱就着重于"谈、说"二字。如果能运用幽默的语言，对于爱情的获得不无好处。尽管幽默的力量不可能让别人对你一见钟情，但是它确实对你大有裨益。

良好的口才素养有利于感情的表达和交流，能更好地掌握爱情几个阶段的"火候"。如日本秋田实认为，幽默是爱情的催化剂。如果你能发挥幽默力量的作用，就能使你的爱情语言妙趣横生，进展更顺利。

一位正在上大学的男生看上了本校一位漂亮的女孩，但却不知道她的名字，也一直苦恼没有机会与她搭讪、接触。这天，他看见那位女孩独自一人走进一家牛肉面馆，他毫不迟疑地跟着进去了。

他有点紧张地向这位女孩开口问道："经常在校园见你，请问你叫什么名字？"

那女孩很纳闷地抬头看着他，说："我叫意大利面啊！"

她显然不想报上真名，但这位男生没有气馁，他红着脸，"噢"了一声，改口道："那么，我就叫加州牛肉面吧。"

女孩冷漠的脸上立刻露出灿烂的笑容。

后来，这位"意大利面"真的成了"加州牛肉面"的妻子。这就是幽默的奇异效果。

无数的事实证明，男女之间互相怀有好感，长出了感情的幼芽，使它健康地生长，直至开出花朵、结出果实，浇灌语言之水是其中一个重要的因素。幽默作为一种含蓄的异性交往方式，使得人们乐以此道在恋爱生活中表达爱的情感，使人在欢笑中体会到彼此的爱。

在异性面前展示幽默的时候，一定要牢记，幽默不是吹牛皮，不是故意卖弄聪明，更不是轻视讥笑、损人找乐，而是敏感地捕捉现场信息，并引而申之，产生幽默效果，逗对方发笑。

🌷 第137课　早早封杀刀子嘴

【核心提示】无论是谈恋爱时还是在婚姻中，当对方不能满足自己的要求时，一定要保持冷静，多一些理解，少一些抱怨和指责。

【理论指导】

有很多女人都是"刀子嘴豆腐心"，外表假装很坚强，其实内心很脆弱；表面上说话非常生硬，生气时说话更是难听无比，恨不得几句话冒出来崩对方一个大趔趄，可实际内心却满是关爱。她们只是不善表达内心的真实想法，用一张"刀子嘴"伤害了对方。

周末晚上，妻子做好饭菜，左等右等不见丈夫归来，妻子更觉孤独，于是她给晚归的丈夫写下这么一段话："我就知道你今晚心又痒得难受，'死猪不怕开水烫'，你是无可救药了，像这样下去，日子没法过了。你在外面轻松快活，留下我孤独一人，早知道我还不如回娘家去，待在这破家干什么。我郑重警告你：你再这样，我告诉你爸妈，我不相信你的毛病我治不了，他们还治不了。"

妻子的这段话中充满了怨恨、责怪，试想丈夫晚上归来看到这样尖锐的话会有什么样的感受，也许非但达不到效果，反而会令对方更为反感。夫妻相处，如果你能用一些软话来说服对方，效果会更好些。

现实中，很多做妻子的往往是"刀子嘴豆腐心"，虽然洗衣、做饭全包，丈夫回家，可口饭菜端上桌，嘴里却唠唠叨叨没个完，结果听得丈夫一忍再忍，实在忍无可忍，拍桌而起，或默然无语，或拂袖而去，饭菜少吃多少，烦恼塞了一肚。就这样没完没了，家庭成了两个人的负担、两个人的灾难。男人一般都是遇刚则刚、遇柔则柔的，他们通常经不起女人的柔言细语，所以还是将刀子嘴早早封杀为好。

因此，无论是谈恋爱时还是在婚姻中，当对方不能满足自己的要求时，一定要保持冷静，多一些理解，少一些抱怨和指责，男女双方都要多一分理解，这样双方的关系非但不会受到影响，反而会更上一层楼。

❀ 第138课　不要将离婚当作口头禅

【核心提示】婚姻是爱情最好的归宿，所以我们才会在最爱的时候选择结婚，用婚姻来给爱情遮风挡雨。然而，总有一些夫妻会在中途离散。有时候，两个人从相爱到陌路，就只因为一句伤人至深的话："离婚！"

【理论指导】

爱情是浪漫的，而婚姻却是琐碎的，夫妻共同生活中少不了各式各样的矛盾。夫妻间吵架时，总是会控制不了自己的坏脾气，经常会看到其中一方怒气冲天地大喊："离婚！"另一方大多会"响应"："离就离，谁怕你！"虽然很多夫妻吵完闹完并没有付诸行动，但离婚这个词很伤感情。尤其是那些将离婚当口头禅的人，对自己的婚姻存在潜在威胁。

王先生与妻子又发生争执了，他不得已向一个老朋友诉说："我老婆这个人什么都好，就是一吵架就闹离婚。昨天去开女儿的家长会，老师说我女儿的成绩最近下降了，问我是不是在别的事情上分散了精力。回到家，我把情况给老婆一说，她一听就跟我瞪眼，说都是我让女儿去学游泳耽误了时间。本来让女儿学游泳是我们俩商量后才决定的，女儿身体不好，让她锻炼一下身体。现在她却将这事怪在我头上，还说我根本不关心女儿的前途，不配做父亲。我知道她最后肯定会说到离婚上，果然没一会儿她就嚷嚷着：'嫁给你这种没用的男人真窝囊，还不如离婚。'我和她都过了十几年还这样，我也知道她不是真的要离，但这种话一说十几年让我觉得特别灰心。那天我问她，你是不是真的要离，不离我们就好好过，有话好好说，要离我们也可以好好离。她又哭了，说我没良心，看她老了想甩了她。我就不明白了，嚷着要离婚又不想离婚，总这么伤人伤己，到底想怎么样啊？"

王先生最后说："我觉得这日子过得无聊透了！不如真离了婚，也许过得比现在轻松。"

夫妻生气了，闹矛盾了，吵架了，怄气了，动手了，很多人都会一时口快："这日子没法过了，离婚。"不管男女是如何的好脾气，这两个字从最亲的人口中吐出，必然有痛彻心扉的伤感。

事实上，女人说出"离婚"二字的时候，大部分只是一种撒娇的表现形式，内心可能也只是希望对方能更多地关注她的感受，对她更温柔体贴一些。这样的小心思男人其实是懂的，偶尔说说，还是能起到让男人反思的目的的。

可是如果"离婚"二字说得多了，长时间积累在男人内心的不安因子就会被引爆。男人会想：这个女人为什么会把这两个字摆在嘴边呢？是真的不想过了吗？我做得够可以的了，为什么她还是这样呢？恋爱期间的时候她是那么的可爱动人和善解人意，为什么现在她却变成了这样呢？男人一旦烦了，索性就说"离就离"。这将对这个家庭带来无法弥补的伤害。

婚姻是爱情最好的归宿，也是人类最科学的生存方式，所以我们才会在最爱的时候选择结婚，用婚姻来给爱情遮风挡雨。然而，总有一些夫妻会在中途离散。有时候，两个人从相爱到陌路，就只因为一句伤人至深的话："离婚！"

两个人能够相爱是件很美妙的事。大千世界人海茫茫，千万人中遇上一个，遇上了，爱了，结合了，为什么要用语言来伤害它？婚姻是一棵苗，如果你希望它长成枝繁叶茂的大树，就要细心呵护它。谎言重复一千遍都可以成为真理，当离婚变成了一句口头禅，总有一天它会成为一个灵验的毒咒。

婚姻中的所有男女、每个家庭都在面临着各种各样的问题和矛盾，钱不够用、房子不够大、孩子淘气、公公婆婆需要照顾、工作中各种复杂的人际关系，等等，可是这些坏情绪如果能自我消化最好，不能消化要将坏心情带回家的时候，也应该用一种温柔的方式。

🌱 第139课　第一次约会要这样说

【核心提示】初次见面不能羞羞答答，更不应沉默寡言，应该落落大方，主动开口说话。

【理论指导】

大多数人恋爱时，初次见面不知如何开口。由于过于紧张、担心或别的什么原因，原本健谈、幽默风趣的人到了这种

场合也会变得木讷、寡言，甚至手足无措。如果初次见面你觉得对方还不错，就大胆地向他付出自己的真诚和热情，而不要遮遮掩掩，封闭住自己的感情和心灵，否则你只能错失一个又一个机会。

张明今年已经37岁了，经人介绍他与35岁的姑娘李晴认识。在一个星光灿烂的夜晚，他们会面。张明首先开口说："你好！我已经等了你很长时间了，真怕你突然改变主意不来了，那我就惨了。你觉得我怎么样？首先外观上你能通过吗？我这个人最大的缺点是不会收拾装扮自己，所以迫切想找个贤内助帮我料理收拾。如果那样的话，到时候你一定会发现一经打扮我还挺不错的呢！不要笑，我这个人就好开玩笑，虽然工资不高，但生性乐观，爱好广泛，如听音乐、打篮球、游泳、看书等，又好动又好静。你呢？"如此这样，张明很自然地展开话题，并诱发姑娘说话，从中探测她的兴趣爱好，可谓一举两得。

初次见面不能羞羞答答，更不应沉默寡言，应该落落大方，主动开口说话。在任何场合，男性主动同女性打招呼、问好是一种礼貌，何况是在恋爱时，男性更要主动先开口，并尽量展开话题，不要出现冷场。

✿ 第140课　学会与岳父大人沟通

【核心提示】在生活中，夫妻关系往往并不仅仅限于夫妻两人之间。父亲总是疼爱女儿的，对自己的女婿，则不一定那么友好。因此，丈夫应该学会面对岳父大人。

【理论指导】

人们常说，一个女婿半个儿。女婿对岳父母应如同自己的父母一样恭敬、孝顺。做女婿的嘴甜，意味着与岳父母亲近，能起到沟通感情、消除心理隔阂的作用。

处理好与岳父母关系，你才能与另一半有甜蜜的生活。长辈走过的人生道路长，他们生活经验更丰富，应该允许岳父母适当过问小家庭的生活，给予我们帮助和指导。

大明新婚不久，深得岳母的喜爱，却总是不知该如何面对冷漠的岳父。这天，大明陪妻子回娘家，又碰上岳父的冷脸。无意中，他发现岳父家的书柜里放着一副象棋，就向岳父搭讪说："您下象棋呀？"岳父眉头动了一下，很快又恢复了以往的冷淡，"嗯"了一声。

细心的大明没有忽略这个小动作，于是，他马上说了一句："我也喜欢下象棋，可下得不太好。您能指点我一下吗？"嗜棋的岳父犹豫了一下，还是答应了。

结果这一下，两个人下出了感情。现在，三天不见小王的面，岳父就会主动邀请小两口去做客。

大明通过与岳父下象棋，让两人关系更亲近了，也让一家人感情更好。陪伴长辈时，我们若能花点小心思"投其所好"，可以让家庭生活更和谐。

🌱 第141课 与孩子积极沟通、平等对话

【核心提示】真正的沟通是建立在平等的基础上，有了平等，才有尊重。家庭教育不是简单的"家长教育子女"的单向过程，而应是家长与子女之间的双向互动的过程。因此，家长要想真正走进孩子的内心，必须学会与孩子积极沟通、平等对话。

【理论指导】

现在许多的父母都认为自己辛苦挣钱，在物质方面满足了孩子的要求，就已经足够了，却往往忽视与孩子间的精神交流。要知道，仅是物质的充裕并不能满足孩子的所有需求，他们更需要的是与家长有更多的交流，以及家长能够放下姿态与孩子进行平等对话。

很多时候，父母与孩子无法进行充分沟通就在于，父母更多的是站在教育者的立场上，而不是站在心理交流的立场上。这样常会使孩子们感到父母根本就没有认真倾听他们的感想，甚至会认为父母根本就不关心、不理解他们，因而他们也就不愿意与父母进行交流。

有的父母在与孩子的交流过程中，往往不自觉地便处于了领导地位。这种交流方式使父母根本不关心孩子的感受和想法。这样会对孩子产生这样一种暗示：父母总是强大的、聪明的，父母的需求是更重要的。它抑制了孩子的情感表达，使孩子对父母的话根本不感兴趣。

有些父母习惯了对孩子进行说教，所谓的交流也不过是父母一方的演讲。这类父母最爱用的词是"你应该怎样怎

样""你不应该怎样怎样"。当父母采用这种方式与孩子交谈时,往往会发现孩子拒绝交流,因为他们知道父母听不进去他们的话,索性就不再讲出自己的真实想法了。

还有的父母与孩子交流的障碍是责备。比如:"我告诉你什么来着?我早就知道这事儿迟早会发生。""如果你早听我的……""你怎么这么笨。"在父母的批评、训斥、贬低、责备声中成长的孩子,往往不愿与父母讨论问题,因为他们知道,不管他们怎样努力,都不会得到父母的夸奖。

其实,要想打开与孩子交流的大门,最重要的是要使交流显得坦诚和有效,父母应该让孩子感觉到他们对孩子的尊重,在平等的气氛下,投入真诚、耐心的态度,这样才能让孩子敞开心扉。

🌸 第142课　父母吵架时的劝说艺术

【核心提示】身为子女，遇到父母不和，最重要的是当好中间人。在任何家庭中，父、母、子女三者的关系总是最亲密的。在父母的争执中，子女就处在一种特殊的地位，具有其他人无法替代的优势，有利于做好双方工作。

【理论指导】

世间最美满的家庭也难免存在矛盾，天下最亲密的父母也难免发生摩擦。遇到父母闹矛盾，甚至公开吵架时，身为子女的你应该怎么办？

徐先生的父母争争吵吵了30多年，父母的感情并没有因为争吵而出现大的变化，有些小摩擦、小矛盾，他都觉得是很正常的事情，只要没有原则性的、大是大非的问题，都不会去管他们吵架的事情。当父母吵架时，他总是把自己置于局外人的地位，对父母的争吵毫不过问，熟视无睹。他要么出去，要么就干自己的事，只当没发生。他认为如果参与父母的争吵，容易影响自己的心情，所以干脆不管。

案例中的徐先生对于父母争吵一律不管的行为不可取。有的子女有意或无意地站在父亲或母亲一边，指责对方，这样只能使父母与子女的三角关系更加趋于复杂化；有的子女不分青红皂白把父母双方都责怪一通，简单地各打50大板，两人吵变成三人吵，显然这种方式只能让矛盾升级。

身为子女，遇到父母不和，最重要的是当好中间人，在任何家庭中，父、母、子女三者的关系总是最亲密的。在父母的争执中，子女就处在一种特殊的地位，具有其他人无法替代的优势，有利于做好双方工作。

事实上，大多数情况下父母之间的拌嘴是不需要干预的，因为共同生活了一辈子，产生摩擦难以避免。但如果争吵出现了冲突，子女还是应该加以干涉，防止争吵升级为冷战甚至暴力。子女可以用较为幽默诙谐的方式来协调，说一句玩笑话，淡化一方的缺点或者过失，活跃气氛，转移话题，让气氛重新变得和睦起来，防止父母长期吵架出现新问题。

子女在父母面前，始终处于被爱护、被关心的地位。有些夫妻即使感情破裂，闹到要离婚的地步，但他们对孩子的爱依然难以割断。所以当父母争吵时，我们应该保持冷静的头脑。既然你处在父母之爱的中心，就绝不可以意气用事，无原则地为一方讲话、指责另一方，而要"一碗水端平"，实现等距离"外交"，不做火上浇油的蠢事。

❦ 第143课　摸透爱人的心理，一步一步去引导

【核心提示】有些要求不能够提得太直接，应该搭桥铺路，一步一步地引导对方，使他在不知不觉中接受你的要求，或者利用事先做好的准备，让别人一点一点地理解，从而实现你的目的。

【理论指导】

有些时候，如果你的说服对象是自己的爱人，有些要求不能够提得太直接，应该搭桥铺路，一步一步地引导对方，使他在

不知不觉中接受你的要求，或者利用事先做好的准备，让别人一点一点地理解，从而实现你的目的。在这一过程中，对方的自尊心也会得到极大的满足，如此一来，双方都会得到好处。

有一个聪明的妻子，就是运用这种方式，成功地说服了自己的丈夫，使他心甘情愿地为她买新衣服的。

妻子：哎，小学很快就要举行开学典礼了，可是孩子却没有一件像样的衣服，这个周末是不是应该出去看一看，顺便买一些？

丈夫：就由你决定好了，反正孩子的衣服不会很贵！

妻子：你误会我的意思了，我说的不仅是孩子的衣服问题。

丈夫：哦，那还有什么？不就是买参加典礼的衣服吗？要多少钱你自己决定好了。

妻子：我知道了，这星期天我们一起去逛街吧！孩子的入学仪式我也必须参加，你说我穿什么衣服好呢？

丈夫：我不懂你们女人的衣服款式，穿什么衣服你自己决定就好了。

妻子：还是你帮我看看吧，看咱家衣柜里哪件衣服比较合适。

丈夫虽不大愿意，但仍随着妻子来到了衣橱边。

妻子：哪一件好看呢？虽然衣服不少，但好像都过时了，你不觉得这些衣服的样式都太老气了吗？

丈夫：是吗？我怎么不觉得。

妻子：你看，这件虽然是去年才买的，而且颜色、式样都不错，但现在已没人穿这种衣服了。再说这一件吧，当时就是市场搞促销特价买的，但现在已经不流行这种款式了！

丈夫：嗯，听你这么一说，好像是有点过时了。

妻子：那么，你说我再买一件好吗？再买一件……

丈夫：真拿你没办法，你自己决定好了。

妻子：其实你也该打扮打扮了，这次我帮你买件新衬衫吧！

在这个故事中，妻子以要参加孩子的开学典礼，借口给孩子买新衣服的同时，说服丈夫给她买新衣服。妻子之所以能够取得成功，是因为她精心设计了一个"陷阱"，并成功地引诱自己的丈夫一步步跳进去。我们姑且不论上述案例中这位妻子的个性如何，单就掌握丈夫心理状况而言，她的技巧可谓是高明的。因为她懂得如何抓住丈夫的心理，所以才能说服丈夫答应她买新衣服的要求。

在说服中，可以先巧设"陷阱"，在对方没有防备的情况下，诱其说"同意"，使对方在不知不觉中一步步坠入"圈套"，这时候你便牵住了他的"牛鼻子"，对方于是不得不就范。会说话的人能掌握交流的主动权，能一步步引导对方进入他（她）预先设定好的谈话范围，让别人掉进去，从而实现自己的目的。当然，这种方法不是对任何人都有用的，使用时一定要分对象，并且要选择合适的时间和地点，比如，在对方心情好时，或者是对方兴致高时。但是，千万要记住，使用时一定要小心把握，不可太过分，否则，惹得对方讨厌了，你的目的就很难达到了。

winshare文轩

四川人民出版社

成功掌握说话之道，
助你轻松打开机遇之门。

人是社会的产物，沟通无处不在。
说服、辩论、销售、谈判、演讲……

一言之辩，重于九鼎之宝；三寸之舌，强于百万之师。

——刘勰《文心雕龙》

上架推荐：**心理学**

ISBN 978-7-220-11625-4

02>

9 787220 116254

定价：98.00元